大学学科地图丛书

丛书总策划　　周雁翎

社会科学策划　　刘　军

人文学科策划　　周志刚

大学 学科地图 丛书

教育学与心理学系列

A GUIDEBOOK FOR STUDENTS

外国教育史
学科地图

王保星　张斌贤　主编

图书在版编目(CIP)数据

外国教育史学科地图/王保星,张斌贤主编. —北京:北京大学出版社,2021.8
(大学学科地图丛书)

ISBN 978-7-301-32332-8

Ⅰ. ①外⋯ Ⅱ. ①王⋯ ②张⋯ Ⅲ. ①教育史—研究—国外 Ⅳ. ①G519

中国版本图书馆 CIP 数据核字(2021)第 146244 号

书　　　名	外国教育史学科地图
	WAIGUO JIAOYUSHI XUEKE DITU
著作责任者	王保星　张斌贤　主编
责 任 编 辑	于　娜
标 准 书 号	ISBN 978-7-301-32332-8
出 版 发 行	北京大学出版社
地　　　址	北京市海淀区成府路 205 号　100871
网　　　址	http://www.pup.cn
电 子 信 箱	zyl@pup.pku.edu.cn　新浪微博:@北京大学出版社
电　　　话	邮购部 010-62752015　发行部 010-62750672
	编辑部 010-62767346
印 刷 者	北京鑫海金澳胶印有限公司
经 销 者	新华书店
	730 毫米×1020 毫米　16 开本　20.5 印张　313 千字
	2021 年 8 月第 1 版　2021 年 8 月第 1 次印刷
定　　　价	68.00 元

未经许可,不得以任何方式复制或抄袭本书之部分或全部内容。
版权所有,侵权必究
举报电话:010-62752024　电子信箱:fd@pup.pku.edu.cn
图书如有印装质量问题,请与出版部联系,电话:010-62756370

大学学科地图丛书
编写说明

"大学学科地图丛书"是一套简明的学科指南。

这套丛书试图通过提炼各学科的研究对象、概念、范畴、基本问题、致思方式、知识结构、表述方式,阐述学科的历史发展脉络,描绘学科的整体面貌,展现学科的发展趋势及前沿,将学科经纬梳理清楚,为大学生、研究生和青年教师提供进入该学科的门径,训练其专业思维和批判性思维,培养学术兴趣,使其了解现代学术分科的意义和局限,养成整全的学术眼光。

"大学学科地图丛书"的作者不但熟谙教学,而且在各学科共同体内具有良好的声望,对学科历史具有宏观全面的视野,对学科本质具有深刻的把握,对学科内在逻辑具有良好的驾驭能力。他们以巨大的热情投入到书稿的写作中,对提纲反复斟酌,对书稿反复修改,力图使书稿既能清晰展现学科发展的历史脉络,又能准确体现学科发展前沿和未来趋势。

近年来,弱化教学的现象在我国大学不断蔓延。这种倾向不但背离了大学教育的根本使命,而且直接造成了大学教育质量的下滑。因此,当前对各学科进行系统梳理、反思和研究,不但十分必要,而且迫在眉睫。

希望这套丛书的出版能为大学生、研究生和青年教师提供初登"学科堂奥"的进学指南,能为进一步提高大学教育质量、推动现行学科体系的发展与完善尽一份心力。

北京大学出版社

前 言

一幅地理学意义上的地图,要求其能为读图者准确提供一个地区的基本地理信息,如水文、地形、交通网、居民点,要能够显示不同地点之间的距离。这就要求制图者通过测量制图对象地理数据,如长度、面积、体积、坐标、高度、深度、坡度、地表切割密度与深度、河网密度、海岸线曲率、道路网密度、居民点密度、植被覆盖率等数量指标,科学认识并准确标识地理环境的定性和定量特征。

与制作地理学意义上的地图相类似,绘制一幅反映学科基本信息的"学科地图"也需要把握并清晰展示该学科的基本要素,如该学科的基本演变历程、学科理论基础、主要学科人物、学科基本概念、重要学科学术组织和必读文献等。本着为教育学、教育史专业大学生(包括低年级研究生)或其他关注教育学科发展的人士绘制一幅反映外国教育史基本学科信息的"学科地图",帮助他们尽快从整体上准确把握本学科的基本结构和学科要素,尽快提升他们对于外国教育史关键学科问题的学术鉴赏能力和学科认识能力的目的,我们合作编写了《外国教育史学科地图》一书。

《外国教育史学科地图》试图标注的"外国教育史学科"信息,也即该书的主要内容包括以下几个方面。

第一章是"外国教育史学科研究综述"。外国教育史在起源上拥有学科研究领域和教学科目双重起源,具有教育学科与历史学科的双重学科性质。外国教育史属于教育学基础学科(方向),以外国教育制度变迁和外国教育思想演变为主要研究对象。广义的外国教育史学科体系包括"外国教育史研究"和"教育史学"两部分,前者主要以外国教育历史发展过程中具象性的教育史实为研究对象,以总结外国教育发展的历史经验和普遍性的教育联系为研究目的;后者则就教育史学科的基本理论,如教育史研究的社会功能、内在逻辑、基本方法等问题开展研究。作为历史学分支学科,外国教育史学科的主要功能在于:记述人类教育历史过程及其发展状况,探索人类教育本质及其发展规律,提升教育历史洞察力;作为教育学基础学科,外国教育史学科的主要功能在于:促进教师职业发展,推进教育学科发展,指导教育改革实践和预测教育发展趋势。外国教育史学科表现出基础性、通识性、现实性和反思性等基本特征。

第二章是"外国教育史学科发展史"。西方教育史学科发展历经学科萌芽期、学科形成期、学科发展期等不同时期的发展与变迁,学科研究对象和研究方法日益完善和成熟,标志性研究成果相继诞生,教育史学科发展的规范化和组织化水平不断提高。我国外国教育史学科历经借鉴模仿期、恢复重建期、探索发展期的发展,学科地位逐步确立,学科基本属性、研究领域、学科功能得到明确界定和发挥,教材建设和研究成果丰硕,史料建设获得长足发展,学科自我意识逐渐增强。

第三章是"外国教育史学主要理论与流派"。欧洲教育史研究经历从传统教育史学向新教育史学的转变,新文化教育史学的兴起为教育史研究提供新的理论动力,教育史研究呈现多元化发展态势。发端于美国的修正派教育史学以两种发展路径展开对传统派教育史学的"修正":以贝林(Bailyn)和克雷明(Cremin)为代表的"温和修正派",以重新定义"教育"和"学校教育"内涵、拓宽美国教育史研究领域为特色;以凯茨(Katz)和斯普林(Spring)为代表的"激进修正派"则表现出鲜明的现实关注立场和批判性取向。在英国及其他西方国家兴起的马克思主义教育史研究注重运用马克思主义理论和方法开展教育史研究,采用"自下而上"的视角,注重构建"整体教育史"体系,强调在宏观社会背景下解析学校教育,重建学校与家庭、国家、文化、经济与社会变革之间的关系。作为城市史与教育史的交叉学科,城市教育史诞生于城市危机日益严重、民权运动高涨和新城市史兴起的背景之下,注重运用社会学、生态学和新马克思主义理论和方法,重视分析城市教育的历史演变,解释城市教育变革原因,探讨解决城市教育的策略与方法。西方女性主义教育史研究则注重从社会性别维度和视角分析教育史,致力于消除文化界和学术界的性别歧视。多元文化主义教育史学则主张在重写国家教育历史的过程中,对主流文化之外的少数与边缘群体的教育给予更多关注。

第四章是"外国教育史学科关键术语与核心概念"。本章共精选了包括"成年礼""青年之家""文士"等在内的254条关键术语和核心概念,其中"古代部分"90条,"近现代部分"164条。

第五章是"外国教育史学科代表人物与重大事件"。本章主要对外国古代、外国近代和外国现代的重要教育思想家、教育流派、具有典型意义的重大教育事件进行了概括性述评。

第六章是"外国教育史主要研究方法"。本章主要内容包括:结合当前我国外国教育史研究资料面临的现实困境,探讨外国教育史研究一手资料和二手资料的搜集方法;详细解析外国教育史研究选题来源、提炼外国教育史研究问题的标准和外国教育史研究文献综述写作规范;外国教育史研究的分析方法和外国教育史研究报告撰写。

第七章是"外国教育史学科前沿"。本章主要内容包括:外国教育史研究近况;研究主题、研究对象、研究国别和研究时段等层面所展示的外国教育史学科热点研究;外国教育史学科未来发展趋势与展望:研究视角的多元化、学科建设与反思的强化和合作研究的开展。

第八章是"外国教育史学术组织、必读文献"。本章主要就教育史国际常设会议、美国教育史学会、英国教育史学会、加拿大教育史学会、澳大利亚和新西兰教育史学会等教育史学术组织和外国教育史重要文献作了说明和介绍。

本书是集体合作的成果,各章节撰写分工如下:前言、第一章由王保星、朱治军和钱露撰写;第二章由杨捷撰写;第三章第一节、第二节由周采撰写,第三节由武翠红撰写,第四节由邬春芹撰写,第五节由诸园撰写,第六节由冯强撰写;第四章由孙益撰写;第五章由王凤玉撰写;第六章由林伟撰写;第七章由李先军撰写;第八章由洪明撰写。全书统稿由张斌贤和王保星承担完成。

本书主要适于教育类专业学生或关注教育学科发展人士学习、了解外国教育史学科及开展外国教育史问题研究之用。

目　录

第一章　外国教育史学科研究综述 ……………………………………… 1
　　第一节　外国教育史的学科起源 …………………………………… 1
　　第二节　外国教育史的学科性质与学科领域 ……………………… 4
　　第三节　外国教育史的学科体系 …………………………………… 7
　　第四节　外国教育史的学科功能 …………………………………… 10
　　第五节　外国教育史的学科教学与理论研究 ……………………… 16
　　第六节　外国教育史的学科特征 …………………………………… 21

第二章　外国教育史学科发展史 …………………………………………… 25
　　第一节　西方教育史学科的发展 …………………………………… 25
　　第二节　我国外国教育史学科的发展 ……………………………… 43

第三章　外国教育史学主要理论与流派 ………………………………… 59
　　第一节　外国教育史研究的历史演变 ……………………………… 60
　　第二节　修正派教育史学 …………………………………………… 70
　　第三节　马克思主义教育史研究 …………………………………… 79
　　第四节　城市教育史研究 …………………………………………… 89
　　第五节　西方女性主义教育史研究 ………………………………… 102
　　第六节　多元文化主义教育史学 …………………………………… 117

第四章　外国教育史学科关键术语与核心概念 ………………………… 127
　　第一节　古代部分 …………………………………………………… 127
　　第二节　近现代部分 ………………………………………………… 136

第五章　外国教育史学科代表人物与重大事件 …… 157
第一节　古代重要的教育思想家与重大教育事件 …… 157
第二节　近代重要的教育思想家与重大教育事件 …… 174
第三节　现代重要的教育思想家与重大教育事件 …… 213

第六章　外国教育史主要研究方法 …… 243
第一节　外国教育史研究资料 …… 243
第二节　外国教育史研究的选题与文献综述 …… 263
第三节　外国教育史研究方法与研究报告的撰写 …… 270

第七章　外国教育史学科前沿 …… 277
第一节　外国教育史学科研究热点 …… 277
第二节　外国教育史学科未来发展趋势及展望 …… 284

第八章　外国教育史学术组织、必读文献 …… 295
第一节　学术组织 …… 295
第二节　我国外国教育史重要文献举要 …… 304
第三节　国际刊物 …… 311

第一章 外国教育史学科研究综述

作为一门以研究外国教育实践、探索外国教育规律为自身使命的学科，外国教育史经历了自起源、发展至成型的发展历程，外国教育史学科内涵得以确立，学科体系逐步完善，学科功能日渐彰显，并呈现出明确的发展趋势。期间，外国教育史学科教学和理论研究活动的开展，既实现了学科自身传统的继承，同时也为学科的发展提供了持续的支撑和动力。

第一节 外国教育史的学科起源

外国教育史的萌生与发展基于学术研究和教学科目的双重起源，并对其后的外国教育史学科发展历程的主体、主要动力、发展标准及其主要指标产生直接影响。

一、学术研究领域起源

关于教育史学科作为学术研究领域的最初起源，学者们一般将其追溯到古希腊[1]和古罗马[2]。不过，我国外国教育史学科作为学术研究领域的起源，则要晚近得多。鸦片战争后，中华民族生存与发展遭遇严重危机，封建教育面临严峻挑战，以龚自珍、魏源为代表的开明知识分子，睁眼看世界，主张变革维新，引进西学，发展教育，开启民智。郑观应在其著作《易言·论洋学》和《盛世危言》之《学校》（上、下篇）中，向国人详细介绍了德、英、法、俄、美、日等国的学校制度。1882 年，颜永京将英国教育家斯宾塞（Herbert Spen-

---

[1] 吴式颖.关于拓展外国教育史研究领域和改进研究方法的思考[M]//张斌贤,孙益.探索外国教育史研究的新领域与新方法.桂林：广西师范大学出版社,2009：4.
[2] 杜成宪,邓明言.教育史学[M].北京：人民教育出版社,2004：312.

cer,1820—1903)的代表性论文《什么知识最有价值》译成中文,名为《肄业要览》,开国人译介西方近代教育理论之先河。1893年,李家珍译介出版《泰西教育史》,成为我国最早出版的通史类外国教育史著作。

甲午战争后,国人假道日本,大量引入西方教育思想、学说和教育著作。明治二、三十年间,在日本传播步入盛期的赫尔巴特(Johann Friedrich Herbart,1776—1841)教育思想,成为国人学习和借鉴西方教育理论的主要选择。

1901年5月创刊于上海,前后发行166期的《教育世界》杂志积极介绍外国教育实践改革动态,以较大篇幅评介了赫尔巴特与赫尔巴特学派的教育思想与实践活动,并将苏格拉底(Socrates,前469—前399)、柏拉图(Plato,前427—前347)、亚里士多德(Aristotle,前384—前322)、夸美纽斯(Johann Amos Comenius,1592—1670)、洛克(John Locke,1632—1704)、卢梭(Jean-Jacques Rousseau,1712—1778)、裴斯泰洛齐(Johann Heinrich Pestalozzi,1746—1827)、福禄培尔(F. W. A. Froebel,1782—1852)、斯宾塞等人的教育思想介绍给国人。《教育世界》杂志社还译介了一些日本学者撰写的教育史著作,如日本熊谷五郎著《十九世纪教育史》,原亮三郎著《内外教育小史》,大漱甚太郎、中川延治合著《教授法沿革史》等。

同一时期出版的教育史译著还包括:能势荣著、叶瀚译《泰西教育史》(上海金粟斋,1901),中野礼四郎编、蔡锷等译《东西洋教育史》(上海开明书店,1904),加藤驹二编著、中国国民丛书社译《德国学校制度史》(商务印书馆,1903),撒瓦士曼氏著、大村仁太郎编述、吴燕来译补《蒙养镜》(天津教育图书局,1906),为我国学者独立编纂教育史著作提供了参考。

20世纪初期,我国学者还翻译出版了一批有关欧美教育史的著作,如《西洋教育史》(张怀编译,1912),《西洋教育史讲义》(蔡振,油印本,1912),《德美教育新潮》(吴鼎昌翻译,1915)。

上述外国教育史译著、编著著作的出版及对外国教育实践与教育学的引入,为我国外国教育史学科的诞生奠定了初步的学术理论基础,标志着作为学术领域的外国教育史学科的诞生。

二、学科教学科目起源

19世纪中后期,德国历史学发展日趋成熟,历史学分支学科不断涌现,其间德国大学开设教育史课程,四卷本《教育学史》作者劳默尔(Karl Georg von Raumer,1783—1865)于1822年在哈勒大学开设教育史讲座,成为最早在大学讲授教育史的教育史学家。

19世纪后半叶,欧美各主要国家教学趋向专业化,教育史逐渐发展成为一门正式的教学科目。在法国,教育史最初并未获得正规课程的地位,偶有哲学教授客串讲授教育史知识。1875年,孔佩雷(Gabriel Compayré,1843—1913)在图卢兹大学始设教育史讲座。1881年,法国教育部规定,在师范学校第三学年开设教育史课程。在英国,1872年,佩恩(Joseph Payne)教授在伦敦教师学院首开教育学讲座,其中即包括教育史。1881年剑桥大学教授赫伯特·奎克(Robert Hebert Quick,1831—1891)在剑桥大学开设教育史讲座。牛津大学从1883年颁发教育专业文凭开始,一直把教育学列为该校的正式科目,其主干课程包括教育原理、教育哲学和教育史。在美国,教育史早在南北战争前即成为教师职业训练计划的重要组成部分。

19世纪后半叶伴随着"西学东渐"的浪潮,外国教育史学科被引入中国。20世纪初,我国近代学制的颁布,将外国教育史纳入大学堂及师范学堂的课程体系之中,自此,外国教育史学科在制度上正式确立。1904年,清政府颁布《奏定学堂章程》,又称《癸卯学制》,把《教育理论》与《应用教育史》作为优级学堂各专业"一概通习"科目,相当于现在的基础科目。其中,《奏定初级师范学堂章程》对教育类课程作出说明:"先讲教育史,当讲明中国外国教育史之源流,及中国教育家之绪论,外国著名纯正教育家之传记,使识其取义立法之要略。"将教育史作为一门基础课程于第一学年开设。《奏定优级师范学堂章程》则强调文、史、理、生四类学科的学生均须于第二、第三学年修读"应用教育史"与"教育史"。[①]

《奏定学堂章程》颁布之后,武昌师范学堂、保定师范学堂、成都师范学堂、贵州师范学堂、全闽师范学堂等一批官立师范学堂设立。在兴办官立师

---

① 杜成宪,等.中国教育史学九十年[M].上海:华东师范大学出版社,1998:2.

范学堂的同时,中国第一所民办师范学堂——通州师范学堂也得以开设。在上述官办或民办师范学堂中,教育史课程始有开设,如通州师范学堂寻常师范科所设课程包括:《教育史》(包括中外教育沿革、中外教育家传记及思想)《教育学》《学校管理》和《教育实习》;速成师范科所设课程包括:第一学期为《教育史》,第二学期为《教育学》,第三学期为《教授管理法》,第四学期为《教育管理与实习》。自此至20世纪50年代末,教育史一直作为师范院校教育专业的重要教学科目而存在。

第二节 外国教育史的学科性质与学科领域

外国教育史学科性质的确定是关乎该学科发展以及成熟的重要因素和重要标志,同时也为学科领域的确定提供了重要标准。

一、学科性质

关于教育史的学科性质,国内学者渐趋一致的看法是:教育史是一门教育学和历史学的交叉学科,具有双重性质。一方面,它具有教育学的基本特征,属于教育学基础学科;另一方面,它又是一门历史学科,属于历史学分支学科。学者周愚文指出:教育史此一学科地位,就教育学而言,是所谓的四大基础理论学科之一;就历史学而言,则是文化史之一。1964年英国哲学家彼得斯(R. S. Peters)提出,教育史、教育哲学、教育心理学及教育社会学共同构成四大教育基础理论学科。

一门学科的基本性质,主要反映在学科起源、研究对象、学科功能、研究理论和研究方法等方面。

首先,就学科起源而言,教育史学科是在历史学科的滋润下成长起来的,与历史学科有着天然的血缘关系。文艺复兴时期,许多人文主义教育家都把历史列为重要课程,法国人文主义教育家比代(G. Bude,1468—1540)在谈到学习历史的重要性时指出,"读史不仅使我们了解过去,也会使我们认识现在,并且常常使我们预知将来,历史是伟大的主宰,甚至是我们最杰出的导师"①。文艺复兴时期人文主义思想家和教育家历史观的变化,对历史学科的重视,对历史学科价值与功能的论述,以及对继承古希腊罗马的文化教育遗产所做的大量工作,都为教育史作为独立学科的形成创造了条件。

其次,就研究对象而言,教育史学科主要研究教育历史问题,研究历史性的教育活动、教育思想和教育制度,注重梳理教育产生、发展和演变的历史过程,探索人类教育发展的历史规律。

再次,就学科功能而言,教育史学科通过对教育历史活动、教育历史事件、教育人物思想和教育历史制度真相的最大限度接近或重现,揭示隐藏在教育历史表象背后的教育发展动因,从中获得对当下教育发展与变革有益的启示和借鉴。英国著名教育史学家布莱恩·西蒙(Brian Simon,1915—2002)认为:"世界上最难做到的事就是一个人能客观地观察一个本身直接参与的系统,历史研究就是达到上述目的的强有力的手段。"②教育史学能使学生理解教育原则和教育制度,使之认为教育规则与制度并不总像现在这样,还可以成为其他的样子。

最后,就研究理论与研究方法而言,历史学科理论与方法是教育史学的基本理论和方法,是教育史学工作者运用的主要工具和手段。教育史学特定的研究对象和研究任务,要求教育史学研究者采用历史分析法、历史考证法和文献分析法开展教育史研究活动。历史分析法是运用历史主义原则分析和研究历史现象的方法。历史主义原则要求人们在研究历史问题时,需要坚持的基本立场主要包括:一是把特定的历史人物与现象放到一定的历史背景和条件下进行分析研究;二是用全面、发展、变化的观点来看待历史;三是通过历史发展的相互联系和实践结果研究问题,实事求是地看待历史;四是在研究历史问题过程中,善于抓住典型,从典型事例出发,把握主流和规律。历史考证法是一种传统的历史研究方法,包括外证、内证、理证等方法。它通过外证、内证、理证等方法,对文献和事实进行考订、辨析、排比、证明,尽力恢复历史的原貌和真相,为历史分析提供基本事实依据。文献分析

---

① 吴式颖.关于拓展外国教育史研究领域和改进研究方法的思考[M]//张斌贤,孙益.探索外国教育史研究的新领域与新方法.桂林:广西师范大学出版社,2009:7.
② 〔俄〕卡特林娅·萨里莫娃,〔美〕欧文·V.约翰宁迈耶.当代教育史研究与教学的主要趋势[M].方晓东,等译.北京:教育科学出版社,2001:19.

法是搜集、鉴别、整理文献,并通过对文献的研究,形成对事实的科学认识的方法。

二、学科领域

外国教育史是教育学二级学科——教育史的组成部分之一,是我国高等师范院校教育专业的基础课程。作为教育科学的基础学科,外国教育史以国外教育理论与实践发展为研究对象,其任务是分析研究各历史时期国外教育理论与实践发展的实际状况和发展进程,总结教育发展的历史经验,探讨教育发展的客观规律,为解决我国当代教育问题提供启示与借鉴,并预示教育发展的方向。正如美国著名教育史学家弗里曼·巴茨(Robert Freeman Butts,1910—2010)所说:"研究教育史可以产生两种效果:一是让人看清有哪些过去解决问题的要素还存在于现在;二是让人看清不同时代、不同民族曾怎样解决类似(而非相同)于目前出现的问题。"[1]

外国教育史的主要研究领域包括:其一,各个历史时期美国、英国、德国、法国、俄国、日本等发达国家以及印度、巴西等发展中国家教育制度的演变历程。作为外国教育史的一项重要研究内容,教育制度常常被视为反映一个国家教育实践发展水平和教育改革进展情况的标志。其二,研究外国各个历史时期所涌现的教育家的教育思想与教育实践活动。其三,研究外国各个历史时期的教育理论流派与教育思潮。

概言之,教育史学是历史学科与教育学科交叉而成的一门学科,具有双重学科属性。就教育学学科立场而言,外国教育史属于教育学的一门基础学科;就历史学学科立场而言,外国教育史属于历史学的一门分支学科。因而,教育史研究应不断保持与教育学界和历史学界的学术对话,并在对话中体现外国教育史的学科特色。

---

[1] Robert Freeman Butts. A Cultural History of Education: Reassessing our Educational Traditions [M]. New York: McGraw Hill Book Co., 1947:1-2.

第三节 外国教育史的学科体系

"学科"一词有两层含义,一是指学术分类或科学分支,亦称研究体系,二是指教学科目或教材体系。① 学科体系主要反映该学科研究内容的构成部分及其相互关系。就研究内容层面的外国教育史学科体系而言,作为外国教育史学科研究对象的"外国教育史"至少包括四部分内容:第一,客观存在的外国教育历史现象和历史过程,即作为人类主体认识对象的客观史实;第二,人类主体对于外国教育历史现象和外国教育历史过程的主观性认识活动及认识结果,即外国教育史研究;第三,人类主体对于外国教育史研究活动本身进行的反思、研究和探讨,即外国教育史学;第四,从更为抽象的意义上对外国教育历史发展的基础、动力、结构、性质等哲学层面问题进行的探讨,即外国教育历史哲学。② 就广义的学科范畴而言,外国教育史学科体系主要分为外国教育史研究和外国教育史学两个部分。

一、外国教育史研究

外国教育史研究以外国教育历史发展过程中具体的教育现象(包括教育理论和教育实践)为研究对象,通过分析、研究各历史时期外国教育理论与实践发展的实际状况和历史进程,总结外国教育发展的历史经验,探索外国教育发展的客观规律,为解决当代教育问题提供启示和借鉴。

具体而言,外国教育史研究又可以分为三个层面:发掘、考证与梳理外国教育历史的事实;描述、分析与解释各教育历史事实之间的联系;再现教育要素彼此联系、相互作用共同推动教育进步的历史过程。随着教育史学科的不断发展,外国教育史研究的领域和范围也在不断拓展。在具体研究过程中,研究者通常又会从不同维度对其研究内容进行划分,比如按照外国

---

① 朱正贵. 也论外国教育史学科体系的若干问题[J]. 青海师范大学学报:哲学社会科学版,1985(2):30.
② 参见:张斌贤. 教育史观:批判与重构[J]. 教育学报,2012(6):9.

教育历史发展顺序,将外国教育史分为外国古代教育史、外国近代教育史、外国现代教育史和外国当代教育史;按照研究内容的不同,将外国教育史分为外国教育思想史和外国教育制度史。

二、外国教育史学

随着外国教育史学科的发展及研究者学科意识的增强,外国教育史学者对外国教育史学科及外国教育史研究活动进行了反思、研究和探讨,外国教育史学即是这种反思、研究和探讨的结果。

就研究对象而言,外国教育史学的研究对象既不是具体的教育历史问题,也不是宏观的教育历史现象,而是就外国教育史学科的基本理论,包括外国教育史研究的社会功能、外国教育史发展的内在逻辑、外国教育史研究的基本方法、外国教育历史人物的评价原则以及外国教育史研究工作者所应具备的基本学术素养进行研究与探索。①

在研究目的与研究方法上,外国教育史学与外国教育史研究也表现出明显不同。外国教育史研究的目的在于解析历史上的外国教育思想、教育制度,为解决当前我国的教育问题提供借鉴和启示;外国教育史学的研究目的则是为了从整体上提高我国教育史研究水平,深化人们对教育历史的认识。我国教育史研究通常所采用的方法为发生学和"历史动力学"方法,即通常所说的历史学方法;我国教育史学所采用的主要是历史哲学的方法。

目前,外国教育史学研究日益受到人们重视,其研究内容已扩充为外国教育史学史研究、外国教育史学理论和方法研究、外国教育历史哲学研究等。②

(一)外国教育史学史研究

确切地说,教育史学史研究应为教育史学科史研究。③ 具体到外国教育

---

① 张斌贤.关于《教育史学》的构想[J].教育研究与实验,1987(3):37.
② 郭娅,周洪宇.试论教育史学的学科体系[J].湖北大学学报:哲学社会科学版,2009(2):102.
③ 杜成宪,邓明言.教育史学[M].北京:人民教育出版社,2004:86.

史学科,主要是指以外国教育史学科为研究对象,揭示外国教育史学科发生、发展过程、规律以及未来发展趋势的研究活动,具体包括外国教育史学科发生、发展过程的历史回顾,外国教育史学科研究状况的回顾,外国教育史学科发展规律的探讨,外国教育史学科未来发展趋势的展望等。

(二)外国教育史学理论和方法研究

主要研究内容包括:外国教育史学科性质、功能与作用研究,外国教育史学科体系研究,外国教育史学理论研究,外国教育史学方法研究,外国教育史料学研究,外国教育史跨学科研究,外国教育史学评论研究及外国教育史研究者素养研究等。

(三)外国教育历史哲学研究

外国教育历史哲学研究主要是指对外国教育历史进程进行抽象的理论研究。外国教育历史哲学研究强调对于教育历史作出形而上的抽象和诠释,注重对教育历史发展基础、动力、结构、性质等问题进行哲学层面的思考。人类教育历史是关于过去教育活动的历史,但人们对教育历史的认识,却需要超越具体教育历史事实的搜集和认知,还要能从教育历史事实中抽演出某种普遍性的教育历史联系和教育变迁规律,"亦即应将编年史的记录提升到一种思想理论的高度上来,寻求历史发展变化的某些规律和法则,从历史事实中抽绎出意义,或者是给历史事实赋之以意义,从而把历史事实归纳为一种理论体系"[①]。

三、外国教育史研究与外国教育史学的关系

在构成外国教育史学科体系的"外国教育史研究"和"外国教育史学"之间,存在着值得重视的学科联系。

首先,就二者出现时间及研究成熟度而言,外国教育史研究的起源与发展早于外国教育史学的出现,其研究成熟度也远高于外国教育史学。

---

① 李振宏,刘克辉. 历史学的理论与方法(第三次修订本)[M]. 开封:河南大学出版社,2008:54.

其次,尽管我国外国教育史研究与外国教育史学在出现时间、研究成熟度、研究对象、方法及目的等方面均存在差异,但这些差异的存在并未成为二者保持内在的、实质性联系的障碍。一方面,外国教育史研究为外国教育史学研究提供了必要的思想材料和前提,是外国教育史学研究得以开展的基础;另一方面,作为对学科发展的自觉反思,外国教育史学研究为外国教育史研究发展提供了内在动力。

最后,外国教育史学科的发展、成熟和完善,有赖于外国教育史研究与外国教育史学的共同发展。就整个学科发展而言,外国教育史研究的存在使外国教育史学科成为可能,而外国教育史学的出现则反映该学科发展到一定阶段所产生的学科自觉性。外国教育史学是教育史研究走向高水平的必然产物,同时也为外国教育史学科走向更高级的发展阶段提供可能,它与外国教育史研究共同构成了相对完整的外国教育史学科体系。

第四节 外国教育史的学科功能

近年来,外国教育史学科功能问题成为国内教育史学界学术探讨的热点问题。学者们从不同角度提出了关于外国教育史学科功能的不同理解:求真(理论功能)、求善和求用(实践功能);[1]展现性功能和思辨性功能;[2]学术功能和社会功能;[3]教师职业发展功用、教育学学科发展功用以及提供教育历史洞察力和综合认识能力的功用;[4]培养人的职责和功能;[5]文化解释功能与现实指导价值;[6]传播大众文化;[7]等等。

---

[1] 张斌贤. 教育史观:批判与重构[J]. 教育学报,2012(6):11-12.
[2] 张传燧.《教育史学》的反思与重构[J]. 华东师范大学学报:教育科学版,2001(1):81-82.
[3] 肖会平,周洪宇. 教育史学的学术功能与社会功能[J]. 教育学报,2006(3):85.
[4] 王保星. 外国教育史学科的困境与超越——基于我国外国教育史学科功用的历史分析[J]. 河北师范大学学报:教育科学版,2009(5):5.
[5] 王彦力,李丽丽. 教育史研究的人学探索[J]. 教育研究,2013(6):24.
[6] 杨孔炽. 教育史研究的价值论浅析[C]//杨孔炽. 百年跨越——教育史学科的中国历程:中国教育学会教育史分会第九届学术年会论文选. 厦门:鹭江出版社,2005:44.
[7] 荣艳红. 从"小众化"到兼顾"大众化"——试论外国教育史学科文化传播功能的重建[J]. 河北大学学报:哲学社会科学版,2013(1):69.

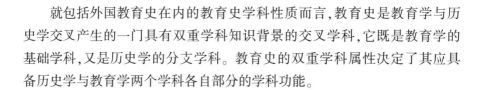

就包括外国教育史在内的教育史学科性质而言,教育史是教育学与历史学交叉产生的一门具有双重学科知识背景的交叉学科,它既是教育学的基础学科,又是历史学的分支学科。教育史的双重学科属性决定了其应具备历史学与教育学两个学科各自部分的学科功能。

一、外国教育史作为历史学分支学科的功能

(一) 记述人类教育历史过程及其发展状况

记述历史是包括教育史在内的历史学科的首要功能。历史学主要凭借文字、照片、图像等形式对人类历史上曾客观存在的事实及其发生、发展过程进行记载和陈述,还原历史的真实面貌。历史学的记述功能首先在于满足人们从自身的历史中认识自我的需求。

其次,记述历史的史料为人们开展历史研究提供了物质基础,人们正是通过对史料的考证、辨别和分析,形成对历史面貌的认识。教育史是历史学研究在教育学领域的延伸,因此,教育史自然而然地承袭了历史学的这一记述功能。事实上,外国教育史学科的记述功能对人们了解和研究外国教育状况及历史进程的意义重大。在我国外国教育史学科产生之前,有关外国教育状况的记载,多散见于清末改良派知识分子所写的关于西方社会制度的介绍性著作中。至20世纪初,一些国外教育史著作传入我国,外国教育史学科产生后,这一状况方得以改观。人们得以通过学习和阅读专门的外国教育史著作,全面了解外国教育制度、方法、发展状况及历史进程等。

(二) 探索人类教育本质及其发展规律

历史学的另一重要功能即"求真",即通过研究历史探索人类社会的本质与发展规律。通过研究人类教育活动的历史,探索人类教育的本质及其发展规律,也是教育史学科的重要功能之一。教育史研究的求真功能具体体现在两个层面。

第一,通过教育史料的考证、校勘、辨伪存真,确保史料的原始性、真实性和可信性,从而为人们认识教育历史的真实面貌提供必要条件;第二,在最大限度还原历史面貌的基础上,基于历史学理论与方法,运用教育学理论

与手段,从更高层次上探索教育与社会发展、教育与个人发展的内在联系,最终获得对教育本质及其发展规律的认识。事实上,探索教育本质与规律,一直是我国外国教育史学科的一项基本任务。滕大春先生在其主编的《外国教育通史》前言中强调:尽管外国教育史并非实用性或技术性学科,但外国教育史借助于对世界教育演变历程的探索,公正如实地揭示教育发展的规律,以发挥外国教育史研究的"鉴古知今""古为今用""洋为中用"的功能,培养起人们具有远大的教育眼光和领悟教育课题的能力,而这种眼光和能力每每能产生人们认识不到的威力。① 吴式颖先生在其主编的《外国教育思想通史》"总序"中提出,外国教育史通过研究"外国教育思想产生、发展和演变的历史,分析与评价各个时代最主要的教育思潮和教育思想流派,阐述各时期外国思想家与教育家认识教育现象、解释教育问题、探讨教育客观规律的得失"②。

(三) 提升教育历史洞察力

作为历史学的分支学科,教育史还具有一般人文学科的共同价值,即增进智慧、陶冶精神、提升历史洞察力等。具体而言,通过学习外国教育史,可以深化人们对教育本质的理解,加深对人类自身及人类活动的认识,培养人们具备睿智的教育眼光和高超的分析、领悟复杂教育理论问题和现实问题的能力。同时,借助于对外国教育发展历程的认识,人们可以更好地理解国外的社会、思想、文化、传统乃至人文地理等,从而有助于形成一种开阔的全球眼光和宽广的国际视野。

此外,外国教育史学科还为人们理解当前教育问题提供了一种历史洞察力和综合认识能力。通过外国教育历史知识的普及化传播,有助于一般民众理解教育在现代学习化社会中的价值,认识教育在个人发展中的价值,使人们有能力认识并科学安排自身及家庭成员的教育事务。③

---

① 滕大春.外国教育通史(第二卷)[M].济南:山东教育出版社,1989:前言5.
② 吴式颖,任钟印.外国教育思想通史(第一卷)[M].长沙:湖南教育出版社,2002:1-2.
③ 王保星.外国教育史学科的困境与超越——基于我国外国教育史学科功用的历史分析[J].河北师范大学学报:教育科学版,2009(5):10.

二、外国教育史作为教育学基础学科的功能

(一)教师职业发展功能

培养教师一直是外国教育史学科的重要功能。在我国,外国教育史最早是作为师范学校培训教师的一门教学科目引入的。1902 年,清政府公布《钦定学堂章程》,强调"学堂开设之初,需求教员,最重师范",并规定"大学堂、中学堂并设师范学堂"。① 两年之后的《奏定学堂章程》(即"癸卯学制"),不仅把"教育理论"与"应用教育史"作为优级师范学堂各专业"一概通习"的科目,而且把"中外教育史"列为经学科大学的选修科目。② 之后,外国教育史一直作为我国高等师范院校教育专业的必修科目,在我国教师教育实践中发挥着重要作用。

在国外,教育史学科的兴起同样与教师教育发展密切相关。国外早期的一些教育史著作,如法国孔佩雷的《教育史》(1883 年)、美国孟禄(Paul Monroe,1869—1947)的《教育史教科书》(1905 年)、库伯莱(Ellwood Patterson Cubberley,1868—1941)的《教育史》(1920 年)等,都是作为师范院校教材出版,或是根据课堂讲义编写而成的。

具体而言,外国教育史学科教学通过讲授外国教育制度、教育理论和教学方法,帮助有志于从事教师职业的人获取教师专业知识素养,形成未来教师的批判性意识,帮助他们理解教师职业和教师职责,能以一种连续性的历史眼光,更加清晰而深入地理解当前的教育实践和自身的教师职业活动;通过对中外教育发展历史进程的把握,对历史上的关键教育改革及教育事件的认知,开阔视野,激发想象力,为未来教师在教育实践中创新性地履行教师职业职责提供教育史的智慧。

(二)教育学学科发展功能

包括外国教育史在内的教育史学科在整个教育科学体系中处于基础地

---

① 转引自:胡凤阳. 外国教育史学科发展的世纪历程[D]. 保定:河北大学硕士学位论文,2003:5.

② 张斌贤. 教育史学科的双重起源与外国教育史课程教材建设的"新思维"[J]. 河北大学学报:哲学社会科学版,2008(1):13.

位,发挥着支撑教育学科建立与发展的功能。"今天的教育科学不是个别人的发明创造,而是古今中外教育实践经验的总结和许多先行者教育理论思维的结晶。教育科学是在教育历史发展过程中形成和完善的,教育历史是教育科学的重要源泉,如果没有人类几万年教育实践经验的不断积累,没有教育家几千年教育理论思维的丰富材料,要创造高水平的教育科学是难以想象的。"[1]可以说,一切活生生的教育实践、教育观念与思想的论争最终都要进入教育史的学科研究范畴,而教育史学科所包含的涉及教育领域的制度、思想、理论、实践,也将为教育学科的发展提供丰富的历史素材和理解现实教育问题的历史参照。

(三) 教育改革与实践指导功能

意大利历史哲学家克罗齐主张,"我们论证了当代性不是某一类历史的特征(如同经验性范围所持之有理的),而是一切历史的内在特征之后,我们就应当把历史跟生活的关系看作一种统一的关系;当然不是一种抽象意义的同一,而是一种综合意义的统一,它既含有两个词的区别,也含有两个词的统一"[2]。克罗齐表明了历史(过去)与现在之间存在的一种内在的统一性关系。事实上,历史和现实的区分是相对的,我们今天所探讨的教育史都曾经是过去所面对的教育现实,而当代的教育现实问题也必然会进入未来的教育史范畴。因此,教育史研究的价值诉求并不仅仅止于过去,而应当从对过去的审视中获取历史智慧,为解决当代的教育改革与实践问题寻找历史依据和历史参照。

教育史学科指导现实教育问题的价值一直为教育史研究者所重视与追求。美国教育史研究者一直强调教育史研究指导现实教育实践的功能。孟禄在其《教育史教科书》中明确指出,教育史研究的目的在于使学者充分认识过去的教育史实,分析过去的教育经验,以更好地完成他们所承担的教育任务。[3] 巴茨在其《西方教育文化史》中强调:"当人们持有不同的观点去解

---

[1] 孙培青. 中国教育史[M]. 第三版. 上海:华东师范大学出版社,2009:第一版序言.
[2] [意]贝奈戴托·克罗齐. 历史学的理论和实际[M]. [英]道格拉斯·安斯利,英译,傅任敢,译. 北京:商务印书馆,2005:3-4.
[3] 滕大春. 美国教育史[M]. 北京:人民教育出版社,1994:630.

决这些问题而引发冲突的时候,每个人都倾向于到过去的历史中寻找自我支持的依据。这使得历史的学习成为一种必要,因为任何的现实都是历史演变的结果。一个立足于现在而又面向未来的充分论证,是需要对历史进行回顾的。事实上,任何教育的决策或者其他社会实践领域的决策都依赖于对历史的解读。"①

尽管教育史研究不能解决目前的实际问题,但研究教育史可以帮助教育实践者认识教育现实问题,了解现实教育问题的发生与发展,通过寻求同类教育问题的历史解决办法而获得某些现实启迪。具体而言,外国教育史学科服务于教育改革与发展的现实,显现为两个层面:一是为政府教育政策的制定提供一定的历史参考;二是为个体活动和思考提供一种历史思维方法,一种用探究和揭示真相的态度对待所要研究的问题的思维方法。②

当前,我国教育改革正处于攻坚阶段,各种教育实践问题层出不穷,教育实践工作者急需从中外教育史的研究成果中获取有益的借鉴与指导,教育史学科也应立足于当前我国教育改革与发展的实际问题,为当代的教育发展提供智力支持。

(四) 教育发展趋势预测功能

教育史研究不仅可以为解决当前教育现实问题提供参照和借鉴,还可以就教育未来发展趋势与走向做出预测。

通过研究各国教育发展与演变的进程,总结各国教育历史的经验与教训,我们可以知兴替、明得失,加深对教育本质及发展规律的认识,并在此基础上获得对未来教育发展趋势做出科学与合理判断的预测能力。教育史学科研究的是过去的教育,但又要面对现实的教育,并心怀未来的教育。因此,外国教育史学科在探索教育历史规律的同时,还应主动地对未来教育发展趋势做出预测和前瞻,为教育实践工作者作出科学合理的教育决策提供指导。

---

① 〔美〕R.弗里曼·伯茨.西方教育文化史[M].王凤玉,译.济南:山东教育出版社,2013:序言1.
② 郭法奇.教育史研究:寻求一种更好的解释[M].北京:中国社会科学出版社,2012:172.

第五节　外国教育史的学科教学与理论研究

基于教学科目与学术研究领域的双重起源,外国教育史学科在其发展过程所呈现的学科教学与理论研究成果,也就成为展示外国教育史学科发展水平和学科价值的主要载体。

一、外国教育史学科教学

自清末设师范学堂以降,外国教育史与教育学、中国教育史、心理学及教学法等科目一样,一直作为我国教师培养的专业基础课程而设立。改革开放以来,在我国师范院校本科教育学专业(包括非师范院校教育学专业)培养计划中,外国教育史更是作为一门基础性学科课程而讲授。教材编写成为促进外国教育史学科发展的主要手段。

20世纪80年代中后期以来,一批对外国教育史学科教学产生重大影响的外国教育史教材相继问世,其中包括:王天一等人编著的《外国教育史》(上、下册),戴本博等人编著的《外国教育史》(上、中、下三册),滕大春主编的六卷本《外国教育通史》,吴式颖主编的《外国教育史简编》和《外国教育史教程》,曹孚、滕大春、吴式颖等主编的《外国古代教育史》《外国近代教育史》《外国现代教育史》,张斌贤、贺国庆、周采、王保星等各自主编的《外国教育史》,等等。这些教材集中体现了我国学者试图突破苏联教育史模式,摆脱"欧洲中心论"影响,积极推进外国教育史学科体系中国化的努力与成就,滕大春主编的六卷本《外国教育通史》与吴式颖主编的《外国教育史教程》,被学界视为最能体现新时期我国外国教育史教材建设"中国化"水平的经典之作。

20世纪90年代以来,我国教师教育体制发生重大变革,"二级师范教育体系"取代了"三级师范教育体系",即原由中等师范学校、高等师范专科学校和高等师范院校构成的三级师范教育体系,在短时间内转变为由师范专科学校和高等师范院校构成的二级师范教育体系。师范院校的培养目标不再仅仅局限于培养专业教师,而非师范类的毕业生也可以通过取得教师职业资格证而进入教师行业。在这种变革的影响下,各师范院校教育系科先后对原有培养计划进行修订,在增加与教育实践关系更为密切的新知识和新科目的同时,许多院校均不同幅度压缩了包括外国教育史在内的基础课在教学计划中所占的比重。受此影响,外国教育史的科研与教学队伍不断萎缩,许多院校通常只有一名专任教师,而相当一部分院校实际上是由从事其他学科教学的教师兼任外国教育史学科的教学工作。据统计,目前我国专门从事外国教育史学科教学与研究工作的人员大约只有100人左右。[①]外国教育史学科教学遭遇前所未有的挑战。

不过,外国教育史作为教师教育专业课程与教育学学科基础课程的地位一直为许多业内人士所认同,外国教育史学科教学问题一直受到关注。在今后相当长的时间内,外国教育史学科将仍然承担教师教育与教育学学科发展的重要使命。为保证外国教育史学科教学高效履行这一使命,外国教育史学科教学改革刻不容缓。具体改革内容包括以下四个方面。

第一,强调外国教育史课程的通识性,发挥学科的通识教育功能。外国教育史课程本身更接近人文学科范畴,因此,外国教育史教学应强调为学生提供基本的历史意识和人文素养的陶冶,使学生不仅具有历史的视野,而且通过了解世界各主要国家教育发展的历史进程,形成世界和全球的眼光。[②]

第二,探索新的课程编制方式,在要求学生掌握外国教育历史发展的总体线索及一般常识的基础上,开展专题教学,加强教学内容的现实性,激发学生的学习兴趣与热情。

第三,综合运用多种教学方法与手段,增加课程的吸引力。在传统的讲授法之外,综合运用讨论、讲座、读书交流、影像观摩、学术交流等多种方式,有效组织和开展教学活动,调动学生的学习主动性,提高教学效率。北京师范大学在外国教育史的教学改革中提出通过利用网络资源更新外国教育史的教学手段,主要包括开设外国教育史网络课程,建设师生在线互动的网络平台,建立多媒体和数字化的外国教育史教学资料与资源库,其中包括以欧

[①] 张斌贤,王晨,孙益,郭法奇,李子江. 北师大:外国教育史课程教学整体改革[N]. 中国教育报,2012-05-28(8).

[②] 张斌贤. 教育史学科的双重起源与外国教育史课程教材建设的"新思维"[J]. 河北大学学报:哲学社会科学版,2008(1):16.

美历史文化为主题的经典影视作品、教育史文献和研究文献,①等等。

第四,在教学过程中注重培养学生的研究能力。在传授知识的同时,有意识地让学生了解和体验教育史研究活动的过程,培养他们发现问题、搜集史料、分析史料及撰写研究论文的能力,加强教育史研究方法的训练,提高学生独立探究的能力。

二、外国教育史学科理论研究

(一)外国教育史学科研究成果

在编纂适应外国教育史学科教学教材的同时,我国外国教育史研究理论研究水平不断提高,研究成果呈现出通史、断代史、国别史、人物与思想史、教育史学研究多元化的局面。

吴式颖、任钟印先生主编的十卷本《外国教育思想通史》,约500万字,该书体系完整、时间跨度大、史料丰富,在研究思想与方法上竭力突破"西方中心论"和"欧洲中心论",首次对东方文明古国的教育思想进行了集中、深入和系统的探讨,标志着我国外国教育思想史研究所达到的新高度。

相继出版的《美国教育史》(滕大春著)、《俄国教育史》(吴式颖著)、《日本教育史》(王桂著)、《英国教育史》(徐辉著)等成为国别史研究的重要成果;《外国学前教育史》(周采等主编)、《外国幼儿教育史》《外国教育实验史》(杨汉麟主编)、《西方教育思想史》(王天一版、张斌贤版、单中惠版)、《德国和美国大学发达史》(贺国庆著)、《外国高等教育史》(贺国庆、王保星、朱文富等著)等外国教育专题史著作纷纷出版;《卢梭教育思想述评》(滕大春著)、《外国教育家评传》(1—4卷,赵祥麟主编)、《教育名著评介》(李明德、金锵主编)等成为教育人物与思想史研究领域的重要成果。

近年来,教育史学研究日益受到外国教育史学者的关注,《教育史观:批判与重构》《教育史研究:"学科危机"抑或"学术危机"》《整体史观:重构教育史的可能性》《外国教育史学科发展的世纪回顾与断想》《什么是教育史研

---

① 张斌贤,王晨,孙益,郭法奇,李子江. 北师大:外国教育史课程教学整体改革[N]. 中国教育报,2012-05-28(8).

究?——以外国教育史为例》《全球史观视野下的我国外国教育史学科建设断想》《我国外国教育史研究的"碎片化"与"整合"——再论全球史观的外国教育史学科发展意义》《教育史研究的前提假设及其意义》《全面危机中的外国教育史学科研究》等论文,从整体上反思了外国教育史学科的基本理论、学科方法、发展历程、存在问题及解决对策等,显示出我国外国教育史研究者不断增强的学科意识及外国教育史学科不断走向成熟的发展水平。

在外国教育名著、名篇及教育史研究成果的译介方面,译著的种类、数量和水平均达到了中华人民共和国成立以来的新高度。由人民教育出版社编辑出版的"外国教育名著丛书"已编译外国教育家代表性名著、名篇达33种,共计44册;《发达国家教育改革的动向和趋势》(1—6集)翻译选编了20世纪80至90年代美、苏、日、法、英政府有关教育改革的重要原始文件和报告;译著《美国教育》(三卷本,克雷明著)成为研究美国温和派教育历史的重要资料,《欧洲大学史》(四卷本)展示了欧洲大学史研究的最新最全面的学术成果;"西方教育史经典名著译丛"精选了美国、英国、法国等多个西方国家的十部教育史经典著作,体现出不同的西方教育史学理论与研究方法。

此外,张斌贤主编的"美国教育经典译丛"5册,崔延强、邓磊翻译的《欧洲中世纪大学》3卷本,复旦大学杜威与美国哲学研究中心组译、华东师范大学出版社出版的《杜威全集》[①],浙江教育出版社出版的《赫尔巴特文集》(6册)(李其龙等译),"北大高等教育文库·大学之道丛书"出版的《美国现代大学的崛起》(劳伦斯·维赛著,栾鸾译)、《美国高等教育通史》(亚瑟·科恩著,李子江译)、《美国高等教育史》(约翰·塞林著,孙益等译)、《现代大学及其图新——纽曼遗产在英国和美国的命运》(谢尔顿·罗斯布莱特著,别敦荣译)、《美国大学时代的学术自由》(沃特·梅兹格著,李子江等译)等一系列译著的出版,显示出我国学者时刻关注国外研究成果的学术素养和专业的学术眼光,同时也为我国外国教育史学科提供了丰富的研究资料和理论借鉴。

[①] 2015年8月已全部出齐,包括"早期著作"5卷、"中期著作"15卷、"晚期著作"17卷及索引卷在内的38卷中文版《杜威全集》。

（二）外国教育史学科理论研究领域、视角与方法

随着外国教育史学科研究队伍的壮大及学科成熟度的提升，一些新的研究视角被尝试，新的研究领域被开辟，新的研究方法被采纳。

首先，在传统的外国教育思想史与制度史分野的框架下，一些研究尝试"外部史"及"视野下移"的研究视角。如《社会转型与教育变革：美国进步主义教育运动研究》将美国进步教育运动放在社会发展与变革的大背景下去考察，揭示出特殊时期教育与社会发展的内在关联；《工业化时期英国教育变迁的历史研究：以教育与工业化的关系为视角》《自治与干预的动态平衡：对美国高校与联邦政府关系的历史考察》分别对教育与工业化、高校与政府之间的互动关系进行了深入考察；《民族国家、政治现代化和教育世俗化之间的关系》《国家与教会之间一道隔离的墙：美国公共教育中的宗教问题研究》《当代美国教育改革的社会机制研究：20世纪60年代美国教育改革运动的形成》则铺陈出一幅幅教育发展与民族、社会、政治、宗教等外部因素相互交织的复杂图景。

随着传统研究领域的不断深入，一些研究者的研究视野开始逐步下移，如《20世纪美国大学学生事务研究》《美国大学生资助政策研究》《彼岸的想象：留美中国学生的国家认同，1901—1919》《美国大学校友会的历史研究》等，这些研究将视野聚集在传统的教育制度与教育思想之下更为微观的群体和领域，在大大拓展外国教育史研究领域的同时，也呈现出外国教育史更为微观和生动的一面。

其次，一些新的专题研究领域不断被开辟。如高等教育史与大学史研究，主要成果包括《哈佛大学发展史研究：1636—1953》《美国现代高等教育制度的确立》《培育追求光明与真理的精神：耶鲁大学发展史研究》《保守主义的大学理想》《美国大学自治制度的形成与发展》《学术自由在美国的变迁与发展》《知识演化进程中的美国大学》《文化战争中的美国大学》《美国大学课程思想的历史演进》《美国高等教育学术自由传统的演进》等；黑人与女子教育专题史研究，主要成果包括《从种族隔离到学校一体化：20世纪美国黑人教育》《美国女子高等教育史研究》《美国女子高等教育史：1837—2000》等；大学教师发展史专题研究，主要成果包括《美国大学教师发展研究：历史

的视角》《美国大学教师知识分子向度的历史考察("二战"后—20世纪90年代)》等;教师教育发展史研究,相关成果包括《美国教师专业规范历史研究》《从专业协会到教师工会:美国全国教育协会角色转变之研究》《美国教师教育认可标准的变革与发展:全国教师教育认可委员会案例研究》《美国师范教育机构的转型:历史视野及个案研究》《20世纪美国教师教育思想的历史分析》《美国教师质量保障体系历史演进研究》《战后美国教师教育改革与发展研究》《美国中小学教师教育发展研究》《美国教师教育课程史研究》等;外国职业教育史研究,主要成果包括《外国职业教育史》《日本近代职业教育发展研究》《美国联邦职业技术教育立法研究(1917—2007)》等;教育史学理论研究,主要成果有《美国教育史学:嬗变与超越》《布莱恩·西蒙与"二战"后的英国教育史学研究》《传统与变革:英国教育史学历史演变研究》《美国城市教育史学发展历程研究》等。近年来,研究者还关注到了外国终身教育、成人教育、学前教育、留学教育、课程史、教育技术史、教育财政史等新领域,大大拓展了外国教育史研究的范围与视野,在一定程度上促进了学科的繁荣。

最后,一些历史学的新的研究方法也被运用到外国教育史的研究中。如《〈大学史〉杂志视阈下的西方大学史研究》运用计量统计的方法对1981—2005年间《大学史》杂志所刊论文的数量、研究主题、研究方法进行分类统计,在此基础上考察分析了西方大学史研究的状况、特点及影响西方大学史研究的内部因素。

第六节　外国教育史的学科特征

我国外国教育史学科在发展过程中表现出一些基本的学科特征,如基础性、通识性、现实性和反思性等。

一、基础性

我国外国教育史学科的发展历史显示,无论在教师教育课程体系,抑或教育理论研究体系中,外国教育史都是作为一门基础性课程而存在的,外国教育史学科体现出基础性的学科特征。

外国教育史学科的基础性特征体现在：未来教师的培养与造就，首先要以对人类教育历史过程的理解为基础，要积极吸纳人类在几千年的教育演进历史中所积累的教育智慧，具备教育历史视野和意识，形成自身对教育的理解和感悟，具备将复杂的教育现实问题置于悠远的历史时空中加以解析的能力，为成长为一个富有教育智慧和教育理想的教师奠定教育史知识基础。因此，自清末以降，外国教育史（与中国教育史一起）作为与教育学理论、教育哲学或教育管理等并列的教育学基础学科，在教师教育课程与教学体系中，以积极而有效的教学不断确证着自身作为教育学基础学科的合法性与有效性。

二、通识性

外国教育史学科还体现出通识性特征。自人类开始借助于教育实现个体生产劳动经验的代际传递与同代人不同个体之间的传递以来，人类教育历史便启动了自身的演进与嬗变历程。不同时代个体的社会化往往意味着个体接受一定类型和一定时间的教育，以掌握此前人类创造与积淀起来的文明与智慧，以更好地理解自己，理解社会，理解人与人之间的关系。作为记载人类教育发展与演变历史的教育史（包括外国教育史），为个体理解异域的教育文化与教育思想提供了最为适当的材料。在突破地域局限，形成对多样性与差异性教育文化的尊重与接纳上，外国教育史学科尤其发挥着通识性的教育意识培养和教育洞察力造就的功能。

三、现实性

外国教育史教学与研究一直坚持"鉴古知今""洋为中用"的原则，体现了该学科关注现实问题，强调现实性的学科特征。从教育史学科的历史来看，现实性一直是教育史学者追求的目标。外国教育史学科最初即起源于师资培训，与实际需要结合得非常紧密。

在我国，教育史学研究者通过探索具体的微观历史事实，展示教育理念、教育管理、教育决策、教育实践，以期对当今的教育改革与发展提供启发与借鉴。具体来看，外国教育史研究主要呈现两种偏向。其一，偏向探索发达国家的教育经验。从博士学位论文选题来看，对欧美等西方发达国家的

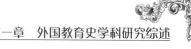

研究数量偏多。① 其二,偏向对高等教育领域问题的探析。20世纪90年代中后期以来,国内高等教育发展迅速,国外高等教育历史发展成为外国教育史学术领域的又一研究热点,主要包括高等教育思想史研究、高等教育政策与制度史研究、高等教育的内外部关系研究、高等教育的办学经费研究等。② 可见,我国外国教育史研究者重点关注外国发达国家的实际教育问题研究,在研究中试图通过对教育历史资源的挖掘,为现代教育改革提供参考借鉴。

四、反思性

改革开放以来,现实教育问题越来越复杂,外国教育史学科被寄予厚望,人们希望教育史研究为解决现实问题提供更多参照。在这种情况下,学科发展不断受到关注,教育史研究者撰文探讨外国教育史陷入危机的根源和解决途径。同时,外国教育史学界开始将视野转向对外国教育史研究现状的反思与批判。③

从中国教育学会教育史分会历届年会主题的变化也可看出,学者们越来越重视对学科发展的反思。1979年12月12日—18日,全国教育史研究会成立大会暨第一届学术年会在浙江杭州召开,本次会议坚持实践是检验真理的唯一标准,研讨教育史研究工作中的若干问题,认真回顾和总结了三十年来教育史学科发展道路上的经验和教训。在1996年12月11日—16日在广西桂林召开的教育史研究会第五届学术年会上,教育史学科发展的回顾与展望问题再次受到关注。2004年10月31日—11月2日在福建武夷山召开的中国教育学会教育史分会第九届学术年会暨第六届会员代表大会

---

① 主要有:张立新《美国教育技术发展史研究》(河北大学,2002)、李立国《工业化时期英国教育变迁的历史研究:以教育与工业化的关系为视角》(北京师范大学,2001)、张婷姝《自治与干预的动态平衡:对美国高校与联邦政府关系的历史考察》(河北大学,2003)等。

② 主要有:外国高等教育史(贺国庆等著)、外国高等教育史(黄福涛主编)、美国现代高等教育制度的确立(王保星著)、中国高等教育百年(潘懋元主编)、中国高等教育百年史论(田正平、商丽浩主编)等。

③ 张斌贤,刘传德.浅谈外国教育史研究中的几个问题[J].教育研究,1986(4).张斌贤.再谈外国教育史研究中的一些问题[J].教育研究,1987(8).赵卫.也谈外国教育史研究中的一些问题[J].教育研究,1988(10).李文奎.也谈外国教育史学科建设[J].教育研究,1989(5).张斌贤.全面危机中的外国教育史学科研究[J].高等师范教育研究,2000(4).贺国庆.外国教育史学科发展的世纪回顾与断想[J].河北师范大学学报:教育科学版,2001(3).金忠明,林炊利.教育史学科困境及其对策[J].河北师范大学学报:教育科学版,2005(6).王保星.外国教育史学科的困境与超越——基于我国外国教育史学科功用的历史分析[J].河北师范大学学报:教育科学版,2009(5).

上,"我国教育史学科建设百年回顾与反思"成为会议主要议题。2006年在陕西西安召开的中国教育学会教育史分会第十届学术年会上,"教育发展与教育史研究的回顾与展望"成为主要议题之一。之后的中国教育学会教育史分会的学术年会主题延续了此前的反思性传统,如第十一届学术年会(2008)的主题为"教育史研究与当代教育改革:视野、观念和方法",第十四届学术年会(2013)的主题为"学校与教育组织机构的历史变革",第十五届学术年会(2014)的主题为"课程与教学内容的历史变革",第十八届学术年会(2017)的主题为"教育史:学科建设与人才培养",第十九届学术年会(2018)的主题为"跨学科视野下的教育史研究",第二十届学术年会(2019)的主题为"教育史学科的回顾与展望"。可见,自学科恢复创建以来,我国教育史学者时刻保持警醒,以敢于剖析和反思自己的勇气,共谋学科发展。广大教育史学科教学与研究者在积极反思学科发展历程、学科成就与学科问题的基础上,不断推进教育史学科的进步与发展。

第二章　外国教育史学科发展史

外国教育史作为一门学科,形成于18世纪下半叶的西方,距今已有二百余年的历史。外国教育史学科的诞生得益于古希腊罗马、文艺复兴、近代教育历史研究的孕育,德国教育学和历史学发展的催生,近代师范教育的滋养。我国外国教育史研究源于20世纪初对欧美教育史的引入,历经模仿借鉴、恢复重建、探索发展几个时期,已发展成为教育科学的一门独立分支学科,形成教育学科和历史学科相互交叉的态势。

第一节　西方教育史学科的发展

西方教育史研究起步于对他国或地区教育历史现象的考察,后因师范教育的出现和历史研究的规范化,慢慢摆脱了萌芽状态,形成学科雏形,并逐渐构建起较为完善的学科体系。

一、学科的萌芽期

从古希腊罗马时期到18世纪中期属于外国教育史学科发展的萌芽期,其主要特点是对教育历史的介绍散见于政治、哲学、历史、传记、游记之中,或各类教育著作之中,且以简单描述为主,尚未从其他学科中分离出来,更不具备学科意识。

教育历史研究的最初形态,可以追溯到古希腊历史学家色诺芬(Xenophon,约前430—前355)的《希腊史》、古罗马教育家昆体良(Marcus Fabius Quintilianus,约35—100)的《雄辩术原理》和西塞罗(Marcus Tullius Cicero,前106—前43)的《论创作》。《希腊史》记载了前411—前362年间的希腊历史,其中包括古希腊城邦特别是斯巴达教育的变迁;《雄辩术原理》和《论创作》均对古希腊罗马(教育)文献进行了历史调查,包含有教育史的内容。

文艺复兴时期浓厚的古典主义色彩几乎使人文主义者们对古代抄本和文献的收集与研究达到狂热程度。《雄辩术原理》于1416年在瑞士的一座修道院中被发现，意大利人文主义者弗吉里奥（Pietro Paolo Vergerio，1349—1420）随即对其进行了研究和注释，并由此提出人文主义教育理念。考古学家和历史学家弗拉维奥·比翁多（Flavio Biondo，1392—1463）在一本研究古典文化复兴的著作中探索了罗马帝国衰落时期古典学科的演变，以及维多利诺（Vittrino da Feltre，1378—1446）的"快乐之家"和格里诺（Guarino da Verona，1374—1460）的"费拉拉宫廷学校"的古典教育情况。

文艺复兴时期的教育历史研究还表现在对高等教育发展史的偏爱，凸显作为新型教育机构的大学在文化传播和学术探究方面的突出地位。1517年，法国出现了最早研究巴黎大学起源的教育史著作。16世纪后期英国产生了围绕牛津大学和剑桥大学校史争论的许多论述和著作。1567年，尼德兰天主教神学家和历史学家米登道普（Jacob Middendorp，1537—1611）撰写了基督教救世著作，其中包含了欧洲高等教育发展历程的史料，为了解西方古代教育史提供了原始资料，代表着德国教育史研究的最早尝试。

17世纪教育史学科雏形初成。德国学者康宁（Hermann Conring，1606—1681）撰写出版《古代学术遗产》，依据大量史料阐述了从古希腊到17世纪的高等教育史。1686年法国基督教历史学家费洛尔（Claude Fleury，1640—1723）完成两卷本的《论学习的选择和方法》，他在序言中阐述了研究教育历史的价值所在："如要深入了解现今的学科设置，就应追溯其本源。这样，我们方可知道它们从何产生并发展至今，了解它们是如何经历时代变迁而归于统一的。"[①]作者主要介绍文艺复兴以前的教学发展和课程理论，概述了古代和中世纪教育、经院哲学与中世纪大学、文艺复兴时期的教育。该书被认为是一般意义上的最早教育史著作。

二、学科的形成期

具有近代意义的教育史研究始于18世纪下半叶，德国成为教育史学科发祥地，并引发了欧美其他国家或地区教育史学科的创建，到19世纪末教育

---

① 杜成宪，邓明言. 教育史学[M]. 北京：人民教育出版社，2004：313.

史学科最终得以成型。

（一）德国教育史学科的形成

18世纪下半叶至19世纪末，教育史逐渐在德国成为一门学科，德国成为教育史研究的中心。其原因主要有四个方面：第一，当时德国社会价值取向偏重古代文明。德国是宗教改革运动的发源地，新教思想和运动具有广泛影响；理性主义和浪漫主义开始成为社会变革的思潮；新兴阶层和意识形态与传统观念和保守势力相互抵触。面对复杂和多样的社会价值取向，德国学术界急需评价现实生活及其发展对人们的影响，而评价和比较的标准就指向了人类发展的过去，即古代文明，历史研究成为一种最有效的工具和趋势，发生论思想方法被普遍运用。第二，德国教育的实践和理论促进了教育历史研究。自17世纪以来德国初等义务教育、国民教育、大学教育的独特发展和繁荣局面，进一步激发了教育改革的社会需要，对教育历史的探寻成为借鉴和创新的源泉与动力。赫尔巴特多方面兴趣理论将兴趣视为教学的直接目的和课程基础，提出历史是形成社会兴趣的主要科目，由此历史类课程受到重视，历史研究也成为知识分子素养的体现。第三，德国史学发展的影响。从18世纪末至19世纪末，所有德国教育史研究的一个显著特点是深受历史学影响。19世纪的德国成为欧洲历史研究的中心，以著名史学家兰克（Leopold von Ranke，1795—1886）为代表的客观主义、实证主义史学成为世界各国所公认与效仿的史学研究理论与方法。兰克认为，真正的研究必须要有可靠的史料，历史要依据原始档案和史料说明真相。兰克学派的史学观不仅独霸德国史坛，而且影响到德国教育史研究，其研究方法是通过鉴别教育史料的真伪和考察教育历史研究者的动机来确认教育历史事实。第四，历史研究成果成为保守主义的工具。早期德国的教育史研究并没有继承文艺复兴时期的古典主义倾向，而是来自于新教运动中的宗教研究，具有一定的保守文化心态。18世纪德国出现了以自然主义、浪漫主义和激进主义为特征的社会思潮，表现在教育上就是教育家巴西多（Johann Bernhad Basedou，1724—1790）所发起的泛爱主义教育思潮，倡导儿童在回归自然当中认识世界。一些保守的教育家坚决反对这种激进思潮，尝试通过对古典文明永恒价值的研究抗衡新教育思潮和泛爱主义教育。这客观上吸引了更多的人投身于教育历史的研究,从而推进了教育史学科的形成。

　　1779 年,德国教育家和历史学家曼格尔斯多夫(Karl Ehregott Andreas Mangelsdorf,1748—1802)为了抵触泛爱主义教育和否定巴西多的教育理念,出版了《教育制度的历史研究》一书,从制度层面探讨了教育制度的历史传统。他在书中写道:"要想正确地评价人们为改善教育提出的种种新见解,不仅需要了解人在教育的各个方面所取得的成就,也要知道他们对此有何种看法。"[①]他的意图并不是要从过去的教育中吸取有利于教育改革的东西,而是要借鉴和援引历史上文明发展标准和规则来抗衡泛爱主义教育。但是,由于曼格尔斯多夫开启了近代德国教育历史研究的先河,《教育制度的历史研究》被视为德国近代教育史的开山之作,他本人也被称为德国教育史研究的鼻祖。

　　1794 年,哲学家和教育家鲁科夫(Friedrich Ernst Ruhkopf,1760—1821)出版了《德国学校教育史》,运用翔实的史料研究了德国学校教育发展历程,成为德国教育史上第一部研究学校教育的著作。1796 年,教育家尼迈耶(August Hermann Niemeyer,1754—1828)出版了《教育与教学原理》,内含丰富的教育史内容,介绍了教育理论和教育制度的发展由来,以及教育家生平及其著作,成为当时德国流行的教育史著作。1802 年,海德堡大学神学教授施瓦茨(F. H. C. Schwarz,1776—1857)出版了《教育原理》,并于 1813 年增补了"教育史"章节。他注重教育史的实用价值,指出教育史研究具有现实意义,不了解过去的教育历史就不能真正了解现代教育;教育史是人类文明发展不可分割的部分。基于这种认识,他在其著作中十分注意研究古代多民族的教育,并企图把教育史与人类文明史有机地联系起来。同时,施瓦茨还开设了教育史课程,讲授历代教育文献与教育制度。

　　由上可知,到 18 世纪后期教育史研究已初步展开,德国成为教育史研究的发源地,教育家开始运用各自的历史观探寻教育史发展的足迹。不过,这个时期的教育史研究尚处于初级阶段,研究方法还未触及科学层面,主要以教育实践和教育家为研究对象,对教育发展的梳理较少;研究范围主要限于德国,缺乏其他地区或世界范围内的教育史研究,研究者也以德国学者为

---

① 杜成宪,邓明言. 教育史学[M]. 北京:人民教育出版社,2004:314.

主；研究成果的形式也较为简单，仅以描述有限的古代教育资料为主，尚未有综合分析的研究表征。

19世纪初以后，德国的教育史研究仍然领先于其他国家。德国国家统一和民族振兴的历史责任促使政治家和知识分子精英把历史研究和教育史研究当作提高民族凝聚力的主要手段。历史研究不仅成为一项学术研究，而且逐渐成为一个颇具影响力的公共知识领域。这种历史研究的氛围使得刚刚具有独立特性的教育理论都不约而同地从教育史研究中寻求依据和支撑。即便是声名显赫的黑格尔（Georg Wilhelm Friedrich Hegel，1770—1831）所做的哲学研究也是从研究哲学的历史入手，这极大地启发和鼓舞了教育家通过研究教育史去探讨教育理论的热情，他所著的《哲学史演讲录》甚至被称为"广义的教育史"。其结果是，德国教育史产生了具有里程碑意义的成就，那就是劳默尔的《教育学史》。

劳默尔原是一位矿物学家，后受到费希特（Johann Gottlieb Fichte，1762—1814）《告德意志国民书》的影响，坚信拯救德国和德意志民族非教育莫属，遂投身教育事业，曾到瑞士伊弗东求教于裴斯泰洛齐。他1822年开始在哈勒大学开设教育学讲座，并从事教育史研究，1838—1842年转到埃尔兰根大学教授教育学，最后将课程讲稿整理编纂成四卷本的《教育学史》，并于1843至1854年陆续出版。《教育学史》共分四卷，第一卷介绍了从中世纪到文艺复兴时期的教育发展，第二卷介绍了从文艺复兴到裴斯泰洛齐时期的教育，第三卷介绍了课程教学、技术教育、女子教育的发展，第四卷介绍了德国大学和高等教育的发展。劳默尔在这部著作中还阐述了自己的教育史观，认为教育史研究应该注意时代的文化思想及其在教育活动中的反映；历史研究不能仅仅以纯客观记述史实为目的，研究者所具有的历史观和道德信念对历史研究具有不同影响。作者在占有充分史料的前提下，对欧洲乃至世界的教育学史和教育学家的思想进行了深入细致地研究与梳理，史料翔实，内容丰富，展示了德国史学的研究风格与特征，直接影响了德国教育史研究的发展方向。但其不足之处是作品用较大篇幅描述教育家的生平及其所处时代的教育思想，没有描述出完整的教育史发展概貌，"还没有达到使人牢记'基本的历史联系'的目的"①。

劳默尔对19世纪德国教育史研究的影响直接表现在另外两部有价值的教育史著作上。一部是由德国教育史专家施密特(Karl Adolf Schmidt,1815—1903)组织编写的四卷本教育史著作《教育通史》,于1884至1902年间出版。这套《教育通史》以宏观的国际视野思考与审视教育的发展与演变历程,以教育制度、教育思想以及社会文化环境为线索,纵论世界教育的发展脉络。它既体现了该时期德国实证史学研究的风格,以丰富的史料去展示教育史的本来面目,又显示出19世纪后期教育史研究的新趋向,由注重史料批判向注重专论和史料建设的方向发展。另一部是1885年柏林大学教授鲍尔生(Friedrich Paulson,1846—1908)撰写的《德国学校和大学的学术课程史》,该书从教育学角度来凸显德国传统学术课程的重要价值,以此与巴西多的泛爱主义教育相抗衡,同时体现了德国客观主义与实证主义史学的研究特色。

(二)教育史研究的辐射

以劳默尔的《教育学史》为代表的德国教育史研究和成果推动了欧美其他国家教育史研究活动的开展和教育史学科的形成。

1. 美国

美国教育史研究始于教育家收集整理国外教育发展的文献。19世纪初,美国派遣大批人员赴欧洲留学或考察教育事业,"有大量的作者为在美国确立'外国教育'研究的重要地位做出了贡献"②,如德语语言文学教授史密斯(Henry Immanuel Smith,1806—1889)借用施瓦茨《教育原理》中的史料,于1842年编辑出版《古代和现代教育史》;杂志编辑布罗克特(L. P. Brockett)于1860年出版了较为详尽和完整的《教育的历史与进步》。不过,在早期美国教育史研究者当中最具有代表性的是巴纳德及其所创办的《美国教育杂志》(*American Journal of Education*)。

亨利·巴纳德(Henry Barnard,1811—1900)是美国著名的普及公共教育

---

① 吴小平.西方教育史学的形成与发展[J].外国教育动态,1984(2):20.
② 周采.美国教育史学:嬗变与超越[M].北京:人民教育出版社,2006:8.

的教育思想家、改革家和教育史学家。他曾于1835—1837年赴欧洲考察社会和教育事业,回国后致力于推进美国公共教育事业,并开始编辑出版《美国教育杂志》,对殖民地时期以来美国的教育资料作了系统地收集和整理,其中绝大部分介绍外国教育的史料取自于劳默尔的原著。该杂志为美国教育史研究借鉴外国经验、逐步走向本土化和专业化奠定了基础,被视为美国教育史学的最珍贵文献。1878年,巴纳德把这些史料汇编成集,定名为《日耳曼的教师与教育》出版。这部史料集使美国的教师比较完整地了解到欧洲教育,特别是德国的教育制度,使美国人意识到美国亦应有完善的国民教育体制,对建立公立学校教育体系起了极大的推动作用。由于巴纳德最早将欧洲教育思想和教育制度推荐给美国,最先将德国教育史研究的传统和观念引入美国教育界,因而被称为美国教育史学的鼻祖。

受德国教育史研究启发和影响的不仅仅是巴纳德。自德国柏林大学留学回国的历史学家亚当斯(Henry Brooks Admas,1838—1918)为专门培养史学研究者开办了德式研究班,培养了一批美国教育史研究的先驱人物,被誉为美国教育史研究的第一个"专业托儿所"。亚当斯还于1887—1903年运用兰克史学的实证主义研究方法,编纂了36卷本的《美国教育史文库》。俄亥俄大学的布恩(Richard Gause Boone,1849—1923)则于1889年编写了美国第一本教育史教科书——《美国教育:早期殖民地时期以来的历史》。该教科书主要以《美国教育杂志》和教育署提供的资料为主,将教育史研究领域扩大到公立学校教育之外的高等教育、职业教育和社会教育领域。

2. 英国

近代英国教育史研究始于19世纪六七十年代,最早可追溯到1868年剑桥大学教授赫伯特·奎克所著的《教育改革家》一书。奎克早年赴德国学习,受到劳默尔的《教育学史》以及德国教授的影响,对教育史产生了浓厚的兴趣,并仿照劳默尔的教育史著作撰写方式,借鉴德国教育史研究的基础,写成了英国近代第一本教育史专著。奎克认为,教育同其他事业一样,可以从有影响的历史人物那里吸取有价值的东西;如果不了解前人所取得的成绩和进步,要想发展是极其困难的,会带来盲目性和事倍功半之劳。从1881年开始,奎克受聘剑桥大学第一个在此开设教育史讲座,使教育史研究从理论逐步转向实践,为日后成为一门独立师范教育课程乃至于成为独立的学科创造了良好条件。1890年,英国首次将教育史列为师范院校的必修课,这意味着教育史作为一门独立的学科进入了师范教育领域。

3. 法国

近代法国教育史研究主要受到德国实证主义史学的影响。第一部具有近代意义的教育史著作是1849年巴尔特学院教师维里维尔(Auguste Vallet de Viriville,1815—1868)所撰写的《欧洲公共教育史》。1867年帕罗兹(Jules Paroz)出版了《普通教育学》,将研究视野扩大到世界范围,包含对土著人、犹太人、腓尼基人教育的研究,甚至还介绍了中国古代教育。同时对欧洲主要国家的教育进行了比较研究,已经具有世界教育史的雏形。

对法国教育史学科形成影响较大的是曾任里昂大学校长的孔佩雷所撰写的《教育学史》,该书于1883年正式出版。该书拓展了教育史的研究范围,"包括所有时代、所有国家智育和德育的所有领域"[①],对近代有影响的教育家自马丁·路德(Martin Luther,1483—1546)到贺拉斯·曼(Horace Mann,1796—1859)等均进行了专门介绍;该书采用编年体例,分节叙述,史论结合,简明扼要;编者考虑到作为师范学校教学用书,不仅每一章有钩玄提要、"分析性总结",而且附录中还提供了使用指南和教育文献目录。孔佩雷认为,教育史研究不应局限在正规教育领域,还应该研究"自然教育",即所有的社会环境,审慎考查教育发展过程中的"幕后合作者",诸如气候、种族、习俗、政治制度、宗教信仰等。

总之,近代教育史研究源于德国,并逐渐扩展到欧美其他主要国家,最终形成了一门集历史学观念和方法与教育历史发展于一身的新学科。本时期教育史学科发展的主要特点有:(1)教育史学科发展呈现"英雄时代"。德国教育史引领了学科发展的方向,促进了欧美其他国家教育史研究的开展,使教育史研究向美、英、法等欧美国家辐射,教育史研究具有了国际性,不再局限于德国,教育史研究成果也有所增加,具有各国自身发展的特点。(2)历史学观念和方法直接影响了教育史学科的形成和发展。其重要表现就是兰克学派的史学观对德国和其他国家教育史研究的方法论影响。教育史学家普遍采用的研究方法都是通过鉴别史料的真伪和考察史料采用者的

---

① 申国昌,周洪宇.法国教育史学发展历程的回顾与梳理[J].教育研究与实验,2008(2):52.

动机来确认教育历史事实,教育史著作则以翔实的史料、丰富的内容展示史学研究风格和特征,试图以史料还原教育发展的本来面目。(3) 教育史开始成为师范学校或大学的课程。随着师范教育的发展,专门的教育史课程成为培养教师的必修科目,从事教育史课程教学或讲座的教师也构成了最早的教育史专业研究队伍。在19世纪,美国即开设有教育史、近代教育史、美国教育史、英国教育史、欧洲教育史、星期日学校教育史、教育理论与教育史、希腊教育史等;英国开设的有教育史、教育史著作选读、18世纪的教育改革家、18世纪的英国教育等;德国开设有文化和教育史、教育思想史、教育史等;法国则设有教育家及其理论、教育名著分析等。这说明教育史学科在19世纪后期的西方师范教育课程中已占有不可或缺的地位。(4) "西方中心主义"的形成。由于本时期开启了教育史研究的序幕,较为完整和系统的教育史著作都出于西方教育史家之手,他们对教育起源、教育思想、教育制度的理解与认识均以西方国家为重点;近代西方社会、经济和教育的长足发展,也吸引了教育家以西方为中心开展教育史研究。(5) 教育史研究过分强调史料考证,内容较为单一。无论是德国还是其他国家,教育史家都缺乏对影响教育发展复杂因素的研究意识;偏重教育家生平和思想的介绍,忽略对教育历史演进的整体把握和对教育制度生成的研究。

三、学科的发展时期

如果说18世纪下半叶至19世纪末属于教育史学科的形成期的话,那么教育史学科真正发展则是在20世纪。整个20世纪的教育史研究呈现扩展与繁荣、深化与多元的态势,出现了学科发展的新局面。这一时期大体上又可分为20世纪上半叶的扩展繁荣阶段和20世纪下半叶的多元深化阶段。

(一) 20 世纪上半叶的扩展繁荣阶段

20世纪上半叶教育史学科的扩展与繁荣主要表现为教育史研究在主要西方国家全面展开,各国纷纷开始构建自己的教育史学科体系,教育史研究更加注重与社会发展和现实之间的联系,突破了原有的德国教育史研究模式。

1. 美国

20世纪伊始,美国教育史研究仍然遵循巴纳德确立的传统,主要进行教育机构史研究,重古轻今,倾向研究英国教育史,并在历史叙述中褒扬教育家、教师和教学。但是,教育史研究既面临着来自外部其他专业学术领域对教育学专业性的质疑,又面临来自教育学领域内部专业人员对教育史在师范教育中的作用的怀疑。于是,构建美国式教育史学科的使命就落到了哲学家戴维森(Thomas Davison,1840—1900)、斯坦福大学的库伯莱和哥伦比亚大学的孟禄身上。

1900年,戴维森的《教育史》问世,首次将教育史融入人类文明发展史之中,突破了以往以教育家为主的研究模式。戴维斯认为,历史是人类进化的记录,教育是人类自觉的进化,以及人类进化的最后和最高阶段,教育史应当是人类文明史的一个分支。这标志着教育史方法论的一个根本改变。戴维森还试图打破教育史研究的"西方中心论",依据教育史是文明史分支的观点,把世界教育史系统化。他所撰写的《教育史》分为上、下两卷,上卷包括原始教育、古代东方教育、犹太教育和古希腊罗马教育,下卷包括穆斯林教育、欧洲中世纪教育、人文主义教育和近代教育。

20世纪上半叶,美国教育史扩展繁荣阶段学术成果影响最大的当然还是孟禄的《教育史教科书》和库伯莱的《教育史》。

孟禄是美国著名的教育史学家,他于1905年出版的《教育史教科书》既是教育史学术著作,又是供师范学院使用的教科书。该书具有四个特点:一是在内容上以教育思想和教育思潮及其评价为主,阐述教育发展的总趋势,教育家与人物介绍已不是主要篇章;二是研究方式上强调对原始资料的占有和解释,尽可能提供更多的史实,然后对其进行分类,最后概括一般性的结论;三是在教育史方法论上注重理论与实践并重、历史对现实的影响,以及相互之间的关系,特别是教育发展史与人类文明史之间的关系;四是在整体结构上既有纵向的脉络梳理,又有横向的分析比较,专门增加了东方国家特别是中国的古代教育。《教育史教科书》力图突破传统史学"就史论史"的研究和创作范式,被美国教育史界誉为美国第一部真正意义上的教育史著作。

1920年,斯坦福大学教育史教授库伯莱所著《教育史》一书出版。此书是作者在授课讲稿的基础上整理编纂的一部教育史,与其编写的另一部著作《教育史资料阅读》构成配套教材。后者收集了西方古代、中世纪和现代的教育文献原始材料,客观反映了历代的教育思想。库伯莱的《教育史》重在阐释教育制度、教育实践、教育管理等,很少论及教育家和教育理论。他认为教育史与文明史有着紧密的联系,因此需要详细地介绍教育发展的历史背景;教育史应阐述各历史阶段人类理智发展的巨大进步,诸如古希腊时期、文艺复兴时期和法国大革命时期;教育史应重视社会诸因素和它们对教育的影响,并说明这种影响是如何促进人类发展,进而促使现代教育制度的产生和完善。库伯莱重视实际问题和教育与社会关系的研究,成为美国学校教育史学派的主要代表,他的《教育史》作为教科书广为流传,直到20世纪40年代仍为许多大学或学院所采用。

20世纪前二三十年,美国教育史研究进入了繁荣时期,欧美教育史研究重心由欧洲转向了美国,从智力史转向了社会史,从教育理论史转向了教育机构史。从20世纪20年代到50年代,美国教育史研究在缺乏学科实用性、理论与现实脱节的质疑声中徘徊前进。这一时期对教育史学科影响最大的是改造主义教育思潮和进步主义史学。改造主义教育认为必须重建新的社会秩序,教育的目的就是改造社会,学校是社会改造的主要工具,教育必须重建,学校要在建立新的社会秩序中发挥主导作用。进步主义史学致力于建立一种有用的历史学,旨在有助于解决当代问题,追求古为今用。这一时期具有代表性的教育史学者巴茨、康茨(G. S. Counts)、拉格(H. O. Rugg)、安德森(J. Anderson)等都主张,教育理论应该更宽泛和综合,教育史研究要关注当前的社会问题,以解决问题为目的。1948年美国"全国教师教育学院协会"(NSCTE)成立了"教育史分会"(HES),促使"全国教师教育学院协会"创办了《教育史杂志》(HEJ),哥伦比亚大学教授巴茨任"教育史分会"委员会和《教育史杂志》编委会的主席。巴茨等人都认为教育是社会重建的工具,教育史研究必须有问题取向,应该在教育的社会学基础中发挥作用,还必须具有学术性。

总之,20世纪上半叶的美国教育史研究在繁荣中发展,在徘徊中进步。其表现是教育学者和历史学者开始共同致力于教育史的研究,强调教育史的实用价值;其特点是教育史学科成为教育社会学的基础,教育史研究领域趋于收缩,专注于社会机构和政治改革的问题;其结果是教育史研究成果丰硕,许多著作弥补了学科发展的空白;其不足之处是教育史学科领域摇摆不定,常因遵循史学规则而罗列史实,缺乏深刻的阐释和分类,因单纯成为教育社会学的基础知识而导致实质上的学术性欠缺。

2. 德国

20世纪上半叶,德国教育史开始由传统的叙述式研究向解释性研究、由只注重教育内部研究向跨学科研究过渡。1906年,鲍尔生撰写的《德国教育的历史发展》出版。该书将教育历史视为整个社会发展的一部分,注重对一定时期的社会思潮与文化精神对教育的影响进行深入分析与研究,突破过去单一就教育论教育的研究模式,力求拓宽教育史研究的视野,追求新的研究方法。1919年,现代德国文化教育学派创始人斯普朗格(Eduard Spranger,1882—1963)撰写的《文化与教育》一书出版。该书通过研究历史上重要人物的思想,深刻揭示了文化与教育之间的密切联系。斯普朗格致力于突破德国传统实证史学的研究方法,运用德国历史学家卡尔·兰普勒希特(Karl Lamprecht,1856—1915)[①]史学的宽阔视野去审视历史上文化与教育的关系,并且运用分析与解释的研究方法去阐述教育史。1921年,德国教育家和经济学家赖希魏因(Adolf Reichwein,1898—1944)出版了《苏联教育制度》一书,从社会学角度探讨教育的发展动因,运用新史学方法对国外教育制度史作了比较全面的研究与探讨,并进行理论分析与阐释。1941年,德国教育解释学的代表人物福利特纳(Wilhelm Flitner,1889—1990)在《西方教育的楷模与目标》一书中指出,传统的德国实证主义史学研究方法造成理论与实践脱节,其结果是为研究而研究,仅仅倡导一种无益的博学,在故纸堆中玩弄文字游戏,却忘了学者的研究使命。他强调研究教育史的目的是为了指导当今的教育实践,使过去与现在成为一个连续的有机体。

3. 法国

20世纪上半叶的法国教育史研究同样深受历史学科的影响,主流史学理论与研究方法直接影响着教育史的发展方向,由教育史研究的实证主义

---

① 卡尔·兰普勒希特,20世纪初德国历史学家,德国新史学的发起人,专攻德国艺术和经济史。

倾向向年鉴学派的史学观转变,开始重视从整体、宏观、群体和问题的角度研究教育史发展的轨迹。法国的年鉴学派期望改变历史研究的范式,主张将历史看作人的历史,以群体和民众作为主要研究对象,研究从整体入手,在理解的基础上探究历史本源。法国教育史研究受其影响开始关注教育史整体、注重基层、重视阐释。1936年韦伊(G. Weill)出版的《法国中等教育史》和维亚尔(F. Vial)出版的《中等教育百年史》都将视野转移到更加贴近广大民众和社会基层的中等教育领域。1948年,历史学家马洛(Henri Irénée Marrou,1904—1977)出版了《古代教育史》,试图将教育史和历史研究融为一体,将教育置于法国历史的大背景下进行研究。年鉴学派对法国教育史研究的直接影响一直持续到20世纪五六十年代,使法国教育史研究呈现向经济学、社会学、政治学、人类学、心理学等学科靠近的倾向,学科之间的界限被打破,从关注高等教育转到重视中等教育、工人文化教育、职业教育,从以研究精英教育为主转到以社会群体和大众教育为主。

4. 英国

20世纪上半叶英国教育史研究仍然以传统教育史学为主体,同时来自教育史内部的质疑和批评陆续增多,新史学观念开始渗入到教育史研究之中。

首先,英国教育史研究保持着对教育思想史、教育结构史、教育制度史研究的三种传统取向。最有代表性的是伦敦大学教育史学家约翰·威廉·亚当森(John William Adamson,1857—1947)及其作品。1905年他所撰写的《17世纪近代教育的先驱》主要研究了夸美纽斯、培根(Francis Bacon,1561—1626)等人的教育主张及其对欧洲乃至世界教育的影响,1919年他又出版了《简明教育史》,主要研究了对英国教育实践产生影响的国外教育家的教育思想。1915年,教育史学家利奇(Arthur Francis Leach,1851—1915)的《中世纪的英国学校》出版,书中运用了大量的第一手材料再现英国中世纪的学校教育状况。历史学家沃森(Foster Watson,1860—1929)的作品则以研究文法学校为重点,探寻了文法学校从产生到鼎盛的发展历程,总结了文法学校发展的规律,并将研究视野扩大到欧洲。

其次,教育史作为师范学院的主干课程的地位愈加巩固。这个时期教育史被列为大学的主要课程,显示出教育史作为一门学科已经定型。随着教育学科在大学教育中地位的提升,教育史作为教育学的分支学科,与教育学、教育心理学一起被并置为培养教师的主干课程,教育史第一次被正式列入教学科目之中。英国政府规定在新建的以教师培训为主的学院要开设教育史课程。

最后,新史学观念引发了教育史研究领域的革新。随着英国历史学的转型和社会科学的发展,传统史学开始向新史学转变。在传统教育史研究和教育史学家内部出现了反省的迹象。1940年,伦敦大学教育学院的克拉克教授(Frederick Clarke,1880—1952)撰写了《教育与社会变迁:一种英国阐释》一书,发起了对传统教育史学的批判。克拉克试图用社会经济史理论来解释和评价英国教育传统,注重探索教育制度与其他社会制度及背景的广泛关系;批评早期的教育史家把教育视为一个封闭的世界,与外界分割而自行运行,忽视政治、经济及意识形态的作用;强调透过历史来培养未来教师的批判自觉性。20世纪40年代,作为传统教育史学派主要代表的亚当森也开始思考英国教育史研究的未来发展道路,把教育史研究与国家生活密切联系起来,要求改革传统教育史研究。但是,对英国教育史文化传统变革的担心阻碍了教育史学家们更进一步的行动。

(二) 20 世纪下半叶的多元深化阶段

20世纪下半叶教育史学科的多元与深化主要表现为:对传统教育史研究的变革成为教育史研究的主流形态和教育史界的共识,各种社会和教育思潮成为借以利用的思想工具,史学理论与方法影响到学科发展的方向。同时,由于学科内部和外部的因素导致教育史研究出现了"迷茫"和"衰退"的迹象,实质上是学科发展过程中自我反思的表现,其结果是教育史研究在指导思想、研究方法、教育史观和学科建设等方面呈现多元化的态势,也加速了学科自身发展的组织化、规范化和专业化。

1. 教育史学科研究取向的转变

20世纪六七十年代出现的修正主义史学要求对传统上已经确定的史实进行再研究,批评以往的教育史研究把注意力主要放在正规教育机构的教育过程上,教育的定义不够宽泛。1960年,哈佛大学著名历史学家贝林(Bernard Bailyn,1922—2020)的《美国社会形成中的教育》一书出版,被看作是新史学的宣言。贝林批评库伯莱和孟禄等人不把教育史学科看作是美国社会史的一个方面,把教育史研究限定在正规学校教育机构,而教育是人们把文化传递给下一代的整个过程。哥伦比亚大学的教育史学家克雷明(Lawrence Archur Cremin,1925—1990)于 1965 年出版了《奇妙的库伯莱世界》一书,呼吁美国教育史应与史学的步伐相一致,新的教育史必须与社会史和文化史相联系,必须对教育的概念进行重新界定,即教育是把文化传递给下一代的整个过程,是有目的性、系统性、连续性的文化传递或获得知识、价值、态度、技能和情感的艰苦工作。60 年代后期,美国教育史界还出现了一种更激进的文化修正主义思潮,主要代表性著作有历史学家凯茨(Michael Katz,1939—)的《早期学校改革的嘲弄》(1968)、经济学家鲍尔斯(Samuel Bowles,1939—)和金蒂斯(Herbert Gintis,1940—)合著的《资本主义美国的学校教育:教育改革与经济生活的矛盾》(1976)、卡诺伊(Martin Carnoy)的《作为文化帝国主义的教育》等。他们猛烈抨击了美国传统的教育史观,主张用阶级分析的方法来分析和解释教育历史的现象和人物。值得一提的是,1978 年,已经退休的巴茨出版了《美国公共教育》一书,对文化修正主义和激进修正主义进行了批评。巴茨受美国社会科学理论的影响,以清晰自觉的理论反思意识重新研究美国公共教育,试图运用社会科学理论使美国教育史研究科学化、规范化和专业化。他期望通过寻找全新的理论框架重新研究教育史,把来自社会科学领域的知识以及教育置于更加广泛的社会、文化和政治背景下进行研究。《美国公共教育》成为 20 世纪 70 年代后美国历史研究社会科学化趋势在教育史研究领域的经典体现。与此同时,当代美国教育史学家布里克曼(William W. Brickman,1913—1986)于 1982 年出版了《教育史学:传统、理论和方法》[①]一书,抨击了修正主义教育研究,强调对历史的任何解释都必须建立在尊重史实的基础上,教育史研究固然取决于先进的史学理论与研究方法,但更取决于教育史研究者的专业和学术素养;教育史研究有着悠久的历史,其学术性和严肃性要求所有参与者特别是历史学家必须坚持学术标准,就如同他们在历史研究领域坚持一

---

① 1949 年布里克曼出版了《教育史研究指南》,1973 年再版更名为《教育史研究》,1982 年第三版更名为《教育史学:传统、理论和方法》,在附录中收录了他不同时期撰写的三篇重要的教育史论文。

贯的学术标准一样。布里克曼认为教育史学科具有双重性,既有教育学的属性,又有历史学的属性,教育史学科可以使教师和研究者深刻体会教育发展的本质内涵,将自己融入教育历史传统的延续链条之中,那些对教育历史一无所知的人必然会重蹈覆辙。

20世纪六七十年代,英国史学界受德国文化形态史观的影响,主张从文化角度去研究历史。教育史研究受这种史学思潮的影响引入了历史学的研究方法,试图从广域的视角探索研究教育历史,突破专题或国别教育史的禁锢。教育史研究方法的变革使英国教育史研究进入了深化阶段。其中最有代表性的教育史学家就是莱切斯特大学教授布莱恩·西蒙,1974年他出版了《教育史研究:教育改革的政治策略(1920—1940)》,1991年又出版了《教育史研究:教育与社会秩序(1940—1990)》。西蒙运用西方马克思主义的观点研究教育史,将研究视野转向教育与社会、教育与政治的关系,认为教育史研究的重点在于教育改革与社会改革的联系;教育史的功能就在于使教师认清教育工作的性质与发展方向,使学生理解教育原则;教育史研究要求研究者具有批判意识,理论与实践并重,历史与现实互动,通过研究方法的不断更新使教育史研究走出困境。另一位英国教育史学者理查德·奥尔德里奇(Richard Aldrich)重点研究了英国教育与政治的关系、教育行政、教育决策等问题,他始终认为教育史是历史学科的组成部分,教育史是通史的基本组成部分,教育史是其他学科所关注的重要领域。20世纪90年代,英国教育学科的迷茫导致教育史研究的衰落,但是历史学界对教育史研究的兴趣日增,历史学者成为教育史研究领域的主角,他们借鉴多元的史学方法不断开拓教育史研究的新领域。

20世纪五六十年代是法国年鉴学派流行和繁荣的时期,但到了70年代被"新史学"取而代之。新史学力图克服过去较为狭隘的研究视野,热衷创新研究方法、开辟新的研究领域。教育史研究追寻着新史学的研究风格,倡导在理解的基础上阐释历史,发挥教育史学家的主体意识。1975年由雷默·福尔纳卡(Remo Fonaca)撰写的《教育史研究》和1980年出版的由安多旺·莱昂(Antonine Leon)撰写的《教育史导论》,按照新史学的编写方式,运用作者所研究领域的史料来说明教育历史发展与认识的一致性,成为法国教育学专业最具代表性的教材。

2. 教育史研究在曲折中发展

从20世纪60年代起,教育史研究和学科地位出现了"低迷"的迹象,到七八十年代,一些国家的教育史学科甚至被边缘化。其具体表现为对教育史学科价值的怀疑和实用性的质疑,教育史课程在师范学院中被取消或合并为其他综合类教育基础课程,教育史研究队伍的萎缩,专业性教育史研究人员开始涉足其他教育学科和领域,教育史研究成果不被重视。

分析其原因主要有三个方面:一是教育史研究自身存在不足。作为师范教育主要学科的教育史脱离教师培养的实际,教育史内容的实用性不强,与教师未来职业的相关度较低,学科功能弱化。教育史课程不能适应现代课程改革的需要,对诸如问题导向、跨学科课程改革趋势反应迟钝。教育史教学人员训练不足,表现在认知结构和教学能力方面存在严重的缺陷。学科发展长期受到各种史学和社会思潮的左右,无休止和非理性的内部纷争影响到学科的声誉。二是教育学科内部结构的变化导致教育史传统地位的动摇。诸如教育社会学等新学科的出现挑战了教育史的传统地位。20世纪60年代中期,教育社会学成为师范学院新宠,教育史则成了最大的"输家",法国学校教育史早已被纳入社会学家的研究领域。除了教育社会学,行为科学的走强和科学实验方法的流行,也弱化了教育史的学科地位。三是教育史学科与历史学科相脱节。教育史学家过于强调教育史的教育学属性,与历史学疏离,缺乏多元和紧跟时代发展的研究方法。历史学专业设置也存在问题,极少开设有关教育史领域的课程,制约了教育史专业人才培养,削弱了教育史研究成果的学术影响。

自20世纪90年代以来,面对教育史学科所出现的危机和挑战,教育史研究者重新定义教育的概念,思考教育史的学科性质,通过反思和调整使教育史学科重新焕发生机。美国教育史学者开始将教育理解为人类环境的一个基础组成部分,对人类社会、政治、经济及宗教具有同样的重要性。20世纪90年代初美国教育史研究开始呈现多元化的趋势,弥补了之前忽略的某些教育领域,如少数民族的教育、宗教团体的教育等。同时,教育史学者开始逐渐提高影响当代社会和教育走向的能力,在制定教育政策方面发挥作用。

法国教育史研究自20世纪80年代中后期开始思考教育史学科的性质、

学科的研究范围、学科研究方法以及与历史学的关系。1985年,由国际教育局组织编著、莱昂主编的《当代教育史》出版,该书对当代教育史学科的研究范式、研究方向、学科整合进行了深入探讨,分析了教育观念的变革、大众教育和技术教育的意义,阐释了教育史研究的功能、意义与价值。莱昂还运用了年鉴学派和新史学的观点研究教育史问题,体现了教育史学与历史学的结合。

英国教育史研究自20世纪90年代以来也进入了学科反思阶段。1999年,理查森(William Richardson)在《教育史》刊物上发表了《历史学者与教育学者:战后英国教育史研究领域的发展》一文,主张从史学中借鉴新的研究方法、开拓新的研究领域;奥尔德里奇强调教育史是历史学科的一个组成部分,倡导历史研究应扩展兴趣范围,实现教育与历史的真正结合。伦敦大学教育学院重新恢复了教育史研究中心,将教育史列为硕士和博士培养的学位课程。2000年,伦敦大学戴维·克鲁克(David Crook)和奥尔德里奇合著的《面向21世纪的教育史》出版,在反思的基础上展望了英国教育史学科的未来。

3. 教育史学科的规范化与组织化

20世纪后期的教育史争论和变革也带来了积极的结果,各国教育史协会等专业学术团体和刊物得以创建和创办。1961年,美国教育史学会的《教育史杂志》更名为《教育史季刊》(History of Education Quarterly),成为美国教育史领域改革的风向标。1968年,美国教育研究协会(AERA)成立了教育史分会,教育史研究获得了新的阵地。1967年,英国教育史协会成立,并从1969年起开始出版年度报告,1972年又创办了协会机关刊物《教育史》(History of Education),编委会成员来自英、美、德、法、意、比、加拿大等国,它的出版发行维护了教育史在英国学术界的地位。1952年在英国创刊的《过去与现在》(Past and Present)杂志也经常刊登教育史方面的文章。德国教育史研究学会成立于1973年,1978年法国《教育史》杂志在巴黎创刊,比利时根特大学的教育史研究中心于1961年创刊的《教育史》分别用英、德、法、意、荷等多种语言出版,编委会成员来自北美、西欧、东欧、中欧,以及欧洲以外的国家,具有广泛的代表性。

国际教育史常设会议(ISCHE)1979年9月在比利时鲁汶(Leuven)成

立,常设会议机关刊物《国际教育史简讯》于 1980 年创刊,其宗旨是促进国际教育史研究人员的交流与合作。每年一次的学术年会成为国际间教育史研究交流和沟通的重要平台,最近十几年分别在瑞士(2004,主题:New Education: Genesis and Metamorphoses;2012,主题:Internationalization in Education)、澳大利亚(2005,主题:Borders and Boundaries in the History of Education)、瑞典(2006,主题:Technologies of the Word 和 Literacies in the History of Education)、德国(2007,主题:Children and Youth at Risk;2018,主题:Education and Nature)、美国(2008,主题:Education and Inequality: Historical Approaches on Schooling and Social Stratification;2016 年,主题:Body and Education)、荷兰(2009,主题:The History of Popular Education;2010,主题:Discoveries of Childhood)、墨西哥(2011,主题:State, Education and Society: New Perspectives on an Old Debate)、拉脱维亚(2013,主题:Education and Power)、英国(2014,主题:Education, War and Peace)、土耳其(2015,主题:Culture and Education)、阿根廷(2017,主题:Education and Emancipation)、葡萄牙(2019,主题:Spaces and Places of Education)等国举行。

第二节　我国外国教育史学科的发展

我国外国教育史学科始于 20 世纪初,源于适应近代中国"西学为用"和早期师范教育发展的需要,通过借鉴模仿西方教育史使得学科雏形初现;1949 年后因社会政治制度和意识形态的变革,骤然转向学习借鉴苏联教育史学科的经验;在 20 世纪 70 年代末开启的改革开放中恢复和重建学科体系;到 21 世纪初,学科在探索中不断发展。从总体上看,我国外国教育史学科发展大致可以分为三个时期:借鉴模仿期、恢复重建期和探索发展期。

一、借鉴模仿期

从 20 世纪初至 20 世纪 70 年代中期,我国外国教育史学习、接受欧美教育史模式或苏联教育史模式,属于借鉴模仿期。从 20 世纪初到 1949 年,外国教育史主要是因应近代学制和师范教育的兴起,开始借鉴和模仿欧美教育史模式,试图以此为基础建立我国的外国教育史学科;1949 年中华人民共和国成立以后,外国教育史学科又转向全盘接受苏联教育史模式。因此,这一时期外国教育史学科发展大致可以分为两个阶段:借鉴模仿欧美教育史阶段(20世纪初至1949年);借鉴模仿苏联教育史阶段(1949年至20世纪70年代中期)。

(一)借鉴模仿欧美教育史阶段

20世纪初期,以"西学东渐"为目标的中国近代教育开始学习西方先进思想,废科举,开办新式学堂,引入西式学科。外国教育史学科在此背景下被引入中国,并逐渐通过对欧美教育史的介绍与引进、在师范学校开设教育史课程、编写外国教育史教材和著作,形成了我国外国教育史的早期形态。

1. 介绍和翻译外国教育史著作与内容

早期引入外国教育史学科主要通过资料建设,即介绍、翻译和收集外国的教育史著作。由于"西学东渐"以日本为中介,因此,当时的教育史著作多来自日本。较早开始引入外国教育史内容的载体是教育杂志或刊物,例如,由王国维(1877—1927)、罗振玉(1866—1940)1901年创办的《教育世界》就刊载了许多有关外国教育史的内容和成果,且以日本为主要史料来源。如《教育世界》连续3期翻译、转载了日本学者撰写的《内外教育史》,分为内、外两篇,其中外篇介绍了外国古代、中古、近世教育史,已具有教育史学科的基本框架;另外,还转载介绍了《19世纪教育史》《欧洲教育史要》等。

通过翻译著作借鉴模仿外国教育史学科内容和研究方法是20世纪初我国外国教育史发展的主要形式。初期主要是翻译日本学者的西方教育史著作,如1901年上海金粟斋译书社出版了能势荣编写、叶瀚翻译的《泰西教育史》,1904年上海开明书店编写了中野礼四郎著、蔡锷等翻译的《东西洋教育史》,1914年商务印书馆出版了周焕文、韩定生编译的《中外教育史》等。自20年代起,欧美学者的教育史著作开始陆续被翻译介绍到中国,并逐渐占据主导地位。比较著名的有:吴康译、格莱夫斯著《中世教育史》(商务印书馆,1922)与《近代教育史》(商务印书馆,1925),郑梦驯译、埃默森著《教育理想发达史》(商务印书馆,1929),庄泽宣译、格莱夫斯著《近三世纪西洋教育家》(商务印书馆,1925),陈明志等译、赖斯纳著《近代西洋教育发达史》(商务印书馆,1934),余家菊译、亚当斯著《教育理论演进史》(中华书局,1934),詹文浒译、卡伯莱(亦译"库伯莱")著《世界教育史纲》(世界书局,1935),于熙俭译、科尔著《西洋教育思潮发达史》(商务印书馆,1935),徐宗林译、乌里其著《西洋三千年教育文献精华》(台湾幼狮文化事业公司,1947)。

翻译和介绍外国教育史著作的积极作用是将教育史学科和研究方法直接传入中国,促成了外国教育史在我国的兴起,开启了我国外国教育史学科发展的先河。不足之处主要是学科研究对象较为单一,局限于欧美国家,研究内容以教育思想为主。

2. 师范学校开设外国教育史课程

1903 年,外国教育史作为一门课程内容首先在我国第一所中等师范学堂——通州师范学堂开设。该学堂分寻常师范科与速成科:寻常师范科设"教育"课程,其中有教育史、教育学等内容,教育史主要教授中外教育沿革以及中外著名教育家;速成科第一年上学期设"教育史",下学期设"教育学"。1904 年,清政府颁布《奏定学堂章程》,提出"宜首先急办师范学堂",分为"初级"和"优级"两级,明确规定在两级师范学堂设置教育史课程。但是,当时的教育史课程尚没有区分中外教育史,还不是专门的外国教育史课程。四年制师范大学建立以后,教育史分化为中国教育史和西洋教育史两个独立部分,教学时间顺序不同,教学内容也完全不同,外国教育史才成为一门独立的课程。

3. 借鉴欧美教育史编写外国教育史教材和著作

随着教育史课程的开设,外国教育史学科发展出现了一种新趋势,即从翻译介绍外国教育史著作和内容过渡到综合借鉴欧美外国教育史著作撰写教材,并尝试结合我国教育史学科的发展独立编写著作。

从时间上看,我国学者编撰的第一本外国教育史著作是 1921 年商务印书馆出版、由姜琦(1885—1951)编写的《西洋教育史大纲》。该书共 20 余万字,是作者根据自己在南京高等师范学校任教时的讲义修订而成。书中不仅采用评述结合的方式对上自古希腊下迄 20 世纪初的西洋教育进行了叙述和评价,而且还介绍了当时我国外国教育史研究的现状,论述了教育史研究的意义、学科体系等问题。该书成为当时师范院校广为使用的教育史教材,对促进我国外国教育史学科体系和结构框架的形成具有促进作用。

此后，由我国学者编写的外国教育史著作纷纷问世，主要有杨廉著《西洋教育史》（中华书局，1926）、庄泽宣著《西洋教育制度的演进及其背景》（民智书局，1928）、杨贤江著《教育史ABC》（世界书局，1929）、刘炳黎编《教育史大纲》（北新书局，1931）、瞿世英编《西洋教育思想史》（商务印书馆，1931）、林汉达著《西洋教育史》（世界书局，1933）、蒋径三著《西洋教育思想史》（上下册，商务印书馆，1933）、雷通群著《西洋教育通史》（商务印书馆，1934）、姜琦编著《现代西洋教育史》（商务印书馆，1935）、王克仁著《西洋教育史》（中华书局，1939）等。

由上述可知，20世纪初我国外国教育史学科已经初步形成为一门学科，并在此后的30余年中获得了较快发展。其主要特征是：第一，外国教育史研究成果比较丰富。翻译、改编、综合撰写了一大批教育史教材和著作，据不完全统计，仅1921—1939年间，各类翻译、编写的外国教育史著作多达60余种，①满足了当时师范教育课程设置急需，在很短的时间内完成了外国教育史学科的初创。第二，学科研究队伍基本形成。早期从事外国教育史研究的人员大都是高师院校的教师，承担着"教育史"或"西洋教育史"的教学工作。他们一般都是曾留学海外的学子，受到西方教育史研究思路和方法的影响，为满足教学之用开始编译或撰写外国教育史教材或著作，构成了我国外国教育史教学和研究最早的一批开拓者，如南京高等师范学校的姜琦、浙江大学的庄泽宣（1895—1976）、北京师范大学的瞿世英（1901—1976）、厦门大学的雷通群（1888—？）等。第三，开始尝试运用其他社会哲学理论构建外国教育史学科理论与研究方法的基础。尽管本时期我国外国教育史研究内容和方法以借鉴欧美为主，但亦表现出独辟蹊径的多元尝试。如，杨贤江（1895—1931）在《教育史ABC》一书中试图运用历史唯物主义观点和研究方法探讨教育史问题，形成了我国最早的"唯物主义教育史观"；瞿世英在《西洋教育思想史》中借鉴了法国柏格森（Henri Bergson，1859—1941）的生命哲学和黑格尔的历史哲学，形成了"唯心主义教育史观"；雷通群在《西洋教育通史》中采用德国文化教育学思想，将教育史理解为一种文化史，形成了"文化教育史观"。这些都对学科初创时期的发展具有重要推动作用。第四，以

---

① 胡凤阳.外国教育史学科发展的世纪历程〔D〕.保定：河北大学硕士学位论文，2003.

模仿欧美教育史为主,尚未形成独立的外国教育史学科体系。这个时期的绝大多数研究成果和著作取材于欧美教育史家的原版著作,或综合了多种版本的欧美教育史著作。内容和编写体例均以欧美教育史著作为范本,指导思想与研究方法多借鉴欧美学者的观点与思路。

(二) 借鉴模仿苏联教育史阶段

从1949年到20世纪70年代中期,随着社会主义中国的诞生和社会制度、国际形势的变化,外国教育史学科进入到一个新阶段,开始全面转向学习、模仿和借鉴苏联教育史。虽然在60年代前后曾有过短暂的独立探索和创建本土化教育史学科的努力,但从外国教育史发展的总体格局上看,仍然以全盘接受国外教育史研究成果为主,仍属于借鉴模仿时期。

1. 全盘引进苏联教育史著作和理论

1949年后,由于社会性质和意识形态的转变,我国教育史研究全面否定和批判了欧美教育史模式,全盘接受社会主义苏联的教育史理论与方法。这个时期外国教育史学科的中心工作就是翻译和介绍苏联教育史著作和教育理论,各级师范院校全面采用苏联教育史学者编著的教育史教材。

1950年三联书店出版了苏联教育史学家麦丁斯基的《世界教育史》,1951年作家书屋出版了哥兰特、加业林编写的《教育史》(其中外国教育史部分为"世界教育史")。1952年教育部正式颁布《关于翻译苏联高等学校教材的暂行规定》,进一步加快了苏联教育论著的翻译与出版工作。1953年,麦丁斯基的《世界教育史》经修订重新出版,人民教育出版社又相继组织翻译出版了一批苏联教育史著作,如康斯坦丁诺夫主编的三卷本《世界教育史纲》(1954),沙巴耶娃为苏联师范学院学前教育专业编写的《教育史》(1955),康斯坦丁诺夫、麦丁斯基、沙巴耶娃合著的《教育史》(1957)。这些著作均成为当时我国师范院校的教材,外国教育史课程也成为教育学专业的必修课和师范类院校的公共必修课。1952—1956年间,在翻译出版教材的基础上,我国还翻译出版了许多苏联教育史论著与文选,一些教育报纸杂志,例如《教育译报》《人民教育》和《教师报》,也刊登了许多苏联学者撰写的教育史文章。

2. 培训外国教育史学科教学与研究队伍

为了培养能以马克思主义理论与方法从事外国教育史教学和研究的队伍,解决缺乏运用新思想、新理论教授外国教育史课程的教师与科研人员的燃眉之急,北京师范大学、华东师范大学先后聘请苏联教育史专家崔可夫、杰普莉茨卡娅等来华开办进修班,开设"外国教育史"课程,推动我国外国教育史教学和研究力量的建设。1956年,教育部决定成立中央教育科学研究所筹备处,由曹孚(1911—1968)教授主持外国教育史的研究工作。自此,我国逐渐培养了一支具有苏联教育史模式特色,能够运用马克思主义的观点、立场和方法进行教学与研究的外国教育史教师和科研队伍。

3. 苏联模式的唯物史观和方法论成为外国教育史研究的指导思想

在中苏友好期间,苏联教育史模式一直是我国外国教育史研究和教学的蓝本。其中影响最大的是麦丁斯基的《世界教育史》和康斯坦丁诺夫《世界教育史纲》。苏联学者立足马克思主义的唯物史观和阶级斗争学说,主张经济基础和上层建筑决定教育历史的性质,经济基础与上层建筑的矛盾是教育历史发展的根本动力,教育史研究的目的和功能就在于运用阶级分析理论揭示历史上的唯心主义与唯物主义的斗争。尽管这种理论与方法具有一定的片面性,但在20世纪50年代至70年代"不仅作为一种学术观点,同时也作为意识形态的组成部分,凭借着强大的制度力量,影响了我国的外国教育史教学和研究"[①]。此后,我国学者和高等师范学校编写的外国教育史教材和著作,如曹孚编写的《外国教育史》,北京师范大学、华东师范大学、东北师范大学教育史教研室分别编印的《外国教育史讲义》,南京师范学院与河南师范学院编印的《世界教育史》,都贯彻了这种指导思想与方法论,并长期影响着我国外国教育史学科的发展。

4. 建立"中国化"外国教育史学科的努力

自20世纪50年代下半期至60年代中期,我国外国教育史学科开始出现摆脱苏联模式影响的迹象,尝试独立创建具有中国特色的外国教育史学科体系。

---

① 张斌贤.重构教育史观:1929—2009年[J].高等教育研究,2011,32(11):78.

1957年中苏关系破裂,中国学术界响应政治号召,对全盘接受苏联指导思想与方法进行反思与批判。1957年,曹孚在《教育学研究中的若干问题》一文中阐述了教育史研究的方法论问题,提出马克思主义教育学"中国化"的思想,对苏联教育史研究中的形而上学以及简单化、教条化进行了批判,指出了外国教育史学科的发展方向。20世纪50年代末至60年代中期,人民教育出版社开始组织出版多样化的教育名著和著作,如傅任敢翻译的《大教学论》(1957)和《教育漫话》(1963)、郑晓沧编译的《柏拉图论教育》(1958)、胡毅翻译的《斯宾塞论教育》(1962),以及戴本博所著《夸美纽斯的教育思想》、张焕庭主编的《西方资产阶级教育论著选》等。报纸杂志上也发表了有关柏拉图、夸美纽斯、乌申斯基、马卡连柯、克鲁普斯卡娅教育思想的学术论文。1962年,根据有关方面的指示精神,曹孚以麦丁斯基著的《世界教育史》和康斯坦丁诺夫等著的《教育史》为主要参考对象,编写出版了《外国教育史》教材,以满足高等师范院校外国教育史教学之需。同年,教育部文科教材编写办公室指示,成立以曹孚为组长的外国教育史编写小组,成员包括滕大春、马骥雄和吴式颖先生。后来又制定了《外国教育史编写纲要》,并写出了部分章节的初稿。但是,由于"左倾"思潮的影响和政治运动的冲击,20世纪50年代后期至60年代中期创建外国教育史学科体系的尝试无果而终,苏联教育史编撰模式和教育史观仍然深刻影响着外国教育史的发展。"文化大革命"十年中,外国教育史研究受到全面政治批判,学科队伍损失殆尽,学科发展停滞甚至倒退。

二、恢复重建期

从20世纪70年代末到80年代中后期,我国开始实施改革开放国策,提出解放思想、实事求是的指导方针,为学术领域学科建设的恢复与发展创造了良好的外部环境与思想氛围,外国教育史学科由此迎来了恢复与重建的时期。

(一)外国教育史教学地位和研究活动的恢复

这一时期外国教育史学科建设的主要任务是:恢复教育史在师范院校中的教学地位,恢复正常的学术研究活动,建立具有中国特色的外国教育史学科体系。

随着一批师范院校教育系的恢复或创建,外国教育史重新被纳入师范院校课程体系,各级师范院校又重新开设外国教育史课程,一些师范院校相继设立了教育史教研室或教研组。这一时期高等师范院校的教育系主要承担为中等师范学校培养教育学、心理学师资的职能,外国教育史作为师范专业的基础课程具有十分突出的学科地位,通常开设一个学年(含两个学期),每周3—4学时,与教育学、中国教育史一同构成了教育学专业的骨干课程。1979年,全国教育史研究会在杭州成立,负责组织与协调全国教育史学科的研究和学术交流工作。教育史专业学会的成立,不仅标志着教育史研究重新获得学术研究地位和认可,而且为教育史工作者开展学术交流与合作、活跃学术风气、丰富学术思想提供和创造了良好的平台和条件。实践证明,从1979年到1985年,全国教育史研究会先后召开了四次学术讨论会,促进了外国教育史学科的恢复与重建。与此同时,全国教育史研究会指导下的省级教育史研究会也争相成立,安徽、湖北、吉林、广东、辽宁等省先后成立了教育史研究会。许多大学学报和教育刊物也成为外国教育史研究的学术阵地。

(二)外国教育史研究指导思想与方法论的重建

20世纪70年代末至80年代末,外国教育史学科建设的本质问题是重新确立外国教育史研究指导思想和方法论。1979年的全国教育史研究会第一届年会开启了教育史学科重建之门。

这届年会讨论了外国教育史学科的一些基本理论问题,诸如教育史研究中的批判与继承问题、教育历史的共同规律与特殊规律问题、"史"与"论"的关系问题以及阶级分析法等问题,使教育史研究者明确了学科建设的方向,认识到教育史学科重建的目标与重心。1980年,浙江大学金锵教授在《教育研究》上发表了《外国教育史研究中的几个理论问题》一文,总结了外国教育史学科发展需要解决的主要问题,揭开了80年代外国教育史学科理论探讨的序幕。滕大春、赵祥麟先生也先后在《教育研究》和《华东师范大学学报》(教育科学版)发表了有关教育史研究方法论的文章。

在20世纪80年代重建外国教育史研究指导思想和方法论的过程中,最具有深远意义的是对杜威和赫尔巴特的重新评价。1982年,在西安召开的全国教育史研究会第二届年会上,与会学者集中讨论了有关重新评价杜威和赫尔巴特及其教育思想的问题。1985年,山东教育出版社汇集整理出版了由全国教育史研究会编撰的《杜威赫尔巴特教育思想研究》论文集。由于杜威和赫尔巴特是西方教育史上具有典型代表性的教育家,也是我国教育史界一直争议最大的教育史人物,他们的教育思想在1949年以后的三十多年中一直被当作与社会主义敌对的反动教育思想予以批判,是唯心主义和社会进化论在教育史研究中的代表。因此,对他们的重新评价早已超越了对其历史地位和教育思想的认识和理解,更重要的是直接关系到外国教育史研究的指导思想与方法论问题,涉及整个学科基本理论的重建。对杜威和赫尔巴特及其教育思想进行重新评价的本质与意义是,一方面在研究外国教育史时,要正确看待教育家的阶级立场、哲学观与其教育思想、历史贡献之间的关系,防止片面理解辩证唯物主义历史观和盲目运用阶级分析法,将教育家的社会阶级地位、哲学倾向与其教育思想的属性画等号,进行教条主义的批判和否定等一系列带有"左倾"思想的做法;另一方面引起了外国教育史研究者对指导思想与研究方法在学科建设中重要性的关注,使学科研究得以保持正确的方向,并成为以后三十年间学科发展的突破口。

20世纪80年代的外国教育史研究还关注到如何体现教育史的功能,主张借鉴外国教育历史经验为我国教育改革实践服务,努力彰显教育史学科的现实意义。1985年在重庆召开的全国教育史研究会第三届年会适逢我国颁布《中共中央关于教育体制改革的决定》,义务教育和中等教育结构问题成为改革的重点,与会代表自觉地将发达国家普及义务教育和实施职业教育的经验教训作为会议的主要议题。此外,外国教育史研究开始涉及第三世界国家的教育变革问题,以期对我国教育改革提供借鉴。可见,我国教育史研究已具有较强的现实感。

(三)创建具有中国特色的外国教育史学科体系的尝试

创建具有中国特色的外国教育史学科体系是我国教育史研究者一直追求的目标。1983年全国教育史研究会组织召开了"外国教育史学科体系讨论会",正式开启了外国教育史学科体系建设的发展之路。讨论的问题包括外国教育史学科的名称、研究对象与范围、学科体系的"中心"与"主线"、教育历史发展分期、"史"与"论"的关系、"古"与"今"的关系、教育思想与教育制度的关系、中国教育史与外国教育史的关系、外国教育史与比较教育学的关系等一系列问题。但最重要的是，与会者一致认为，外国教育史研究要取得突破性进展，必须冲破旧有的欧美模式与苏联模式，创建具有中国社会主义特色的学科体系。"这次会议的标志意义在于，教育史学界明确表明了自觉摆脱苏联教育史编撰模式的束缚，自主发展教育史学科和重构教育史观的自我意识。"①

至此，我国外国教育史学科建设已开始摆脱原有思想观念与编写框架的束缚，开始走向独立发展的道路。这种努力所带来的直接结果就是一批具有独创性的外国教育史著作和教材的出版，其中具有代表性的是《外国古代教育史》和《外国教育史》的出版。

由曹孚、滕大春、吴式颖、姜文闵合著的《外国古代教育史》是在曹孚先生20世纪60年代主持的《外国教育史编写纲要》的基础上完成的，于1981年由人民教育出版社编辑出版。从形式上看，该书是1949年以来由我国外国教育史专家独立编写的第一部教材，属于断代史研究，史料和内容都非常丰富，史论结合，增加了古代东方国家教育的篇章。由王天一、夏之莲和朱美玉先生合作编写的《外国教育史》(北京师范大学出版社，上册于1984年出版，下册于1985年出版)，无论是在编写体系、结构层次上，还是在内容史料、指导思想和方法论上，都刻意摆脱西方教育史模式和苏联教育史模式的影响，力求有所创新。尽管还带有苏联教育史编写模式的痕迹，强调教育的阶级性和阶级分析方法，但这部教材不失为创建具有中国特色外国教育史学科体系的首次较为成功的尝试，被国内许多高等院校教育学专业作为外国教育史教材长期使用。

总而言之，恢复重建期在外国教育史学科建设中起到了承上启下、继往开来的作用，并取得了很大的成绩。外国教育史课程的教学地位得以恢复，外国教育史研究队伍和有组织的学术活动得以恢复，重建了具有中国社会主义特色的外国教育史方法论体系、学科发展体系。其意义在于在外国教

---

① 张斌贤.重构教育史观:1929—2009年[J].高等教育研究,2011,32(11):79.

育史研究领域实现了解放思想、拨乱反正,使外国教育史学科走向正常发展的轨道,为以后探索和发展具有中国特色的外国教育史学科体系创造了条件。但是,这个时期的外国教育史学科发展还缺乏深入的理论探索,"且对外国教育史学科'中国化'的探索,还停留在教材建设阶段,尚未涌现出高品位的学术专著"①。

三、探索发展期

在学科恢复重建的基础上,从 20 世纪 80 年代末起,我国外国教育史学科开始迈向积极探索和深入发展的时期。在发展方面主要表现为教材建设和研究成果日益增多,史料建设步伐加快,学科布局基本定型;在探索方面主要表现为对外国教育史学科基本理论问题的研究愈加深入,学科自我反思意识增强,教育史学理论受到前所未有的重视。

(一)教材建设和研究成果丰富

从 20 世纪 80 年代末至今,我国外国教育史学科呈现螺旋式上升的发展趋势,其突出表现形式就是外国教育史教材建设进一步成熟,标志性的宏大学术巨著不断出现,研究成果多元化格局初步形成。

1. 教材建设

自上个时期学科恢复重建以来,外国教育史进入了一个重要发展时期,一系列较为成熟的教材先后出版,如赵祥麟先生主编的《外国现代教育史》(华东师范大学出版社,1987)、吴式颖先生等编写的《外国教育史简编》(教育科学出版社,1988)、滕大春先生主编的《外国现代教育史》(人民教育出版社,1989)、戴本博先生等主编的三卷本《外国教育史》(人民教育出版社,1990)、吴式颖先生主编的《外国教育史教程》(人民教育出版社,1999)、单中惠先生主编的《外国教育思想史》(高等教育出版社,2000)、张斌贤和王晨主编的《外国教育史》(教育科学出版社,2008)、王保星主编的《外国教育史》(北京师范大学出版社,2008)、周采编著的《外国教育史》(华东师范大学出版社,2008)、杨捷主编的《外国教育史》(河南大学出版社,2010),等等。这

---

① 李爱萍,单中惠.二十世纪我国外国教育史学科建设回眸[J].教育史研究,2004(3):355.

些教材以通史或断代史形式出现,将教学用书和学术著作融为一体,体例上均有所突破,主动将最新研究成果和教育史观贯彻在教材之中,积极打造具有中国特色的外国教育史教材体系,突破了苏联教育史教材的模式,体现了我国学者的学术风格和思想特色。

2. 标志性学术巨著的诞生

具有代表性的是滕大春先生任总主编的六卷本《外国教育通史》(山东教育出版社,1990)、吴式颖和任钟印先生主编的十卷本《外国教育思想通史》(湖南教育出版社,2002)、赵祥麟主编的四卷本《外国教育家评传》(上海教育出版社,2003)。

《外国教育通史》是由国内众多外国教育史研究者通力合作完成的成果,全书200余万字,分为六卷。该套通史在研究内容上突破了传统的"西方中心主义",由东方国家教育史和欧美国家教育史共同组成教育史的框架;在研究方法上积极开拓创新,避免拘泥于过时的历史虚无主义的倾向,主张采用适当的政治分析、哲学分析和科学分析,强调社会价值取向、生产领域革命和科学进步对教育发展的影响。该套通史在构建具有中国特色的外国教育史学科体系方面影响深远、意义重大,被学术界公认为学科领域的奠基性经典之作。《外国教育思想通史》则是迄今为止全面系统研究外国教育思想发展历史的学术巨著,全书共10卷,约500万字。该套教育思想通史采取尊重与继承教育思想发展的态度,注重体系、观点、方法和史料来源的创新。《外国教育家评传》是由50余位外国教育史研究者历时7年共同完成的成果。该套教育家评传对外国教育史上69位著名教育家及其教育思想进行了述评,重视运用第一手资料,要求实事求是地评价教育思想,客观反映教育家的地位与影响。这三套外国教育史学术巨著集中体现了自20世纪70年代末以来构建具有中国特色的外国教育史体系所取得的成就。

3. 外国教育史研究成果的多元维度

这个时期的研究成果逐渐打破了单一学校教育史模式和通史模式,拓展了对教育和教育历史的认识,开始走向通史、断代史、国别史、专题史、问题史、史学理论研究相互并存的多元化格局。除了前面提到的《外国古代教育史》《外国近代教育史》《外国现代教育史》,还有《英国教育史》《日本教育史》《美国教育史》《俄国教育史》《外国幼儿教育史》《外国职业教育通史》《外国高等教育史》《西方教育思想史》《外国教育思想史》《外国教学思想史》《外国教育实验史》《外国中小学教育问题史》《外国大学教育问题史》《西方教育问题史》《教育史学》《美国教育史学》等数十部著作。这些著作不仅丰富了外国教育史研究内容,为深化外国教育通史奠定了基础,而且拓展了外国教育史研究领域,将教育史研究提高到了一个深入发展的水平。

(二) 史料建设长足发展

长期以来,我国外国教育史学科发展存在着史料建设滞后的不足,"以论代史"成了阻碍突破旧有模式、形成学科特色的屏障。这一时期外国教育史资料建设取得了突飞猛进的进步,同时也表现出学术性资料建设成果远胜于教学资料建设成果,体现了资料建设由服务于教学为主向服务于学术为主转化的特点。

自20世纪80年代后期至2010年,人民教育出版社编辑出版了近百种"外国教育名著丛书",如《大教学论》《教育漫话》《爱弥儿——论教育》《普通教育学·教育学讲授纲要》《民主主义与教育》等。80年代末90年代初学术界重点翻译了苏联教育家赞科夫、巴班斯基、苏霍姆林斯基等人的教育论著,出版了"20世纪苏联教育经典译丛",同时,一些具有代表性的外国教育史经典著作也被翻译介绍过来。例如,克雷明的《学校的变革》(上海教育出版社,1983)、博伊德与金合著的《西方教育史》(人民教育出版社,1985)、佛罗斯特的《西方教育的历史和哲学基础》(华夏出版社,1987)、康乃尔的《20世纪世界教育史》(人民教育出版社,1990)、米亚拉雷与维亚尔的《世界教育史(1945年至今)》(上海译文出版社,1991)、布鲁巴克的《教育问题史》(安徽教育出版社,1991)等。进入21世纪后又出版了"欧洲大学史""中世纪的欧洲大学""美国教育经典译丛""西方教育史经典名著译丛"等史料。这些译著的出版,不仅为外国教育史的教学提供了参考和依据,而且为我国教育学科解放思想,比较借鉴外国教育历史经验起了极其重要的作用。

（三）学科布局基本形成

外国教育史学科发展过程中不断完善的重点学科建设、学科学位点设置、研究队伍的扩大、研究平台的形成，都是外国教育史专业和学科发展不可或缺的因素。

自 1988 年后，在原有外国教育史硕士学位点的基础上，我国外国教育史博士点获得突破，陆续在河北大学、北京师范大学、华东师范大学、东北师范大学、华中师范大学等建立了外国教育史博士点，外国教育史硕士点分布更加广泛，所培养的外国教育史专业硕士研究生、博士研究生成为学科发展的后备军。与此同时，外国教育史学科受国家学科目录调整影响，于 1999 年和中国教育史合并为教育史学科，共同申报建设国家级重点学科，这对外国教育史学科的团队建设、人才培养、学术研究、国际交流等具有促进作用，保障了学科发展的优势地位和资源配置。截至 2017 年，全国教育史国家重点学科共有 3 个，分别在北京师范大学、华东师范大学、浙江大学（其中北京师范大学和华东师范大学的教育学为国家一级重点学科，下设教育史二级学科）。学科布局的完善又培养了一大批外国教育史中青年学术骨干，确保了学科发展的继承性。虽然 20 世纪 90 年代以后，由于教育学热点转移过快和高等院校教师评价机制不健全的原因，导致一些外国教育史研究者学术兴趣的转移甚至流失，但研究队伍基本力量依然健全，学科意识更加坚定。值得一提的是，1989 年，教育史学科专业性学术刊物《教育史研究》正式创刊，为学科发展提供了一个学术交流和研究的平台。2019 年，经国家新闻出版署批准，《教育史研究》（季刊）正式公开出版，由人民教育出版社主办，中国教育科学研究院、人民教育出版社编辑出版。《教育史研究》以"坚持正确的舆论导向和办刊方向，总结教育历史经验，探索教育演进规律，宣传教育事业成就，促进教育学术交流，推动教育史学研究，服务中国教育改革发展"为办刊宗旨，设有教育史学、中国教育史、外国教育史、教育学史、区域教育史、学校史、教育家研究、教育文献研究等栏目，为推动中国教育史学科建设和学术交流提供了一个重要的学术园地和交流平台，深受广大教师和教育工作者的欢迎。

(四) 学科自我意识逐渐增强

20世纪80年代末以来,外国教育史的方法论与学科建设问题日益受到重视,研究的取向开始转向对外国教育史学科体系和基本理论的反思。反思的主要问题:一是如何建立具有中国特色的外国教育史体系,二是制约外国教育史学科研究的因素是什么,三是外国教育史研究究竟该怎样坚持历史唯物主义。

对于第一个问题,1983年的"外国教育史学科体系讨论会"就已经明确指出要摆脱苏联教育史模式的束缚,建立具有中国特色的社会主义的外国教育史体系,表明了自觉发展外国教育史学科的自我意识。1986年,张斌贤、刘传德合作撰写的《浅谈外国教育史研究中的几个问题》(《教育研究》1986年第4期)率先发起了反思,1987年在武汉召开的全国教育史研究会年会专门就教育史学科建设与研究方法问题进行研讨,并引发了教育史学界的学术争鸣,发表了许多不同观点的文章。对于第二个问题,人们普遍认为,当时外国教育史研究存在的主要问题是学科发展迟缓,缺乏创新之处。但其原因众说纷纭:史料匮乏;研究主体缺乏现实感;重理论轻实践;忽视对教育史学科理论的哲学思考;研究指导思想僵化等。对于第三个问题,大家一致认为外国教育史研究应该坚持历史唯物主义,但如何坚持需要进一步探讨。

到20世纪90年代后期,对外国教育史的方法论与学科建设问题的讨论进一步深化。1996年,中国教育学会教育史专业委员会第五届年会的主题是:"教育史研究的回顾与展望",掀起了对中外教育史研究的原则与方法、学科建设、教学工作、研究方向等问题的讨论。2000年第七届年会的议题之一是:"挑战与应对:教育史学科在新世纪的发展",更以对教育史学科建设的反思作为研讨的中心问题。此后,关于外国教育史学科危机的讨论成为学科发展史上为数不多的一次学术争鸣。一些学者提出了外国教育史学科危机的现状、危机产生的原因、摆脱危机的途径;另一些学者认为社会发展也为教育史研究带来新机遇,关键问题是如何认清形势,摆脱危机,求得新的发展。由此可见,在世纪之交,外国教育史学界已经深刻认识到学科建设对学科生存和发展的重要性与紧迫性。

(五) 学科研究方向发生转变

进入 21 世纪后，外国教育史研究开始由此前关注通史、断代史和国别史的研究转向专题研究，研究对象由教育历史现象的宏观整体研究转向具体问题。尽管这种专题和具体的研究早在 20 世纪 80 年代已经出现，但是带有普遍性的集中研究则是进入 21 世纪以后的表征。

这种转向首先表现在 2000 年以来基于学位论文的各类专题研究，特别是基于博士学位论文撰写的专题研究成果相继出版。这些著作已构成了新世纪我国外国教育史研究成果的主体。其次，外国教育史学科开始重视教育史学研究。强调外国教育史学研究对深刻认识学科发展的现状和未来走向的策略选择具有重要意义，并试图从西方教育史学流派及其研究模式的探讨中获取学科发展和研究范式革新的动力和启示。再次，外国教育史开始转变研究观念，积极借鉴运用其他社会学科，如社会学、人类学、考古学、哲学、经济学等研究方法，探索运用社会史、思想史、口述史等新史学的理论与方法研究教育史学理论。特别是意识到外国教育史学科与历史学科真正结合已势在必行，深刻认识到"作为历史学科的一部分，教育史相对来说还是一门新的学科，它'是一门正在发展而不是已经完成的研究领域'"[①]。最后，外国教育史学科开始重视教育史观的构建。强调教育史研究者所具有的基本观念和认知体系的重要性，主张自觉摆脱对国外学术思想的盲目崇拜和简单化套用，恰当合理地运用其他人文社会学科的理论与方法；克服"意识形态化"思维方式的局限，正确理解教育历史的特殊性和差异性，自觉形成一种专门的教育史学理论或观念。

总之，外国教育史学科研究方向的转变说明在经历了百年学科发展后，它正在由综合归纳研究向分析判断转变，从宏观教育历史脉络的把握向微观教育历史现象的研究转变，从学科的整体认识向问题的具体探微转变。这也表现出我国外国教育史研究正在致力于摆脱传统教科书模式的影响，逐步成为一个更加完善的学术研究领域和知识体系。

[①] 贺国庆. 外国教育史学科发展的世纪回顾与断想[J]. 河北师范大学学报：教育科学版，2001(3)：27.

第三章 外国教育史学主要理论与流派

本章主要从外国教育史学史(尤其是西方教育史学史)的角度探讨问题。与以研究教育史发展的客观进程不同,教育史学史以教育史学本身为自己的反思对象。换句话说,教育史学史以教育史学本身的历史作为自己的研究对象,是对于教育历史认识的再认识,反思的再反思,这是外国教育史学科建设的需要。从事教育史研究的学者无疑需要具备一些教育史学史方面的知识。人们往往从外国教育历史发展的客观进程的视角去探究外国教育的历史传统,而忽略从教育史学自身这一视角去观察和认识有关问题,因而在研究对象、研究方法以及文献的选择和理解上都会存在局限。①

近代意义上的传统教育史研究主要是近代师范教育的产物。西方教育史家一般以直线进步史观描述近代民族国家学校教育的发展,并重点关注著名教育家的思想。但在第二次世界大战后国际史学两次转向和师范教育机构转型的双重夹击下,上述传统西方教育史学模式发生了两次嬗变:20世纪50年代末在历史学社会科学化潮流的影响下向新社会史方向发展,在美国率先出现了新教育史,几年后影响到欧美其他国家。20世纪80年代以后受新文化史学的影响,在英美等国出现了新文化教育史学,后逐渐向欧美其他国家发展。进入21世纪,一方面,运用传统教育史学模式研究教育史的仍大有人在,许多教育史家为捍卫教育史学的独立性而努力;另一方面,新文化史取向的教育史学与新社会史学取向的教育史学既相互博弈又取长补短,形成了战后西方教育史学三足鼎立和多元化发展的态势。

---

① 参见:周采.关于外国教育史学史研究的思考[J].教育研究与实验,2002(2):25-28.

第一节 外国教育史研究的历史演变

西方近代的教育史研究始于18世纪欧洲主要国家。宗教改革之后,由于普及教育的需要,学校教育有了很大发展,使人们关注教育的历史研究。在其发展早期,更多与师范教育的发展相联系。到19世纪末20世纪初,西方教育史学的传统模式已经形成,其基本特点是:直线进步史观;"自上而下"的视角;思想和制度两分法;学校教育史;叙述史学取向。但受国际史学潮流的影响,战后西方教育史学的发展发生了两次重要的转折。20世纪50年代中期受社会科学史学的影响,从美国开始了由传统教育史学转向新教育史学的历程,后来也影响到西方其他国家。20世纪70年代末以后,在马克思主义、女权主义、后现代主义及新文化史学等影响下,劳工阶级教育史、少数族裔和多元文化主义教育史、城市教育史、妇女与性别教育史、婚姻与家庭教育史、儿童史、青年史和地方教育史等领域的研究成果不断涌现。在当代教育史学科发展的职业取向逐渐淡化甚至教育史教学退出教师培训课程的背景下,教育史研究的学术取向方兴未艾。经过上述两次转折,战后西方教育史学形成了传统教育史学、新教育史学和新新教育史学"三足鼎立"的格局:先前被新教育史学排挤出教育史坛统治地位的传统教育史学不仅依然存在,而且由于近年来新教育史学缺陷的暴露和"叙述的复兴"还颇为活跃。①

一、从传统教育史学到新教育史学

西方的教育史研究最初开始于18世纪的欧洲各国。宗教改革之后,学校教育的发展激发了人们研究教育的热情。具体来说,西方教育史的研究大致经过了三个阶段:第一阶段(18世纪末至19世纪上半叶);第二阶段(19世纪下半叶至20世纪初);第三阶段("二战"后)。在不同的阶段,教育史研

---

① 周采.当代西方教育史学的发展[J].南京师范大学学报:社会科学版,2009(6):67-73.

第三章 外国教育史学主要理论与流派

究的中心、研究内容和研究方法等方面都反映出不同的特点。①

（一）18世纪末至19世纪上半叶的西方教育史学

西方的教育史研究始于18世纪的德国。德国率先进行了宗教改革。路德普及义务教育的思想；宗教改革时期新教学校教育实践的发展。与此相联系，有关教育学和教育史的研究最早也就集中在德国。1779年，曼格尔斯多夫的《教育制度的历史研究》在德国莱比锡出版，标志着德国教育史学研究的肇始。继曼格尔斯多夫以后，1794年鲁科夫记述德国起源与发展的《德国学校教育史》问世，1796年尼迈耶《教育与教学原理》出版，1802年施瓦茨《教育原理》初版，1813年再版，其中增补"教育史"专章，反映了德国教育史学早期研究的状况。

总的来说，第一个阶段的教育史研究的内容主要局限于学校教育实践的历史以及某些教育家的教育实践活动。主要原因是近代学校教育的历史还很短暂，有关学校教育的理论尚未获得很大发展。在研究方法上，以描述为主，是大量教育史料的汇编，或教育制度的纯史学角度的记录，如曼格尔斯多夫的《教育制度的历史研究》，较为肤浅。

（二）19世纪下半叶至20世纪上半叶西方教育史学的发展

19世纪下半叶至20世纪上半叶，西方教育史学有了新的发展。19世纪德国的历史研究领先于欧洲其他国家。政治家与知识界精英为提高民族凝聚力，促使德意志国家统一而大力提倡历史研究和历史教育。史学作为科学研究，不仅引起哲学家的关注，而且逐渐成为一个颇具影响力的公共知识领域。加上新人文主义的流行，这就使得德国自18世纪起对于接受古代文化，比其他国家更为热心。其结果是形成德国人在知识领域的丰富性，以及在兴趣方面的广阔性和多样性，使德国成为沟通东西南北各方文化的中介。

---

① 关于西方教育史学的历史发展可参阅以下文献：(1) 吴小平.西方教育史学的形成与发展[J].外国教育动态,1984(2)；(2)〔法〕安多旺·莱昂.当代教育史[M].樊慧英,张斌贤,译.北京：光明日报出版社,1989；(3) 李爱萍.西方教育史研究模式演变初探[J].教育史研究,1998(1)；(4)〔俄〕卡特林娅·萨里莫娃,〔美〕欧文·V.约翰宁迈耶.当代教育史研究与教学的主要趋势[M].方晓东,等译.北京：教育科学出版社,2001；(5) 杜成宪,邓明言.教育史学[M].北京：人民教育出版社,2004；(6) 周采.美国教育史学：嬗变与超越[M].北京：人民教育出版社,2006.

兰克在柏林大学成功地主持历史学讲座,培养了大批历史学家,形成了实证取向的兰克学派。兰克将历史提升为一门科学,尤其是在历史科学的方法论方面功绩卓著。兰克的美国学生影响了美国的历史研究和教育史研究。上述重视历史学研究的风气,使许多教育论著都不忘从历史研究中寻求支持。黑格尔关于哲学研究便是哲学自身发展历史的观点,无疑也给教育著作家们深刻的影响。

19世纪以后,西方教育史作渐多。代表性著作包括:德国学者劳默尔的《近代教育史》(1847)和四卷本《教育学史》,其中《近代教育史》被认为是西方教育史学科体系初步形成的标志;1863年,英国人菲奇(L. W. Fatch)和帕金斯(F. B. Perkins)将《教育学史》英译出版;施密特参与合编的四卷本《教育通史》(1884—1902);柏林大学教授鲍尔生所著《德国学校和大学的学术课程史》(1885)和《德国教育的历史发展》(1906),其中《德国教育的历史发展》的英译本《德国教育:过去和现在》(German Education, Past and Present)于1908年出版。

在劳默尔等德国教育史家的影响下,英、美两国先后出现一些教育史专著。在美国,被誉为美国教育史学开山鼻祖的巴纳德在其主办的《美国教育杂志》(American Journal of Education)上连载劳默尔著作的译文。1842年,史密斯撰写了美国第一部教育史著作《古代和现代教育史》(History of Education, Ancient and Modern)。1860年,布罗克特撰写了美国第二部教育史著作《教育的历史和进步》(History and Progress of Education)。1887—1903年,亚当斯主编的36卷本的《美国教育史文库》(Contributions to American Educational History)陆续出版。1889年,布恩编写了《美国教育:早期殖民地时期以来的历史》(Education in the United States: Its History from the Earliest Settlement)。其他美国教育史家及其主要作品还有:1900年,埃格尔斯顿(E. Eggleston)的《文化的变迁》(The Transit of Civilization),以及戴维森的《教育史》(A History of Education)。后者突破了以往为教育家树碑立传的窠臼,认为历史是人类进化的记录,教育则是人类自觉的进化。作为这种进化的记录,教育史应当是人类文明史的一个分支。①

---

① 周采.美国教育史学的创立[J].教育研究与实验,2003(2).

总的说来,这一时期西方教育史步入了成长和繁荣期,呈现出由德国向欧美其他国家发展的态势,被称作教育史的"英雄时代"。英、美、法三国的教育史研究最初均深深打上了德国的烙印。这一时期的教育史著作偏重教育学家生平和思想的介绍。随着教育史研究的普及和深入,一些史学家开始尝试将教育史研究与一般社会历史文化的发展相联系。与此同时,欧美国别教育史研究受到前所未有的重视,强调教育历史遗产的研究是为了回答和解决现代教育问题,特别是本国教育发展中所遇到的问题。这方面学术成果的大量涌现,又为比较教育史研究创造了有利条件。到 20 世纪 50 年代,西方教育史学的传统模式已经形成,其基本特点是:直线进步史观;"自上而下"的视角;思想和制度两分法;学校教育史;叙述史学取向。

(三) 战后西方教育史学的发展

许多国家的学者都认为20世纪60年代是西方教育史发生转折的一个重要时期。贾劳斯奇(Konrad H. Jarausch)将其视为一种经历了"范式变化"(paradigm change)或"重新定向"(reorientation)的国际性的历程。①哈里根(Patrick J. Harrigan)则称之为"转折点"(turning point)。②此后,西方教育史学从教育史观、研究对象到研究方法都发生了很大的转变。③战后西方教育史学的转向受到以下诸多因素的影响:国际历史学发展、专业历史学家加入了教育史研究者的队伍、教育理念的变化和社会科学发展的深刻影响。

20世纪中叶前后,国际史学发生了一次新的转向,总的趋势是从传统史学(the old history)转向新史学(the new history),即社会科学史学或社会科学化的历史学。在方法论上,新史学的主要特征是采用跨学科的研究方法,借鉴人文和社会科学的理论、方法和概念,人类学、社会学、经济学、地理学、语言学和心理学对新史学都有重要影响。在认识论方面,新史学的主要特征是反对传统史学崇拜客观主义,主张将史学研究的客体与主体相分离,公开

---

① Jarausch, Konrad H. The Old "New History of Education": A German Reconsideration[J]. History of Education Quarterly, 1986(2):226.
② Harrigan, Patrick J. A Comparative Perspective on Recent Trends in the History of Education in Canada[J]. History of Education Quarterly, 1986(1):71.
③ Herbst, Jurgen. The New History of Education in Europe[J]. History of Education Quarterly, 1986(2):55-61.

承认史学家主体的作用，认为历史证据本身并不会"说话"，任何文献或资料只有在适当地被询问时才开口说话。新史学极大地拓展了历史资料的范围，建立起一种多元的史料体系，以往历史学家不屑一顾的文学和艺术资料也成为重要史料。

20世纪60年代，许多著名专业历史学家加入了教育史研究者的队伍。他们不满于传统教育史学只关注学校教育和大教育家的做法，认为如果教育史领域不完成变革，新史学的变革也不能完成。[①] 与此同时，随着师范教育机构的转型，教育史作为师范培训课程的职业功能不断减弱，其学术研究功能反而得到加强。教育史学者不必再受师资培训目标和教科书的局限，使开辟更加广阔的教育史研究新领域成为可能。另外，20世纪60年代，"学校教育"（schooling）理念受到"大教育"（education）理念的冲击，教育史研究领域不再局限于正规教育（formal education）领域，不再仅研究由近代民族国家主导的公立学校教育制度史和大教育家的思想，而是向非正规教育（non-formal education）和非正式教育（informal education）领域拓展。教会、家庭、图书馆和博物馆甚至工厂和童子军等非正规教育机构的历史研究受到重视。最后，社会科学各门学科和不同流派的理论如社会学、经济学、人类学和心理学等以及马克思主义、女性主义和多元文化主义等，也为战后西方教育史研究提供了多种理论视角。

战后西方新教育史学首先在美国发端，进而影响欧美其他国家。战后加拿大教育史学的发展经历了一个从传统史学到"社会史学"再到"修正主义"（激进派）史学和人类学史学的历程。从美国发端的教育史学的重新定位是一个国际性过程，几年后就传到欧洲大陆，欧洲各国教育史学开始发生转变，社会科学和社会史导向的研究范式开始取代传统教育史学模式，或至少挑战了传统的思想史的统治地位。在英国、法国、德国、意大利和澳大利亚等国，新教育史学都有不同形式的发展。在英国，"自下而上"的教育史学的领军人物主要是马克思主义教育史家。汤普森（Edward Palmer Thompson，1924—1993）的《英国工人阶级的形成》被视为解释劳工阶级兴起的经典。著名教育史家布莱恩·西蒙1960—1991年陆续出版四卷本英国教育史，第

---

① 周采.美国教育史学：嬗变与超越[M].北京：人民教育出版社，2006：83.

一卷《两种国民与教育结构:1780—1870》和第二卷《教育与劳工运动:1870—1920》集中研究了工人阶级教育问题。1979 年,约翰逊(R. Johnson)发表题为《英国工人阶级的学校教育:1780—1850》的重要论文。1989 年,坎宁安(P. Cunningham)概括了英国新教育史学的三个特征:对教育史学的"辉格"传统进行了激进的批判;从关注教育思想转向关注教育发展的社会环境;运用了社会科学的技术和定量方法。①

澳大利亚的新教育史学也很活跃。一些研究者时常借鉴英国和北美的研究成果和方法,并在不同程度上受到马克思主义和女权思想的影响,关注下层社会群体的体验,研究家庭、社会团体以及儿童概念的演变,运用社会学理论分析教育史上阶级和性别关系的重要领域,而不是像传统教育史学那样只关注研究学校教育制度本身。② 1988 年,西奥博尔德(Marjorie R. Theobald)发表了研究 19 世纪初至 19 世纪中叶英国和澳大利亚妇女教育的文章。③ 1999 年,罗德韦尔(G. Rodwell)撰文《澳大利亚的节制、优生学和教育:1900—1930》从优生学的视角研究了 20 世纪前三十年澳大利亚的教育。

在法国,教育一直承担着传播国家政治史的任务,传统教育史学异常关注法国的政治领袖和学术领袖的培养问题。20 世纪 60 年代,教育社会学和社会史引起法国学者的兴趣,促使年鉴学派开始研究教育。战后法国新教育史学受到年鉴学派的深刻影响,倡导从整体、宏观、群体和问题等角度去研究教育史的演变,从研究精英人物转向研究以往不被重视的社会下层民众的教育。1978 年,黑兹利特(J. Stephen Hazlett)从新史学视角重新审视了法国学校教育。1983 年,雷翁(A. Léon)出版了《法国民众教育史》。1992 年,吉米(S. Gemie)在《什么是学校?规定和控制 19 世纪早期的法国初等学校》中研究了法国民众教育。④

新教育史学在德国也得到发展。德国教育史学者认为,尽管有时很难

---

① Cunningham, Peter. Educational History and Educational Change:The Past Decade of English Historiography [J]. History of Education Quarterly, 1989(2).
② Vick, Malcolm. Individuals and Social Structure:Recent Writings in the History of Education in Australia[J]. History of Education Quarterly, 1987(1):63-74.
③ Theobald, Marjorie R. The Accomplished Woman and the Propriety of Intellect:a New Look at Women's Education in Britain and Australia,1800—1850[J]. History of Education, 1988,17(1):79-92.
④ [法]安多旺·莱昂. 当代教育史[M]. 樊慧英,张斌贤,译. 北京:光明日报出版社,1989:89-96.

确定新教育史学的目标是什么,但有三个特征最终成为新教育史学的代名词。第一,明确批判了风格华丽的"辉格"传统,自觉从广阔的社会背景来研究教育机构和教育过程。第二,将研究重点从教育理论的发展转向教育和社会的关系,而那将意味着要研究经济的发展和社会的变革等类似的情况。第三,为了贴近人民大众,许多新著作都使用社会科学的概念。①

二、新文化教育史学的兴起

20 世纪下半叶,西方历史哲学发生了语言学转向,认识论式微,对现代史学理论具有极大的颠覆性。"大写历史"理论(历史哲学)和"小写历史"理论(历史编纂学理论)遭到批判和否定。此外,西方人文学科和社会科学如文学批评、法学、经济学、社会学、哲学和人类学等也反抗结构主义的研究方法,以纠正战后社会科学反历史的倾向,重视对历史过程与情境的考察,并在此过程中对历史学科的理论进行重新建构。

1979 年,斯通(L. Stone)发表题为《叙述史学的复兴:对一种新的旧史学的反思》的文章。他在这篇著名的文章中指出,20 世纪 70 年代在观察和写作历史的方式上发生了一场根本的变革:社会科学史学的中心信仰——即"对过去的变化有一种一以贯之的科学解释"乃是可能的——已经被广泛地摒弃了。取而代之的是对人类生存最为变化多端的各个方面重新产生了一种兴趣,同时伴随有这样一种信念,即"群体的文化,乃至个人的意志,至少潜在地也和物质生产或人口增长等各种非个人的力量是同等之重要在起着作用的变化因素"。②对具体的各个人的经验的这一重新强调就导致又回到了叙述型的历史学上面来。

20 世纪 80 年代以来,西方历史学的一个重要变化是"新文化史"的兴起。新文化史又被称为"新新史学"(the new new history)和"新的老史学"(the new old history)。从内容上看,新史学偏重经济史、社会史,而新新史学偏重思想(心态)—文化史;前者着重研究人们生活的客观环境,后者则侧重研究一定环境下生活的人们自身的主观状态;前者在考察规模上是宏观的,

---

① Jarausch, Konrad H. The Old "New History of Education": A German Reconsideration[J]. History of Education Quarterly, 1986(2):225-242.
② [美]伊格尔斯. 二十世纪的历史学[M]. 何兆武,译. 济南:山东大学出版社,2006:101.

第三章 外国教育史学主要理论与流派

后者则主要是微观的,即"微观史"和"日常生活史"。在方法论上,新新史学虽然也借鉴其他学科的理论和方法,但不像新史学那样依靠经济学、社会学、人口学和地理学,而主要同人类学和心理学相联系;新新史学放弃了新史学所倚重的计量方法,而主要依靠直观的分析判断来处理资料和形成解释;在历史编纂上,它放弃了新史学的分析方法或问题取向,而回归到叙述。

在上述背景下,西方的新史学流派如日常生活史学派、妇女史—性别史学派都在文化史学派的旗帜下形成了共同的史学阵营,联合向社会史学派发起了有力的进攻。社会史学派和文化史学派的争议涉及历史学的根本概念问题。在社会史学派看来,"社会"是社会学与历史学研究人们生存整体的总范畴,而通常意义上的文化不过是社会一个不很重要的组成部分而已。但文化史学派中的激进派代表提出用"文化"代替"社会",作为人们生存整体总概念。其"文化"不是通常用语中的文化,即不是对文学和艺术等所谓"高级文化"的统称,而包括所谓"意义"的生产与同一性的形成,是指人们区别敌我、亲疏、要次、善恶、美丑的,影响人们观察世界,引导人们行动的,表现在习俗、礼仪、宗教、思想意识与语言上的系统性价值观。在"社会"核心概念的影响之下,社会史学派的历史观基本是结构史和进程史观,这意味着把历史社会的结构与进程看成历史的实体和主体。文化史学派则强调历史是具体历史人物行动的结果,而对于人们的行动来说,其主观世界是最直接的起因。①

在新文化史的影响下,西方的社会性别和教育史、多元文化主义教育史、婚姻与家庭教育、儿童史和青年史等领域的研究成果不断涌现,这些成果大多接受了新文化史学派的上述主张并运用了相关方法。首先,妇女史逐渐成为历史学科中的专门领域,构成新史学运动的重要组成部分,与社会科学如社会学、人口学、经济学、人类学和心理学等关系密切。妇女史已从单纯关注妇女的历史转变为从社会性别视角看妇女,即妇女—社会性别史(women & gender's history),②深刻影响了 20 世纪 80 年代以来的妇女教育史研究。其次,进入 20 世纪 80 年代,儿童史研究成为教育史研究的重要领域,相关作品急剧增长。1979 年,芬克尔斯坦(Barbara Finkelstein)出版《控制儿

---

① 景德祥.联邦德国社会史学派与文化史学派的争议[J].史学理论研究,2005(3):114-115.
② 杜芳琴.妇女/社会性别史对史学的挑战与贡献[J].史学理论研究,2004(3):4-8.

童和解放儿童:心理史学视角的教育》(Regulated Children/Liberated Children: Education in Psychohistorical Perspective)一书,被认为是将儿童的经验置于正面和中心的第一部著作。1995年,贝蒂(Barbara Beatty)的《美国学前教育:殖民地时期至今的幼儿文化》一书从儿童文化视角研究了百年美国学前教育史。① 1995—1998年,美国特温公司出版了包括7本书的儿童史系列丛书,强调儿童史不同于成人史,重视不同时空中儿童史的差异及不同阶层和种族儿童史的特性。再次,家庭史研究在新文化教育史学的发展中得到重视。人们不再像法国年鉴学派如安德列·比尔基埃(André Burguière)等人合著的《家庭史》②那样关注家庭历史的长时段结构和宏大叙事,而是通过个案研究将落脚点放在了普通个人的家庭史上。1997年,英国学者马斯登(William E. Marsden)在《一个昂格鲁-威尔士教学世家:1840年代至1930年代的亚当斯家族》③一书中从新文化史的视角,运用人物传记和个案研究的方法,重现了亚当斯教师世家群体的坎坷经历和心路历程以及这个特殊阶层在英国社会流动中所处地位的变迁。

三、教育史研究的多元化发展

2008年,美国著名历史学家伊格尔斯(G. G. Iggers)通过对冷战后全球范围内历史写作的总体考察,总结出全世界历史写作的五种趋势:第一,向文化史和语言学的转向,其重要结果就是"新文化史"的产生。第二,女权主义和性别的历史。第三,对历史学和社会科学联合的重新定义。第四,对民族主义历史的新挑战。第五,世界历史、全球历史以及全球化的历史。④ 近年来,西方教育史学从学校教育领域逐步扩展到种族、性别、儿童和少年文化、家庭史等领域,从宏大叙事转向"地方性知识",从中心视角转向多元理解。上述变化是新社会史学、新文化史学和人类学等共同促成的,在这个过

---

① Beatty, Barbara. Preschool Education in America: The Culture of Young Children from the Colonial Era to the Present[M]. New York & London: Yale University Press, 1995.

② [法]安德烈·比尔基埃,克里斯蒂亚娜·克拉比什-朱伯尔,玛尔蒂娜·雪伽兰,弗朗索瓦兹·佐纳邦德. 家庭史[M]. 袁树仁,等译. 北京:三联书店,1998.

③ Marsden, William E. An Anglo-Welsh Teaching Dyasty: The Adams Family from the 1840s to the 1930s[M]. London: Woburn Press, 1997.

④ 贺五一. 冷战后世界历史写作的新趋势——格奥尔格·伊格尔斯在南京大学讲学[J]. 史学理论研究,2008(1):140-143.

程中，后现代主义成为历史学和教育史学的一个建构因素。尽管大多数历史学家都不会赞同美国后现代史学代表人物海登·怀特(Hayden White)关于"历史叙事的本质是虚构"的观点，但他的研究的确引发了人们对历史叙述本质的关注和讨论。

在后现代主义反对宏大理论研究思潮的影响下，西方教育史学也朝着多样化和多元化方向发展。一些研究者一如既往地关注学校教育，另一些学者则研究其他非正规教育设施。① 一方面，对学校教育感兴趣的人们继续从事制度化教育发展的历史研究，而这一派中既有保守传统流派，也有激进的各种派别。另一方面，研究"大教育"史学的流派、多元文化主义教育史学流派、少数民族教育(尤其是研究黑人教育)史学流派、女性主义教育史学流派和多元主义教育史学流派等，都站在各自不同的立场、选取不同的史料并运用不同的研究方法对美国教育史学提出自己的解读或阐释。

20世纪80年代以来，世界各国的教育史研究者对战后新教育史学的发展不断进行反思。一些欧洲学者认为，虽然在美国发端的新教育史学在欧洲也有对应，但具有显著的差异性，不应将美国模式移入欧洲土壤中。教育史学应根植于广阔的社会背景，但这并不意味着史学家们完全脱离"学校—教室中心"的教育学取向。恰恰相反，学校教育和教育学理念是包含于社会、政治和文化的大背景中的。②新史学不仅没有解决一些传统的遗留问题，还带来了一些新问题，例如在使用社会科学的一些术语如"社会化"和"社会控制"时，存在着模糊和不明确的问题。③

有学必有派。所谓学派，是指在学术研究与交流过程中逐渐形成的，在学术价值观念、研究领域和研究方法等方面有共识的群体；有一批代表性人物和被同行认可的学术创新成果。在不同意识形态和理论视野的影响下，西方主要国家先后出现了各种教育史学流派，如修正派教育史学、西方马克思主义教育史学、女性主义教育史学和多元文化主义教育史学等。各流派

---

① Church, Robert L. et al. The Metropolitan Experience in American Education[J]. History of Education Quarterly, 1989(3):419-446.

② Heinemann, Manfred. The New History of Education in Europe[J]. History of Education Quarterly, 1987(1):55-61.

③ Jarausch, Konrad H. The Old"New History of Education":A German Reconsideration[J]. History of Education Quarterly, 1986(2):225-242.

都有自己的代表人物和代表作,同时,不同流派之间又存在交叉和相互影响甚至边界模糊的复杂状况,并在劳工教育史、少数族裔教育史、城市教育史、妇女与性别教育史、婚姻与家庭史、儿童史、青年史和地方教育史等领域表现出来。下面将介绍战后西方教育史学的主要流派,并力图通过对其产生背景、主要特征和相互影响的分析,进一步揭示当代西方教育史学发展的一般趋势。

在后现代主义反对宏大理论研究叙事思潮的影响下,战后国际教育史学朝着多样化和多元化方向发展,同时也带来了历史相对主义盛行和"碎化"危机。在打破了老教育史学的局限之后出现了过度专业化和分散化,所研究的课题越来越细小分散,彼此之间缺乏联系,乃至整个教育史学呈现出无形和无序的状态。导致"碎化"的原因首先由于新教育史学在借鉴社会科学的理论和方法时更多采用了分析性的问题史,缺乏时间的轴线。其次是教育史家在教育和历史的观念上的混乱。传统的教育史学以民族国家为范围,以学校教育制度和大教育家的思想为主线来撰写社会上层精英分子的教育活动,新的教育史学打破了这些框框,但什么是教育史发展的主线呢?当代国际教育史学缺乏对国家、民族和教育史演变的综合性研究。后现代主义思潮对教育史学的渗透更助长了历史相对主义。由于过分强调语言的独立性,否定了评价教育史学著作的最终客观标准。

第二节 修正派教育史学

修正派教育史学发端于美国。对于美国"老"教育史学的发难来自美国历史学家要完成新史学的变革的使命感。早在1954年,美国一些著名历史学家就在福特基金会的赞助下开始了重新阐释美国教育史的活动。一般认为,存在着两条修正美国传统教育史学的路线:一是以贝林和克雷明为代表的温和修正派,二是以凯茨和斯普林(Joel Spring)等为代表的激进修正派。

一、修正派教育史研究的兴起

在20世纪50年代中期前后,国际史学发生了一次新的转向,其总的趋势是从传统史学走向新史学。在战后国际形势的冲击下,历史学家工作的外在环境发生了急剧的转变,使其曾引以为自豪的历史学的客观公正性受到挑战。新一代历史学家不得不重新审视传统的历史观念。英国历史学家杰弗里·巴勒克拉夫(Geoffrey Barraclough,1908—1984)认为:"坚定不移地推动历史学与社会科学或行为科学的结合是美国的显著特征。"①约在20世纪70年代中期以后,新史学在美国史坛取得了统治地位。上述国际史学及美国史学新潮流对美国教育史学的嬗变产生了深刻影响。

再从美国教育史学与历史学主流的关系来看,19世纪后期,教育史学从历史学中独立出来成为一门相对独立的学科。与教育专业化历程相适应,美国教育史主要以制度化教育尤其是学制、学校教材和教法的发展史为研究对象,从而日益脱离历史学主流。在历史学日益社会科学化的新时代,这种状况引起历史学家的不满,他们对于美国历史学家不研究美国教育史,而美国教育史研究脱离历史学主流,尤其是脱离社会史和心智史研究新潮流的状况提出了批评,认为教育史学应与历史学新潮流接轨,从公立学校教育颂歌的偏狭模式中解脱出来。正如时任美国历史学会主席的卡彭(Lester J. Cappon)所指出的:"如果教育史领域不完成变革,新史学的变革也就不能完成。"②

就教育史的演进而言,20世纪60年代发生的突变,与其说是由于增进了对历史的好奇心,不如说是由于发展了对现实问题的兴趣。国际竞争的一般形态(即经济、军事和意识形态)以第一颗人造卫星发射为契机而逐步升级。由于新的竞争对手的出现,美国在研讨当时教学的基础上,需要进一步制定国民教育政策。由于美国人需要给自己打气,历史学也自觉承担起颂扬美利坚民族精神的重任。这一方面促进了根据历史来推测当前问题的理论,另一方面也促进了历史方法的进一步完善。由此兴起了历史学家、教育史学家与社会科学家之间的协作运动。

20世纪50年代新传统派对进步教育和公立学校的攻击是促使美国教育史学转变的另一个重要推动因素。战后的美国社会要求进行学校改革,

---

① 〔英〕杰弗里·巴勒克拉夫.当代史学主要趋势[M].杨豫,译.上海:上海译文出版社,1987:45.

② Bailyn, Bernard. Education in the Forming of American Society[M]. The University of North Carolina Press-Chapel Hill, 1960: x.

尤其是 1957 年苏联人造地球卫星发射成功，使得美国教育界的争论更趋激烈，谴责进步主义生活适应教育的文章和书籍不胜枚举。20 世纪 50 年代晚期爆发的对于进步教育、公立学校的攻击到 1963 年科南特（J. Conant）发表《美国教师的教育》时达到高峰。如何看待学校教育尤其是公立学校的功能遂成为一个严峻的现实问题。美国传统的公立学校史诗模式受到空前的质疑和挑战。

二、修正派教育史研究的主要观点

修正派教育史学肇始于美国，后来向西方其他国家发展。美国传统教育史学深受欧洲教育史学的影响，19 世纪 70 年代中期以后逐渐形成具有本土特色的美国公立学校史诗模式。20 世纪中叶以后这种传统模式开始受到挑战。1960 年，美国著名历史学家贝林发表《美国社会形成中的教育》，抨击传统教育史学模式，被视为美国"新"教育史学的宣言书。此后对美国传统教育史学的修正沿着两条路线进行：一是以贝林和克雷明为代表的温和路线，以拓宽美国教育史的研究领域为特色；二是以凯茨和斯普林等为代表的激进路线，试图从根本上否定美国公立学校教育制度甚至美国政府的合理性。

（一）温和修正派的教育史研究

1. 温和修正派发展历程及其主要代表

1956 年，美国一些著名历史学家组成了"美国历史中教育的角色"委员会。1957 年，该委员会发布报告，关注的核心是"美国特性"及教育在形成这种特性中的作用。其研究思路是在探讨教育的定义的基础上，进一步拓宽美国教育史的研究领域，关注社会对教育发展的影响，注重研究教育在美国社会发展中的作用。这种思路构成了战后美国教育"修正主义史学"中"温和派"的主要特色。

哈佛大学教授贝林是美国温和修正派的重要代表人物之一。其作品以质取胜，一生中获得四项全国大奖。作为美国"共和修正派"史学的主要代表之一，贝林注重从社会思想分析入手论述美国革命过程，被视为美国新思想史学派的代表人物。1958 年，贝林在《哈佛教育评论》上发表的一篇书评中率先发起对美国传统教育史学代表人物库伯莱的批判。1960年,贝林的专题论文《美国社会形成中的教育》问世,拉开了美国新教育史学的序幕,在职业的和非职业的教育史家中激起轩然大波,被公认为是美国新教育史学的"宣言书"。贝林谴责世纪之交的"教育传教士"——尤其是库伯莱和孟禄,批评他们的研究局限于正规学校教育制度,失去了从整个美国历史发展进程来看待教育的能力。贝林在该书中的有关思想对克雷明产生了重要影响。

克雷明是美国温和派教育史学的另一位著名代表。从1957年起直到逝世,他一直在美国哥伦比亚大学师范学院任教授,并任院长职务十年(1974—1984)之久。他沿着贝林提出的思路,赋予"教育"概念以新的内涵,进一步拓展美国教育史研究领域,改进了教育史研究方法,成为美国"新"教育史学的领军人物。克雷明的成名作《学校的变革》(1961)是第一部从广阔的社会史和心智史的视角研究进步主义时期教育史的重要文献,该书使克雷明于1962年荣获美国历史学班克罗夫特奖。1965年,克雷明又出版了《奇妙的库伯莱世界》(*The Wonderful World of Ellwood Pattenson Cubberley, An Essay on the Historiography of American Education*),从美国教育史学史的视角对美国传统教育史学进行了清算,倡导新的美国教育史即与社会史和文化史紧密结合的教育史。在去世前的25年里,克雷明把主要精力放在撰写三卷本美国教育史上,即《美国教育:殖民地时期的历程,1607—1783》(*American Education: The Colonial Experience, 1607—1783*, 1970)、《美国教育:建国时期的历程,1783—1876》(*American Education: The National Experience, 1783—1876*, 1980)和《美国教育:都市化时期的历程,1876—1980》(*American Education: The Metropolitan Experience, 1876—1980*, 1988)。这套综合性的美国教育史著作是美国温和派教育史学的力作。其中第二卷获得普利策历史奖。当代美国许多教育史家都充分肯定了克雷明在使美国教育史融入现代学术主流及在重新阐释美国教育史方面所做的重要贡献。[①]

2. 温和修正派的一般特征

从研究对象来看,温和修正派反对传统派将"教育"(education)等同于

---

① Church, Robert L. et al. The Metropolitan Experience in American Education[J]. History of Education Quarterly, 1989(3):426-427.

"学校教育"(schooling),要求对"教育"进行重新定义,进而拓展教育史研究领域。贝林将教育定义为"在代际之间传递文化的全过程",克雷明则将这种传递活动限定在"有意"的范围内。温和派认为,以往的美国教育史局限于学校教育制度史,尤其是公立学校教育发展史,现如今应重视包括学校教育在内的所有与教育相关联的机构,尤其是非正规教育在美国特性形成中的作用。教育史的研究领域不仅应包括正规学校教育,还应包括家庭、教堂、图书馆、青年组织和成人联谊会和媒体业等。温和派试图"补充"传统教育史学,即扩展教育史的研究领域,并强调教育与社会的相互作用,因此,该派也被称为"补充和相互作用派"。

从价值取向来看,温和派与传统派一样,也是美国三位一体的主流文化——新教的虔诚、民主的向往以及功利主义的奋斗精神——的代言人。温和派是战后保守主义思潮的产物。随着第二次世界大战的结束,先前占据主流地位的进步主义史学的生命力逐渐枯竭,保守主义遂成为20世纪50年代的主导思潮,强调一致性和连续性乃是美国历史的本质特征,被称作"一致论学派"或"新保守主义史学"。另一方面,战争所激发的爱国热情并未随硝烟一道逝去,而是转化成一种对于民族精神和经验以及民族文化的重视,出现了国民性研究的热潮,"美利坚经验"(American experience)和"美利坚精神"(American mind)成为流行的符咒。克雷明的《美国教育》三部曲也是以探讨"美国经验"为其主题的。

从研究的风格来说,温和派有时被称作"文化主义者"。文化史的发展是战后美国史学界最显著的特征之一,几乎渗透到美国史研究的各个角落,学者们在各自的领域关注和研究文化史。克雷明就是从教育史领域来研究文化史的一位重要代表人物,通过心智史和社会史来描述人类的教育活动,并试图揭示两者之间的联系。他聚焦于一个术语——Paideia,这是贯穿其《美国教育》三部曲的一个核心概念。这是他从沃纳·耶格(Werner Jaeger)的著作《热望:希腊文化思想》(*Paideia: The Ideals of Greek Culture*)[①]中借来的一个希腊术语。希腊人广泛地使用这个词,包括"教育""文化"和"社会的、政治的或民族的热望"等含义。克雷明明确表示他主要在最后一层含义

---

① Jaeger, Werner. Paideia: The Ideals of Greek Culture[M]. New York: Oxford University Press, 1945.

上使用这个术语,其目的在于说明教育在形成美国人的价值观方面的重要作用。

从教育思想的渊源来看,温和派继承了杜威及进步教育的遗产,认为教育在本质上是一种"学习"活动,而不是"教授"活动。也正因为如此,历史学家关注的核心问题应是学生的"反应"、学生的心态,而不是教师的活动。教育史家应研究所谓"美国观念"是如何变成了个人思想的过程,而有效的方法就是找一些有代表性的人物进行研究。为此,克雷明在《美国教育》中运用了微观史学的方法,花了许多篇幅利用人物传记来叙述美国历史上的许多人物如本杰明·富兰克林(B. Franklin)等人的自我教育经验。克雷明在《美国教育》的每一卷都设有专章"生活",主要依据教育传记对历史人物进行个案考察,重视其研究成果在叙述形式上的生动性,并由特定人物的事例演绎到一般的结论。

(二)激进修正派的教育史研究

20世纪70年代是美国激进派教育史学十分活跃的时期。1968年,激进派最早的代表人物凯茨在《早期学校改革的嘲弄》一书中认为,统治者和资本家从自己的利益出发来创造和扩展教育机会,把他们的价值观强加给工人阶级和穷人。美国激进派教育史学的作品还有马文·拉泽逊(Marvin Lazerson)的《城市学校的起源:马萨诸塞州的公立教育》(1971),斯普林的《教育和公司国家的兴起》(1972),鲍尔斯与金蒂斯合著的《资本主义美国的学校教育:教育改革与经济生活的矛盾》(1976)。后者出版后,在西方教育理论界产生了强烈的反响,被认为是西方"新马克思主义派"教育史学的代表作。

激进修正派教育史学被视为20世纪70年代美国激进意识形态的一个组成部分。激进派教育史家及其观念等较之温和派要复杂得多。从社会与政治方面说,它是20世纪60年代美国社会激烈动荡的产物。从思想渊源来说,激进修正派受到埃德加·弗赖登伯格(Edgar Friedenberg)、伊万·伊里奇(Ivan Illich)和古德曼(P. Goodman)等人的学校批判思潮、非学校思潮以及新马克思主义的影响。而从激进派学者的成分来看,他们大多出身社会下层,或是少数民族后裔,或是一直在历史学界没有地位的妇女学者等,其思想的激进与此有一定关联。激进派教育史学的主导观念之一是否定美国权力结构和政府的合理性,认为学校教育是上层和中层白人阶级统治工人阶级、穷人和少数民族的工具,19世纪的工业化指挥了学校组织的发展,教育变革是统治阶级为维护与再生资本主义社会制度和经济制度的手段。

1. 激进派教育史学兴起的背景

美国教育史家马文·拉泽逊认为,激进派教育史学受到来自激进史学和当代学校批判思潮两个方面的深刻影响。激进派历史学家对以往美国历史研究的批判,对美国历史的重新评价,为教育史家以新的眼光来看待美国教育史提供了基础。在拉泽逊看来,当代学校批评(contemporary criticism of the schools)在培育修正教育史学方面扮演了重要角色。克雷明的作品与查尔斯·西尔伯曼(Charles E. Siberman)的教育批判相类似。而较激进的历史学家则从批评家如埃德加·弗赖登伯格和伊万·伊里奇那里得到暗示。在影响激进派的各种思潮中还有新马克思主义。1976年,一股更强烈的冲击来自新马克思主义者鲍尔斯与金蒂斯合著的《资本主义美国的学校教育:教育改革与经济生活的矛盾》(Schooling in Capitalist America: Educational Reform and the Contradictions of Economic Life)。该书出版后在西方教育理论界产生了强烈的反响,被认为是西方"新马克思主义派"教育思想的代表作,所以也将其纳入激进派教育史学之中。

2. 激进派教育史学的主要代表人物及其基本观点

1968年,凯茨发表《早期学校改革的嘲弄》,从另一种视角对"老"的教育史学进行"修正",试图从根本上否定美国公立教育。通过对19世纪中叶马萨诸塞州的个案研究,他驳斥了在扩展教育机会方面占优势地位的关于"进步"的观念,并试图阐明美国当代教育体制的建构问题。凯茨认为,社会领导者和工业企业家从自己的利益出发来创造和扩展教育机会,把他们的价值观强加给工人阶级和穷人。凯茨就此向美国教育史家发出挑战,要求他们重新思考阶级角色在教育变迁中的作用、教育在专业化中的作用以及教育作为社会改革工具的作用,定下了激进修正主义教育史学的基调。1971年,凯茨又发表其作品《阶级、官僚机构和学校:美国教育变革的幻想》(Class, Bureaucracy, and Schools: The Illusion of Educational Change in American)。

除凯茨和鲍尔斯、金蒂斯及其作品以外,激进派教育史学的主要人物及其代表作还有:马文·拉泽逊的《城市学校的起源:马萨诸塞州的公立教育》(*Origins of the Urban School: Public Education in Massachusetts, 1870—1915*, 1971),斯普林的《教育和公司国家的兴起》(*Education and the Rise of the Corporate State*, 1972),克拉伦斯·J. 凯里尔(Clarence J. Karier)、保罗·维奥拉斯(Paul Violas)和斯普林合著的《危机的根源:20 世纪的美国教育》(*Roots of Crisis: American Education in the Twentieth Century*, 1973),凯里尔的《美国教育情形的形成》(*The Shaping of the American Educational State*, 1975),沃尔特·弗赖登伯格(Walter Feinberg)的《理性和花言巧语:20 世纪自由教育政策的心智基础》(*Reason and Rhetoric: The Intellectual Foundations of 20th Century Liberal Educational Policy*, 1975)。

3. 激进派教育史学的主要特点

激进派教育史学的主要特点包括:现实政治关怀;批判性取向;新马克思主义的影响,以及开放性特点,反映出 20 世纪七八十年代美国激进意识形态的许多特征。激进派最受诟病的缺憾在于对史料的曲解和附会,以及思想过于偏激,其编写的美国教育史是高度政治化的历史。温和派和激进派都与传统派有着不同的联系。温和派只是试图对美国传统教育史学给予"补充",其面临的困难是究竟应如何给"教育"下定义以及如何揭示教育与社会的互动关系。激进派与传统派一样,仍关注学校教育尤其是公立学校教育,所不同的是他们站在与传统教育史学对立的政治立场来关注同一个对象。

三、各国修正派教育史研究状况

战后西方新教育史学首先在美国发端进而影响欧美其他国家。美国修正派教育史学首先对加拿大教育史学产生深刻影响。自 19 世纪以来,传统的加拿大教育史学研究模式一直效仿欧美国家,研究范围停留在学校教育制度、教学方法以及著名教育家的实践活动的狭窄领域内。20 世纪 60 年代中期,加拿大新社会史学崛起,成为影响战后加拿大教育史学变革的重要因素。同时,在美国温和修正派历史学家贝林的影响下,加拿大学者摒弃了用历史直线发展的模式描述教育发展的传统,转而接受"社会学"的方法论。

20世纪七八十年代,美国激进派教育史家凯茨对加拿大尤其是安大略等英语地区教育史学的发展产生了深刻影响。1975年,凯茨和麦汀利(P. H. Mattingly)主编的论文集《教育和社会变迁》出版,认定加拿大公立教育就是一种"免费的、官僚主义的、种族主义以及具有阶级偏见的"机构。① 在这种理论的影响下,加拿大出现了具有各种主题的教育史论著,如土著居民的后代在实行种族隔离寄宿制学校的经历;工人阶级家庭子女为使公立教育符合自己的利益所做的抗争;来自各国的移民为避免子女被公立教育同化所做的努力和遭遇的挫折;妇女为在男性占主导的教育体系中占有一席之地所付出的艰辛;等等。总之,关于处境不利集团及其为摆脱外部强加给他们的种种束缚而不懈斗争的主题经久不衰。

修正派教育史学对战后欧洲大陆的教育史学也曾产生影响。德国学者首先注意到这种影响,注意到新教育史学的基本追求目标:自觉从广阔的社会背景来研究教育机构和教育过程;研究重点从教育理论的发展转向教育和社会的关系;许多新著作都使用社会科学的概念。② 但美国修正派教育史学对欧洲大陆的影响是有限的。一方面,欧洲大陆主要国家都有着深厚的历史文化传统,一般说来,新教育史学在这些国家有自己特定的表现形态。例如法国新教育史学主要受到法国年鉴学派的深刻影响。又如德国历史主义学派与新兴的社会史学派几经博弈,在理论上捍卫并发展了兰克的历史主义理论,经过半个世纪的努力,德国历史主义学派从危机走向了复兴,并仍然深刻影响着战后德国教育史编纂。此外,20世纪80年代以来,欧洲学者对美国式的新教育史学进行了深刻反思,认为不应盲目地将美国模式移入欧洲土壤中。

综上所述,传统西方教育史学以民族国家主导的学校教育制度和大教育家的思想为主线。战后新的教育史学,无论是社会科学教育史学还是新文化史学教育史学,都打破了这些框框,兴起了多种多样的流派和分支。虽然各种流派由于受不同意识形态和理论视野的影响而有不同的价值取向,

---

① Katz, M. B. & Davey, I. E. School Attendance and Early Industrialization in a Canadian City: A Multivariate Analysis[J]. History of Education Quarterly, 1978(3).

② Jarausch, Konrad H. The Old "New History of Education": A German Reconsideration[J]. History of Education Quarterly, 1986(2).

但各流派之间存在着交叉和相互影响的复杂情况。社会科学各门学科、马克思主义、女性主义和多元文化主义以及后现代主义等对各教育史学流派有着不同程度的影响,并在劳工教育史、少数族裔教育史、城市教育史、妇女与性别教育史、婚姻与家庭史、儿童史、青年史和地方教育史等领域表现出来,使战后西方教育史学朝着多样化和多元化方向发展。但与此同时也带来了历史相对主义盛行和"碎化"危机。新教育史学在借鉴社会科学的理论和方法时更多采用了分析性的问题史,缺乏时间的轴线。而新文化教育史学受后现代主义的影响,过分强调语言独立性,从而否定了评价教育史学著作的客观标准,造成了教育和历史观念上的混乱。

第三节 马克思主义教育史研究

西方马克思主义史学流派是当代西方诸多新史学流派中独树一帜的史学劲旅。首先应注意区分两个既有联系又有严格区别的学术派别,即"西方马克思主义学派"和"西方马克思主义史学流派"。前者本身是一股思潮,是马克思主义与现代西方哲学某个流派结合的一个综合体,涉及哲学思想和历史观及方法论等历史理论。而后者属于具体史学实践范畴,即主要用马克思主义理论和方法、观点来研究具体历史问题,它既是直接受经典马克思主义影响,又受西方马克思主义影响而产生的史学流派。[①] 在西方马克思主义史学派中,英国马克思主义史学阵容强大而引人注目,它以理论见解独到、学术成果卓著和不忽视历史学的现实关怀而蜚声国际史坛。英国马克思主义史学系统地创立和运用了"自下而上"(from below)的理论和方法;不单用经济的方法研究阶级,还采取了社会文化学方法对阶级进行综合考察;吸收了其他社会科学的新观念和新方法从事历史研究,树立了总体社会史观,在史学研究实践中总结出一整套行之有效的包容社会各方面的理论模式。

马克思主义教育史学在战后西方尤其是英国得到令人瞩目的发展。英

---

① 梁民愫.中国史学界关于西方马克思主义史学研究的回顾与前瞻[J].史学理论研究,2001(4):25-29.

国马克思主义教育史学的最大特点是紧密地与教育史学研究实践相结合,努力应用马克思主义的理论和方法去研究分析教育史。随着20世纪八九十年代西方政治思潮的右转,在西方,马克思主义在各个领域都遭遇冷漠。此外,由于西方新史学进入20世纪80年代以后也日益明显地陷入困境,处于不断的争议之中,这对于与新史学十分密切的英国马克思主义史学也产生不利影响。虽然马克思主义史学作为一个学派在20世纪90年代式微了,但它作为一种一般的科学研究方法却得到普遍的不同程度的应用。

一、马克思主义教育史研究的兴起

大体说来,在20世纪早期的三十多年里,马克思主义同西方教育史研究完全处于对抗局面。贝林谴责世纪之交的"教育传教士",认为他们的教育史研究局限于正规学校教育制度,他们似乎失去了从整个发展过程来看待教育的能力。贝林所说的"教育传教士"就是以库伯莱为代表的传统教育史学。传统教育史学以公立教育为中心,以教育制度史为形式,以叙述和文献史料为手段,注重教育史的实用原则。传统教育史学家认为,教育史的功能主要表现在两个方面:一是为教师培训服务,二是为教育改革服务,从而为教育在社会进步中发挥作用提供借鉴和启发。传统教育史学只研究公共教育的发展,只注重对极少数精英、伟大教育思想家和教育作家传记材料的研究和评介,忽视了非正规教育和社会弱势群体以及经济、文化、政治和社会等重要因素。库伯莱本人也从不否认教育史的职能在一定程度上是政治性的,是为论证美国公共教育制度存在的合理性。库伯莱正是站在国家利益至上的立场上,谱写了一曲美国公立教育的颂歌。由于传统教育史学扮演了资产阶级御用教育史学的角色,因此,它必然同19世纪中叶诞生的唯物史观处于尖锐对立的地位。

进入20世纪40年代,在西方教育史学术界中,一批有识之士开始觉察到马克思主义的强大威力和深远影响,开始接触和介绍马克思主义,并不同程度地受到其唯物史观的影响。比如,1940年,英国克拉克出版《教育与社会变迁:一种英国阐释》(Education and Social Change: An English Interpretation)一书,首次对英国现有教育体制进行批判,建议教育家应该有反思和批判精神,引用阶层分析法来分析英国的传统教育。克拉克认为超阶层或者无阶层的社会并不存在,英国政府要通过教育来满足新的社会需求,教育从入口到产出不能以阶层的特权为标准,而应以真正的才能和智力为标准。同时,他指出教育史事件应从广阔的经济、文化、政治和社会背景中去分析和研究。①20世纪50年代,"阶级""压迫"和"意识形态"等成为西方教育史著作中常用的术语。

20世纪60年代到80年代初,马克思主义与社会史的有益结合催生了许多有创新意义的教育史学作品,并对社会史取向的教育史研究产生深刻影响。马克思主义教育史学家在英国成为"自下而上"的教育史学的领军人物,该流派的著名代表是汤普森和西蒙。

汤普森的《英国工人阶级的形成》(1963)被视为解释劳工阶级兴起的经典,也是一部英国工人阶级教育史,主要研究了英国历史文化传统在工人阶级意识形成过程中的作用。"汤普森对人类经验和文化的重视,有利于纠正历史唯物主义的认识偏差,是对历史唯物主义的重要理论贡献。尽管恩格斯晚年力图纠正将历史唯物主义视为经济决定论的认识偏颇,汤普森之前的马克思主义历史学家却鲜有人能够从具体研究中弥补这一认识缺陷。汤普森成功引入兼有主观性与客观性的'经验'概念,从过程中理解阶级与阶级的斗争,从文化维度理解平民的自我决定和自我发展,将历史唯物主义用于社会学、文化人类学等学科,为历史唯物主义注入了新的生机和活力。"②应该指出的是,汤普森忘记了历史唯物主义的中心原则,即生产力与生产关系的矛盾冲突是长期历史变化的最深源泉,他也承认自己的研究中缺乏经济层面的分析。此外,他对经济基础与上层建筑关系的阐述在学术界也存在争议。

西蒙在1960—1991年间陆续出版了四卷本英国教育史,其中第一卷《两种国民与教育结构:1780—1870》和第二卷《教育与劳工运动:1870—1920》集中探讨了工人阶级教育问题。他批评英国19世纪末所形成的教育结构充分反映出阶级色彩,一轨为上层子弟而设,一轨为劳工子弟而设,俨然置身于两个国家之中。西蒙力图从阶级冲突和"自下而上"的视角分析英

---

① Clarke,F. Education and Social Change:An English Interpretation[M]. London:The Sheldon Press,1940:2-5.
② 张文涛. E. P.汤普森视野下的马克思主义[J].史学理论研究,2006(2):82-89.

国教育体制形成的原因,通过对历史上英国工人阶级和普通劳动群众为积极争取教育权利的不懈斗争的研究,呼应现实英国的综合中学改组运动,把批判性与建设性融合在一起,从而突破了英国传统教育史研究的"辉格派"史学传统,朝着社会史研究方向发展。西蒙的研究得到英国教育史同行的认可。2003 年,英国教育学会的年会围绕纪念布赖恩·西蒙及其教育史创作而召开,这是该学会有史以来首次把例行年会安排成对单个会员的纪念会。

20 世纪 70 年代,西蒙和汤普森的作品经由美国传入加拿大。美国教育史学家凯茨的《早期学校改革的嘲弄》(*The Irony of Early School Reform*, 1968)和《阶级、官僚机构和学校:美国教育变革的幻想》(*Class, Bureaucracy, and Schools: The Illusion of Educational Change in American*, 1971)运用马克思主义史学方法进行研究。他认为,社会领导者和工业企业家从自己的利益出发来创造和扩展教育机会,把他们的价值观强加给工人阶级和穷人;美国教育史学家应重新思考阶级角色在教育变迁中的作用,教育在专业化中的作用,以及教育作为社会改革工具的作用。鲍尔斯与金蒂斯合著的《资本主义美国的学校教育:教育改革与经济生活的矛盾》(*Schooling in Capitalist America: Educational Reform and the Contradictions of Economic Life*, 1976)一书运用马克思主义分析美国教育史,在西方教育理论界产生强烈反响,被认为是西方"新马克思主义派"教育思想的代表作。法国学者布迪厄(Pierre Bourdieu)和帕斯隆(Jean-Claude Passeron)合著的《再生产:一种教育系统理论的要点》,受马克思主义影响,否认法国学校在传授人类的一般价值与文化,指出学校"以其无法替代的方式使阶级关系结构永存并使之合乎法律"①,不平等的学校教育再生产了不平等的社会结构。法国学者勃德罗(C. Baudelot)和埃斯达伯莱(R. Es-tablet)指出了法国学校的资本主义性质。

20 世纪 80 年代,澳大利亚教育史学者开始接受英国马克思主义教育史学的观点,抨击美国激进教育史学不适合澳大利亚的实际情况。贝赞特(Bob Bessant)在《殖民地时期的教育和维多利亚国家》(*Schooling in the Colony and State of Victoria*)和《母亲和孩子们:1860 年至 1930 年时期澳大利亚

---

① Bourdieuet, P. & Passeron, J. P. La Reproduction[M]. Paris: Min-uit, 1970: 25.

的孩子和青年》(*Mother State and Her Little Ones*：*Children and Youth in Australia 1860s—1930s*，*Melbourne*：*Centre for Youth & Community Studies*)两本书中,借鉴英国马克思主义教育史学的理论和方法,分析了学校教育和国家之间的关系。1984 年,澳大利亚历史学家帕廷顿(Geoffrey Partington)在《教育史研究》(*History of Education*)期刊上发表《两个马克思主义和教育史》(*Two Marxisms and the History of Education*)一文,阐述了经典马克思主义和新马克思主义关于知识和意识、国家和教育的观点,并论述了新马克思主义对教育史研究的影响,最后分析了澳大利亚新马克思主义教育史学家近年来所取得的成就。

西方教育史研究转向马克思主义,实际上实现了从早期社会学范式下的教育史研究转向真正意义上的新教育史学范式,同时也是世界性意义的教育史学革新。在英国、美国、澳大利亚、法国、加拿大和德国,一些马克思主义教育史学家在不同程度上运用马克思主义理论和方法进行教育史研究,推出一批引人注目的教育史著作,从而在西方教育史学领域中做出了突出贡献。

二、各国马克思主义教育史研究状况

英国马克思主义教育史学是当代西方颇有影响的教育史学流派之一,主要代表人物除了汤普森和西蒙以外,还有西尔弗(H. Silver)、萨鲁普(Madan Sarup)和格林(Andy Green)等。西尔弗的《大众教育的概念:19世纪早期思想和社会运动研究》(*The Concept of Popular Education*：*A Study of Ideas and Social Movements in the Early Nineteenth Century*)出版于 1965 年,萨鲁普的《马克思主义和教育》发表于 1978 年,格林的《教育与国家形成:英、法、美教育体系起源之比较》发表于 1990 年,20 世纪 40 年代至 90 年代初无疑是上述几位教育史学家著述最丰盛的时期。

进入 20 世纪 90 年代后,英国学者开始反思马克思主义教育史研究。1992 年,由拉坦西(Ali Rattansi)和里德(David Reeder)合著的《激进教育的反思——纪念布莱恩·西蒙论文集》(*Rethink Radical Education Essays in Honour of Brain Simon*)出版,收录了 10 篇反思激进主义的过去和现在的论文。21 世纪以来,英国马克思主义教育史学者更倾向于运用马克思主义的观点来分析教育与政策之间的关系,尤其是教育与社会主义运动之间的关系。如英国伦敦大学教育学院的马丁(Jane Martin)出版了《成为社会主义者:玛丽·乔·亚当斯以及为知识和权力所做的斗争,1855—1939》(*Making Socialists: Mary Bridges Adams and the Fight for Knowledge and Power*, 1855—1939,2010)。英国马克思主义教育史学家坚信马克思主义理论,同时注重对教育史证据的深入调查。他们一方面从古今关系的理解方面反思传统教育史研究的目的和功能,批判传统教育史研究的以今论古的史观,指出传统教育史研究范围的狭隘导致了教育史研究的失真性。另一方面,他们运用阶级冲突观念批判传统教育史研究的直线进步史观,以推动英国新教育史学的兴起。英国每一位马克思主义教育史学家都有自己的研究领域和侧重点,他们的研究方法也不尽一致。英国马克思主义教育史研究主要通过两条路线来修正传统教育史研究:一是以西蒙为代表的社会教育史研究;另一个是以西尔弗为代表的文化教育史研究。

在美国,"20世纪50年代美国史学界对于马克思主义理论还基本上是排斥的,20世纪60年代的激进史学浪潮冲破了禁锢,不少激进史学家开始自称为马克思主义者。不管他们存在哪些缺点或不足,他们坚持'自下而上'的史学,重视工人阶级及其他下层人民在历史中的作用,有时甚至能够应用阶级斗争观点说明某些历史现象,这些都说明他们确实接受了一些马克思主义的思想和理论。从20世纪70年代后期开始,甚至有些不被认为是马克思主义者的史学家也对马克思的史学理论产生了兴趣"[①]。美国史学界的这一变化影响了美国教育史学的发展。美国历史协会主席、教育史学家贝林在1981年底向该协会所作的致辞中说:"我们认为,历史极大地受到基本经济结构或'物质'结构以及人们对此所作出的反应的制约,从这个意义上说,我们都是马克思主义者。"[②]20世纪60至70年代,"新马克思主义"在美国盛行,美国教育史学界也受到"新马克思主义"的影响。"'阶级''阶级压迫''意识形态'等成为新马克思主义教育史著作中常用的术语。他们还对官僚政治进行尖锐的批判,并指责资本主义美国的社会不平等所带来的

---

① 《史学理论丛书》编辑部.八十年代的西方史学[M].北京:中国社会科学出版社,1990:91.
② 王加丰.20世纪美国马克思主义史学的几个问题[J].史学理论研究,2007(2):5.

教育不平等。"①

在加拿大,马克思主义教育史研究受到欧美马克思主义教育史学的影响,主要相关作品有:麦汀利和凯茨合著的《教育和社会变迁》(*Education and Social Change*);普伦蒂斯(Alison Prentice)的《学校的推动者:19 世纪中期加拿大的教育和社会阶层》(*The School Promoters: Education and Social Class in Mid-Nineteenth Century Upper Canada*);威尔逊(Donald Wilson)、罗伯特(Robert M. Stamp)和奥代特(Louis Philippe Audet)合著的《加拿大教育:历史记录》(*Canadian Education: A History*)等。加拿大马克思主义教育史研究主要表现在四个方面:其一,运用"社会控制"理论来重新解释教育史。其二,关注劳工阶级教育史以及工人、少数民族和种族为争取教育机会开展的斗争史。其三,关注民族国家教育体系的形成,探讨国家与其庶民或市民(公民)之间、社会阶级之间、男性与女性之间所获得的权力关系,及其对大众教育体系的形成所具有的意义。其四,运用家长和家庭形成的理论来理解民族国家教育形成。加菲尔德(Chad Gaffield)在《19 世纪加拿大的劳动和学习:家庭再生产的不断变化过程中的儿童》(*Labouring and Learning in Nineteenth Century Canada: Children in the Changing Process of Family Reproduction*)中,尝试运用家长制和家庭形成的理论理解民族国家教育的形成。

20 世纪 70 年代,法国教育史学家开始关注社会学家的研究,认为社会学为教育史研究提供了新的研究方法和新视野。他们运用社会学的研究方法和模式重新阐释学校教育的发展。马克思在探讨经济制度的运作过程中指出,每一种社会生产过程,同时也都是一种再生产的过程。法国许多研究者引用马克思的再生产理论(Reproduction)来批判学校教育的不合理,指责学校已经成为统治阶层(Dominant Class)的知识、经济、权力、意识形态的再生产工具,课程与教学则是再生产的社会劳动分工,其目的旨在合法化现行的社会运作机制,维系社会既存的统治关系,以保障优势阶层的利益。正如前面所说,当加拿大马克思主义教育史学家对"社会控制"理论着迷时,在欧洲,尤其是法国,"阶级""社会分层""社会流动"和教育的关系成为教育史学家关注的重点。20 世纪 70 年代末,大量的书籍和论文运用马克思主义的

---

① 周采.美国教育史学:嬗变与超越[M].北京:人民教育出版社,2006:248.

方法来讨论欧洲的精英阶层、社会结构和高等教育之间的关系。

同一时期,澳大利亚教育史学家也开始关注马克思主义的理论和方法。帕廷顿认为,澳大利亚教育史学家主要是利用马克思主义的理论和方法来分析19世纪后半期南澳大利亚教育变化的历史,其观点可以概况为以下几点:(1)义务教育是中产阶级控制工人阶级的工具;(2)义务教育的课程,无论是显性课程还是隐性课程,都是受中产阶级的意识形态控制的;(3)通过劳工运动给予义务教育的支持只是阶级背叛的一种形式;(4)逃学和毁坏教室是工人阶级抵制中产阶级意识霸权的一种武器;(5)私立学校、教会学校主要提供给工人阶级的孩子;(6)不平等的学业结果是教育不公平的明显标志。[1]马金森(Simon Marginson)认为,布迪厄的"文化资本"可能在澳大利亚并不适合,因为与法国相比,在澳大利亚并没有稳定的阶级文化,世袭的文化更多的是从属于地位。[2]

三、构建"整体教育史"体系

西方马克思主义教育史学家提出了有别于传统教育史学的理论和方法,主要表现在以"自下而上"的视角研究教育史,研究对象由传统教育史学的精英人物转到下层人民尤其是工人阶级群众的教育史。英国马克思主义教育史学家认为,工人阶级参与教育史的创造,却不能直接参与撰写自己的教育史,应该调查和发掘工人阶级群众的教育史,给他们以应有的历史地位。但不论是西蒙还是西尔弗,都坚决不赞成用孤立和封闭的办法来研究底层人民的教育历史,认为应将底层人民放在特定的历史环境中来考察和分析他们的教育活动,探索教育改革和社会运动之间的关系。在他们看来,处于社会最底层的劳动群众的教育活动的发展演变,是引起整个教育变革和教育制度兴衰更替的最终根源。这正是"自下而上"观察教育史的真正含义,也是西方马克思主义教育史学家对人民教育史研究的特殊贡献。

以"自下而上"的视角研究教育史的目的在于构建"整体教育史"体系。

---

[1] Partington, G. Two Marxisms and the History of Education[J]. History of Education, 1984(4): 251-270.

[2] 〔澳〕西蒙·马金森. 现代澳大利亚教育史——1960年以来的政府、经济与公民[M]. 杭州:浙江大学出版社, 2007:XV.

第三章　外国教育史学主要理论与流派

尽管西方马克思主义教育史学家从不同的领域运用马克思主义理论和方法修正传统教育史学,但他们有一个共同点,就是都在尝试构建一种整体的教育史体系。汤普森注重从文化的角度研究工人阶级的意识,把研究焦点从单纯的经济过程转换到了总体性的文化过程,强调工人阶级意识是文化的生成。西蒙进一步丰富和深化了构建一种整体教育史的思想,从更广阔的视野来研究教育史上发生过的各种事件,触及生活的方方面面,关系到社会各阶级的观点和利益。他力图把人们的注意引向那些经常被忽略的方面,尽力叙述教育改革者的思想,以引起当代社会和政治冲突的变化。①这样,西蒙将英国教育史研究从单纯的精英教育史变成了整体教育史,也就是从经济、政治和社会各个层面来考察各个阶层的教育发展的一种整体的教育史观。从根本上来说,西蒙主张"社会教育史"研究是要认识到教育史是包罗万象的事实,社会教育史研究应该揭示人类发展进程中教育的整体性的进程特征。②西尔弗更是将教育放在社会文化的背景下考虑,力求将传统教育史学所"忽视的领域"呈现在读者面前,提出了从文化视角研究教育整体的发展过程,勾勒一幅囊括普通人民大众在内的教育文化史图像。当然,在马克思主义教育史学家那里,并不要求教育史学家研究教育的整体,而是要求在研究每一个教育问题时,都能够从教育的总体上进行考察。

　　随着人类教育史逐渐由分散的局部走向统一的整体,世界教育史的进程表现出最重要的特征就是全球化趋势越来越鲜明,全球化问题也日益受到教育史学界的重视。随着全球化逐渐成为学术热点,以全球史观为指导的整体教育史也备受重视。他们主张将世界教育看成一个相互联系和相互影响的整体,各种文明的冲突与共融,尤其是文明之间的生产技术和社会文化交流,才是社会进步与发展的真正动力。澳大利亚学者 W. F. 康纳尔著的《二十世纪世界教育史》一书贯穿马克思主义逻辑和历史统一的方法,根据教育理论和教育实践、资本主义社会教育和社会主义社会教育两条线索,客观公正地对 20 世纪的教育历史进行考察和分析。安迪·格林在 1999 年出

---

　　① Simon, Brain. Studies in the History of Education, 1780—1870 [M]. London: Lawrence & Wishart, 1960: 14-15.
　　② Aldrich, R. The Real Simon Pure: Brain Simon's Four —Volume History of Education in England [J]. History of Education Quarterly, 1994, 34(1): 73.

版的《教育、全球化与民族国家》中,运用葛兰西的霸权概念解释不同社会国家与学校教育之间的不同关系,在对欧美、亚洲国家的教育历史进行比较研究的基础上重新审视了在不同地区教育和民族国家之间的变革关系,尝试构建比较视野下的全球整体教育史体系。①

　　西方马克思主义教育史学家通过在广泛的社会背景下重新分析学校教育,建立学校与家庭、国家、文化、经济和社会的变化之间的关系,努力在解释教育史的框架中慎重、自觉地关注假设、理论和方法,集中研究教育体制的形成与发展,推动教育史从缺乏活力的死水中回归到历史学的主流。与此同时,一批女性主义者对马克思主义教育史学构建整体教育史的目标产生了怀疑,认为马克思主义教育史学家歪曲了一个观点,即当他们从底层看教育史文献时,却忽视了工人阶级女性的教育经历以及她们在社会发展和自身进步中所扮演的角色。琼·普韦斯(June Purvis)在《英国教育史学:来自女性主义的批判》(*The Historiography of British Education: A Feminist Critique*)一文中提出:"英国马克思主义教育史学的作品,如西蒙的作品,依旧是以男性为中心的,只是为了证明各种教育中的妥协和问题,这些教育问题主要是不同社会阶级之间权力斗争和冲突的结果。尽管各个群体之间的关系是授予不同的权力以获得满意的需要,但是仍旧是中产阶级比工人阶级优越,男性比女性优越,白人比黑人优越,成人比孩子优越。在西蒙的书中,看不到性别之间的权力关系和女性。再一次,让我们看到的是群众运动实际上只是男性的运动和斗争。"②

　　女性主义对马克思主义教育史学的质疑和批判,不得不让我们思考这样一个问题:教育史是否包括一些联系阶级和性别关系的复杂接点?答案是毋庸置疑的。我们在引用马克思主义理论分析教育史问题时,应该试图了解学校是如何创立、改变和重建性别结构、社会结构、人口结构以及生产关系的。

---

　　① 〔英〕安迪·格林.教育、全球化与民族国家[M].朱旭东,等译.北京:教育科学出版社,2004:序言.
　　② Purvis J. The Historiography of British Education: A Feminist Critique [M]// Rattansi A. & Reeder, D. Rethinking Radical Education: Essays in Honour of Brian Simon [M]. London: Lawrence & Wishart, 1992:252.

第四节　城市教育史研究

城市教育史是城市史与教育史的交叉学科,以"城市"而不以"民族—国家"为研究单位。在西方,17世纪至19世纪末,"城市"一词常具有积极含义,但从20世纪初开始具有了消极意义。如美国的"内城"(inner city),与社会问题相伴随,被界定为"城市中心地带",与城市郊区相对应,分布着大量拥挤的、贫困的人群,住房不足,犯罪率和失业率居高不下,存在着大量的社会问题和经济问题。城市教育史研究更多关注上述问题,其发展与城市教育危机紧密相关。

一般说来,"城市教育"有广义和狭义之分。广义的城市教育指城市中的所有文化传承机构,既包括城市学校(city school),也包括那些特定的传递信息、观念、态度和技能的机构,如星期日学校、妇女俱乐部、协会、杂志、剧院和媒体等。美国教育史学界温和修正派的代表人物贝林、克雷明、芬克尔斯坦(Barbara Finkelstein)和富兰克林(Vincent P. Franklin)持这种观点。狭义的城市教育主要指城市学校教育,侧重于研究城市学校教育的变迁。以凯茨为代表的激进修正派,以及科恩(Sol Cohen)、鲁里(John L. Rury)、米雷尔(Jeffrey Mirel)、凯斯特(Carl F. Kaestle)和泰亚克(David B. Tyack)等教育史学家均主张这种界定。总体来看,西方各国学者在早期的城市教育史研究中侧重城市学校研究,20世纪80年代以后,开始研究城市中所有的文化传承机构,但城市教育史研究的重点仍然是城市学校。

城市学校(city school)是与乡村学校和郊区学校不同的教育形式,具有如下特征:(1)位于人口密集区域。(2)学校规模较大,拥有较多入学人口,更有可能招收到具有不利社会经济背景的学生。(3)受地区经济差距的深刻影响。(4)在伦理、种族和宗教信仰方面有很大分歧。贫穷的少数族裔学生的学业成绩远远低于白种人和具有较高社会经济背景阶层的学生。(5)城市学校的学生、教师和管理者流动性较大。一些研究表明,学生越贫穷,学校的流动性越高。城市学校招收的学生以移民子女为主,存在语言多元化的挑战。①

一、城市教育史研究的兴起

20世纪60年代,西方的城市面临诸多问题,如犯罪、贫困、交通拥堵等,引发了民众的广泛关注。城市教育史研究最先诞生于美国。随后,在加拿大、英国和澳大利亚等国也形成了城市教育史的专门研究领域,涌现出大批相关研究成果。

(一)城市危机日益严重

美国的城市教育史研究出现于20世纪60年代末期,原因主要是严重的城市危机、国内的民权运动和新城市史的兴起。早在殖民地时代,美国就已存在城市学校。在内战之前,美国的教育以农村学校为主。内战之后,学校开始城市化。到19世纪末,美国以城市学校为主。战后,在郊区大发展过程中出现郊区学校,并逐渐成为美国最成功的教育体系。郊区学校具有学术水准高、环境安全、升入大学概率高等特点。虽然郊区学校、农村学校和城市学校的边界越来越模糊,但城市学校的特征仍非常明显。

1920年是美国城市发展的分水岭,城市居民开始超过农村人口。从20世纪四五十年代一直到60年代,由于南方农场机械化的出现,大量非洲裔美国人涌向北部和西部主要大城市。20世纪60年代,激烈的海外工业竞争使美国很多城市出现"解除工业化"(deindustrialization)现象,制造业发展放缓。许多城市工厂迁往郊区或海外,内城的较好职业急剧减少。此外,非法药物出售、暴力犯罪和未成年人怀孕等社会问题在内城大量出现。②受上述各种因素影响,美国城市郊区化加速,白人快速迁往郊区。

郊区化进程给城市学校带来种族隔离和城市财政两大问题。"美国实施的是地方财产税法。而地方财产税成为许多市政事务,包括警察局、学校

---

① Kincheloe, Joe L. Why a Book on Urban Education? [M] // Steinberg, Shirley R. Urban Question: Teaching in the City. Peter Lang Publishing, Inc., New York:2010:7.
② Rury, John L. Urban Education in the United States: A Historical Reader [M]. Palgrave New York: MacMillan, 2005:7-8.

等公共机构运作所需资金的主要来源。"①大批富有阶层离开旧的城市居住点搬到郊区的社区,城市政府和学校系统的税收急剧下降。城市中心大多数的新居民多为贫困者,几乎无法负担高质量的城市学校所需的费用。郊区化使得城市和城市学校陷入危机,引发学者的广泛关注。

(二)民权运动的出现

20世纪60年代,美国社会处于动荡之中,原因主要在于:富裕社会中的贫困、种族歧视造成的新型问题、青年学生对现实不满情绪的增长。② 美国社会出现了一系列的抗议运动,包括黑人的抗暴运动、群众性的反越战运动、以青年学生为主体的"新左派"运动等。

所谓的"新左派"是一个很松散的、包罗很广的名称,实际上汇入这一运动的思潮形形色色,极为复杂,主要是对现状不满,矛头针对美国主流社会和内外政策。"新左派"与传统的自由主义改良派不同,对美国制度的批判更尖锐、更深刻,不满足于制度内的改良,而是认为问题的根源在于制度本身。其中的一部分人公开宣称自己是马克思主义者,另一方面他们反对苏联高度集权的制度,故称"新左派",以区别于以老美共为核心的"老左派"。③ "新左派"运动对美国的历史学产生了深远的影响,间接地影响了美国城市教育史研究的视角。

(三)新城市史的兴起

20世纪60年代之前的美国城市史被称为旧城市史,主要研究城市问题或是城市志。20世纪60年代以后,"新城市史"应运而生,并成为新社会史的重要组成部分。这个时期的"新城市史"受到美国芝加哥学派人类生态学的影响,不太关注"城市"现象,而是忙于研究社会流动、少数群体政治和市中心的贫民窟等问题。在新城市史的影响下,美国教育史学者开始以城市为中心,研究意识形态、学校结构和社会机构之间的关系。1968年,凯茨的

---

① [美]安东尼·奥罗姆,陈向明. 城市的世界——对地点的比较分析和历史分析[M]. 曾茂娟,等译. 上海:上海人民出版社,2005:21.
② 刘绪贻,等. 美国通史(第6卷:战后美国史,1945—2000)[M]. 北京:人民出版社,2002:307.
③ 资中筠. 20世纪的美国[M]. 上海:三联书店,2007:124-125.

《早期学校改革的嘲弄》成为美国城市教育史学诞生的标志。在其影响下，许多教育史学家开始研究城市教育史，使其逐渐成为美国教育史研究中最活跃、最重要的领域。

加拿大城市教育史研究的产生受到美国的影响。20世纪60年代末，美国城市教育史研究的重要代表凯茨移民加拿大。他开展加拿大城市教育史研究，培养了一批学生，影响了加拿大城市教育史的研究。英国城市教育史研究晚于美国。20世纪70年代初，美国城市教育史研究对英国的城市教育史研究产生一定影响。[①] 1976年，英国教育史协会召开了一次会议并出版了英国城市史学家瑞迪（David Reeder）的《19世纪的城市教育》(Urban Education in the Nineteenth Century)，城市化第一次作为教育史的研究变量。该书是一本比较城市教育史的作品，收录了大量英美城市教育史的作品。澳大利亚的城市教育史研究在20世纪80年代初才出现，原因主要是澳大利亚学校毕业生的高失业率引发了人们对城市教育的关注；新社会史的繁荣引发澳大利亚学者对社会史的兴趣。联邦政府对本土研究的鼓励和英美城市教育史研究的思想和方法也影响了澳大利亚城市教育史的发展。

二、城市教育史研究的主要观点

城市教育史的研究对象非常广泛，初期主要关注城市学校教育，后来视角逐渐转向"大教育"，将"教育"视为将文化传递给下一代的全部过程，并在详细阐述教育与社会其他部分的复杂关系中来看待教育问题；在研究重点上，从关注城市学校的物质层面如结构、系统等转向关注城市学校的精神层面。

（一）城市教育史的研究对象

如前所述，美国城市教育史研究诞生的标志是凯茨1968年《早期学校改革的嘲弄》的出版，该书重点研究了马萨诸塞州的城市学校教育，将美国教育史研究的重点转向城市学校。此后，城市学校教育史作品大量涌现，如

---

① Grace, G. Education and the City: Theory, History, and Contemporary Practice [M]. London: Routledge & Kegan Paul, 1984:3.

拉泽逊的《城市学校的起源:马萨诸塞州的公立教育,1870—1915》(*Origins of the Urban School: Public Education in Massachusetts, 1870—1915*)、斯卡茨(Stanley K. Schultz)的《文化工厂:波士顿的公立学校,1789—1860》(*The Culture Factory: Boston Public Schools, 1789—1860*)、拉维奇(Diane Ravitch)的《伟大的学校战争:纽约市,1805—1973》(*The Great School Wars, New York City, 1805—1973*)、特罗恩(Selwyn Troen)的《民众和学校:改变圣路易斯学校系统,1838—1920》(*The Public and the Schools: Shaping the St. Louis System, 1838—1920*)等。对城市教育史研究做出综合性研究的作品是1974年出版的泰亚克的《一种最佳体制:美国城市教育史》(*The One Best System: A History of American Urban Education*),重点分析了波士顿、纽约、费城、芝加哥、辛辛那提、圣路易斯、丹佛、旧金山和洛杉矶等城市的学校教育。

20世纪80年代以后,受新文化史的影响,美国城市教育史开始研究一切影响人的思想、态度、情感和技能的机构。城市教育史不论是以"学校教育"还是以"大教育"为研究对象,都将城市作为研究机构变迁的参考点和语境。芬克尔斯坦认为,城市教育史有三个研究重点:一是将城市和城市教育的进化均视为人类力量的产物,二是分析城市教育的演变,三是将城市视为赞美、展示和关注人性的场所。

英国城市教育史的著名作品是《19世纪的城市教育》,该书的研究对象是城市学校教育。20世纪80年代以后,研究英国工厂学校、孤儿院、城市家庭、大众文化的作品开始增多。如海瓦德(Christine Heward)在其作品中运用家庭策略方法,将教育与家庭形成的基本过程、生活的策略联系起来,认为学校的入学率取决于家庭的决定。[①]

20世纪60年代至70年代初,加拿大城市教育史的重点是19世纪城市化和学校结构之间的关系。城市教育史研究的范围也越出了教室。1969年,萨瑟兰(Neil Sutherland)在《城市儿童》(*The Urban Child*)中建议:"在任何年龄段,我们都需要了解幼小的一代是如何被社会化的。"[②]他在1976年

---

① Reeder, David A. History, Education and the City: A Review of Trends in Britain [M] // Goodenow, Ronald K. & Marsden, William E. The City and Education in Four Nations. Cambridge University Press, 1992:32-33.

② Sutherland, Neil. The Urban Child[J]. History of Education Quarterly, 1969(1):305-311.

出版的著作《英语—加拿大社会的儿童：塑造20世纪的一致性》(*Children in English-Canadian Society：Shaping the Twentieth Century Consensus*)中对教育做出了宽泛的定义，并得到加拿大一些学者的认可。他认为，在1880—1920年，以英语为母语的加拿大人为儿童制定了一系列的社会优先政策，不仅影响了学校教育，也影响了与他们的健康、教育和福利有关的家庭和其他机构，被称为"家庭策略研究"，在20世纪80年代以后成为加拿大教育史研究的一个重要方向。

总体来看，西方城市教育史研究对象呈现多元化特点，但城市学校教育仍是研究重点，城市学校的起源、功能、结构及其改革动力等受到广泛关注。第一，在西方城市教育的起源上，教育史学家认为城市教育是对发生在19世纪和20世纪的观念和物质变迁的反映。现代民族国家的出现、工业网络的扩张、读写能力的大众化导致了城市学校教育的诞生。第二，在城市学校的功能方面，很多教育史学家认为城市学校在复杂的城市环境中建立了一致性的基础。城市学校教育的普及化代表了一种专门机构的出现，这种机构既帮助工业市场培养劳动力，也为正在出现的民族国家培养公民。第三，在城市学校改革的动力方面，美国城市教育史学家将19世纪学校教育的普及化视为一小部分有道德的中产阶级认识改革兴趣的副产品，以及20世纪前十年科学进步主义或管理进步主义的副产品。第四，在城市教育史的研究重点上，20世纪60年代城市教育史研究主要关注城市生活的结构因素，强调现代化措施的集权化趋势，并将教育与经济、政治和理性的宏大结构的演进相结合，重点探讨城市环境对学校教育的影响。这种过于关注城市学校环境的社会史取向，使城市教育史研究丧失了人的维度。20世纪90年代，一些历史学家开始积极关注城市的精神方面。他们对原有的观念进行了修正，系统地探究了城市和学校，认为不能仅仅将城市学校归结为利益角逐、过滤知识和文化的场所。

（二）西方城市教育史的研究方法

由于国别和学术传统的不同，西方各国城市教育史学家在研究上有一些差异。英国城市教育史研究主要受生态学理论和新马克思主义理论的影响。加拿大的城市教育史研究采纳了新马克思主义的方法和"家庭策略研究方法"。澳大利亚的城市教育史研究采用了社会学和女性主义的方法。美国的城市教育史研究发展较为成熟,主要有三种研究方法。第一种以凯茨和哈根(David John Hogan)为代表,大量使用新马克思主义方法。第二种是以维努韦斯基斯(Maris A. Vinovskis)、凯斯特和安格斯(David Angus)为代表,大量使用量化的和社会科学的概念体系。第三种是以芬克尔斯坦为代表,倡导心理学或人类学的方法。①各国研究城市教育史的方法不尽相同,但均具有跨学科研究的特性,综合运用了各种学科的方法。

1. 社会学理论和方法

社会学理论和方法对美国城市教育史研究有很大影响。凯茨在自己的作品中多次提到"社会控制"的概念。"社会控制"是一个社会学名词,指的是各种组织、制约和引导集体行为的机制,1901年,美国社会学家罗斯(E. A. Ross)在其出版的《社会控制》中最早提出该概念。② 凯茨认为,城市学校是社会控制的工具,其根本特征是精英本位、反民主和科层制。在凯茨的影响下,"社会控制"成为在20世纪70年代解释美国城市学校改革运动的最流行模式。③受凯茨及其学生的影响,社会控制方法传到加拿大和澳大利亚,影响了这两个国家的城市教育史研究。在英国的城市教育史研究中也运用了社会控制的方法,如研究意识形态对大众教育的影响,研究城市生活经验对"青春期"概念发展的影响等。凯茨、泰亚克和米雷尔均采用了社会学中常用的个案研究方法。

泰亚克则采纳了社会学家韦伯(Max Weber)的组织理论,从组织的角度分析了城市学校教育制度的变迁,认为美国从农村向城市的变迁影响了美国城市学校的发展。他认为,19世纪末20世纪初工业化、城市化发展的背景下,社会秩序混乱,大量学生涌入学校,为了解决这些问题,科层制被引入城市学校系统。

2. 生态学方法

在20世纪80年代之前,生态学理论在城市教育史研究中运用广泛。生态

---

① Goodenow, Ronald K. & Marsden, William E. The City and Education in Four Nations[M]. Cambridge University Press, 1992:222-223.
② 〔美〕刘易斯·A. 科塞. 社会思想名家[M]. 石人,译. 上海:上海人民出版社,2007:319.
③ Cohen, Sol. Challenging Orthodoxies: Toward a New Cultural History of Education[M]. New York: Peter Lang Publishing Lang, 1999:412.

学在城市研究中的运用被称为人类生态学。人类生态学是20世纪20年代由麦肯齐(R. D. Mckenzie)、伯吉斯(E. W. Burgess)和帕克(R. E. Park)为代表的"芝加哥学派"创立的,其最突出的特征是重视社会生活的空间和环境的背景。该方法受到达尔文进化理论的影响,认为人类社会也与生物界一样,是一种生物链的相互关联的关系,城市中的人的行为举止是由城市的物质环境决定的。生态学与城市研究联系起来后,更关注自然环境和社会环境的互动以何种方式造成了不同的行为,以何种方式影响了城市社区的发展。

在生态学方法的影响下,西方城市教育史学家重视研究教育结构而不是教育行为,从对大量的结构变量(如密度、规模和多样性)的分析中导出结论。凯茨认为,学校系统的历史生态学需要研究学校结构和内容与环境的联系。在研究学校入学率时,他成功运用了生态学方法。① 凯斯特和维努韦斯基斯(Maris A. Vinovskis)也强调研究学校发展时要与进化的社会结构、经济系统、社区的变化以及国家联系起来。② 英国教育史学家马斯登(W. E. Marsden)受生态学方法影响,较早运用生态学方法分析了国家、地区、大都市和地方城市在教育供给空间上的不平等。他呼吁"城市教育史必须吸收历史学、社会生态学的规则,同时还需要借鉴地理学的理论"③。英国教育史学家史蒂芬斯(W. B. Stephens)在研究工业革命时期的教育时运用了生态学方法,认为要在教育供给方面探究地区变量。④ 加拿大城市教育史中占主流地位的"家庭策略研究方法"也是一种典型的生态学方法,试图阐释不同社区间的不同态度和关系,引发人们重新审视家庭、学校和工作间的关系。

3. 新马克思主义理论

新马克思主义理论是一种政治经济学理论,将经典马克思主义的劳动价值和剥削理论、资本原始积累理论、阶级和阶级斗争的理论运用到城市研究中。起初,一些新马克思主义者简单地认为学校教育是富人强加给穷人

---

① Katz, M. B. Comment[J]. History of Education Quarterly, 1969(1):326-327.
② Carl, F. Kaestle and Vinovskis, Maris A. Education and Social Change in Nineteenth-Century Massachusetts[M]. New York: Cambridge University Press, 1980:1.
③ Marsden, William E. Ecology and Nineteenth Century Urban Education[J]. History of Education Quarterly, 1983(1):29-53.
④ Stephens, W. B. Regional Variations in Education during the Industrial Revolution, 1780—1870: The Task of the Local Historian[M]. Leeds: Museum of the History of Education, 1973.

的一种方式,是一种驯化温顺的、守时的和尊重私有财产的工人的工具。后来,一些在理论上具有敏感性的马克思主义学者发展了新的理论,不再将学校视为阶级斗争的工具,而是将学校视为无数阶级斗争发生的场所中的一个,将学校视为无数资产阶级社会再生产发生的场所中的一个。

新马克思主义的方法在英国最为盛行,美国、澳大利亚、加拿大也有大量学者使用新马克思主义的视角。英国的教育史研究运用了阶级分析的方法,强调在城市教育中的社会阶级(尤其是工人阶级)的作用和本质。西蒙在考察教育系统发展时强调社会阶级冲突在决定教育系统的性质时的重要性,认为大的工业化城镇的发展也是影响教育发展的一个关键因素。美国的激进修正派教育史学家的作品受到马克思主义的影响,如鲍尔斯和金蒂斯《资本主义美国的学校教育:教育改革与经济生活的矛盾》中的主要观点基本上来源于马克思的主张。该书运用了阶级分析的方法,认为学校教育系统在维护资本主义秩序和经济结构方面发挥了重要作用。澳大利亚的库克(Pavla Cook)、戴维(Ian E. Davey)和维克(Malcolm Vick)运用阶级冲突的方法分析了19世纪大众教育的发展。加拿大的戴维和格尔夫(Harvey J. Graff)认为汉密尔顿19世纪学校教育的扩张不仅是维持了社会和经济的不平等,还进一步加剧了社会和经济的不平等。

(三)西方城市教育史研究的功能定位

20世纪60年代末,城市危机的出现和新城市史的兴起使城市教育史研究成为美国教育史研究的一个重要研究领域。其立足于教育现实,通过分析单个或若干城市教育改革的历史,为现实城市问题的解决提供方法和视角。在高等教育领域,大量学生并未选择教育史专业,生源下降。迫于现实,教育史学家重新采取更为实用的策略。20世纪70年代,"城市"视角是许多美国知名教育史学家研究教育史的主要视角,目的是为制定城市教育政策服务。英国、澳大利亚和加拿大的城市教育史研究也具有这个特点。

20世纪90年代至今,美国教育史的政策功能日益凸显。泰亚克认为:"最近几年,教育史学家已经在通过各种方式影响政策制定者和参与者。"[1]

---

[1] Tyack, David B. Reflections on Histories of U. S. Education[J]. Education Researcher, 2000(8): 20.

如美国各州主要的学校官员在暑期会议中都要参加历史学的研讨会。美国教育史学家参与拍摄了两部教育史纪录片,在美国公共广播公司(Public Broadcasting Service)播出。教育史学家在各种专业期刊和杂志上发表大量与公共事务相关的论文,城市教育改革是其关注的重要话题。美国著名的城市教育史学家鲁里(John L. Rury)认为:"最近几十年,教育史研究关注了与种族、性别和学校改革有关的问题,城市教育也受到了一定的关注。"[①]城市教育史也引起了世界各国教育史学界的关注。2003 年,国际教育史协会(International Standing Conference for the History of Education,简称 ISCHE)年会推出了"城市化与教育:城市是灯塔和明灯吗?"的专刊。在各国的城市教育史研究中,都体现了浓厚的政策服务导向,一些教育史学家直接参与教育改革的政策制定。总之,西方城市教育史研究源于对现实城市教育问题的关注,其功能定位是解决城市教育问题,为教育政策服务。

美、英、加、澳的城市教育史研究出现的时间和发展状况不尽相同。美国城市教育史研究发展最为成熟,形成了城市教育史流派。英国次之,拥有大量的城市教育史作品,但没有明确的城市教育史流派。[②]加拿大和澳大利亚的城市教育史研究受到英美影响。上述四国的城市教育史研究也存在一些共同的局限性,如仅关注城市变迁对教育的影响,忽略了城市变迁与城市教育之间的互动;城市史和教育史的合作有待进一步完善和系统化;城市教育史的比较研究欠缺;城市教育史对社会史的价值还有待进一步论证。

三、各国城市教育史研究状况

(一) 美国的城市教育史研究

美国城市教育史研究大致可以分为两个时期,20 世纪 80 年代之前是兴起时期,20 世纪 80 年代之后是转向时期。在 20 世纪 80 年代之前,美国城

---

① Rury, John L. The Curious Status of the History of Education: A Parallel Perspective[J]. History of Education Quarterly, 2006(4):571-598.

② Reeder, David A. History, Education and the City: A Review of Trends in Britain [M] // Goodenow, Ronald K. & Marsden, William E. The City and Education in Four Nations[M]. Cambridge University Press, 1992:206.

市教育史研究发展经历了三个阶段:萌芽(20世纪60年代初至1968年)、创立(1968年至20世纪70年代初)和定型(20世纪70年代初至20世纪80年代初)。1968年出版的凯茨的《早期学校改革的嘲弄》意味着美国激进修正主义教育史学的出现,也标志着美国城市教育史学的正式创立。创立时期美国城市教育史研究的主力军是激进修正派,其主要代表人物有凯茨、斯普林、凯里尔、维奥拉斯和甘普特(E. B. Gumpert)等人。他们研究了美国城市学校的本质和美国城市学校的教育改革,并对其进行了猛烈批判,认为城市学校是官僚主义的,与种族主义、阶级统治和社会控制紧密联系。

20世纪70年代初到80年代初,在新教育史学发展的影响下,美国城市教育史学日趋定型。该时期对城市公立学校的批判分为两个阵营。第一个阵营是以凯茨为代表的激进修正派,运用社会控制模式对美国城市学校教育进行猛烈批判,认为美国城市学校加剧了社会的不平等。其主要代表人物和代表作有:拉泽逊的《城市学校的起源:马萨诸塞州的公立教育,1870—1915》,凯茨的《阶级、官僚机构和学校:美国教育改革的幻想》,凯里尔的《塑造美国的教育状态,1900年到现在》,维拉斯的《城市工人阶级的培训:20世纪美国教育史》,鲍尔斯与金蒂斯的《资本主义美国的学校教育:教育改革与经济生活的矛盾》,纳索(David Nasaw)的《为了秩序的教育:美国公立学校教育的社会史》等。第二个阵营以凯斯特、拉维奇和泰亚克等人为代表,将城市学校教育纳入广泛的社会背景之中,认为美国城市公立学校的发展是对早期现代化的一种反映;税收支持的、公众控制的免费城市公立学校是把移民美国化和形成新的国家凝聚力的工具。其主要代表人物和代表作有:凯斯特的《城市学校系统的演进:纽约市,1750—1850》、斯卡茨的《文化工厂:波士顿的公立学校,1789—1860》、特罗恩的《民众和学校:改变圣路易斯学校系统,1838—1920》、拉维奇的《伟大的学校战争:纽约市,1805—1973》和泰亚克的《一种最佳体制:美国城市教育史》等。这个时期美国城市教育史研究的特点是采用新城市史的研究模式,但也存在一些问题,如对城市学校教育改革的解释过于一致化和简单化;缺乏比较研究;研究领域比较狭窄;过于重视学校改革的社会动力的分析,忽视了学校内部的教与学,忽视了管理者之外的教师、家长等对学校教育改革的看法。

20世纪80年代以来,在"后修正主义"教育史学的影响下,美国城市教育史研究发生转向。该时期城市教育史研究的总体特点是:对修正主义的观点做了修正,认为少数族裔和工人阶级主动参与了城市学校改革;研究范围扩大,研究时段延长;关注移民、少数族裔、女子教育和教师组织在城市教育史中的地位;比较研究方法被大量使用。该时期城市教育史研究存在的问题主要是过于重视结构分析,与城市史学的联系不够紧密,个案研究方法的不足日益显露。

(二) 加拿大的城市教育史研究

20世纪60年代至70年代初,加拿大历史学从传统史学转向新史学。这种状况与英国、法国尤其是美国的社会科学发展的影响有关。在教育史研究领域,美国温和修正派和激进修正派都对加拿大的教育史研究产生一定影响。凯茨在移民加拿大前后发表的城市教育史学作品对加拿大教育史学中的激进修正派有直接影响。加拿大著名历史学家哈里根在1985年提交给加拿大历史协会的论文中评论道:"凯茨作为一位来自美国的移民学者,对20世纪70年代的加拿大教育史有着重大影响。1975年出版的他和麦汀利的论文集在研究了60年代美国学校教育系统的基础之后,坚定地提出了一种新的史学范型,同时他还强调社会学方法在教育史研究中的重要性并抨击叙述性史学。凯茨的方法论对加拿大教育史学产生了立竿见影的效果。"①当时加拿大教育史研究中最受争议的领域是19世纪城市化和学校结构发展之间关系的研究,尤其是对安大略学校系统的历史研究。在研究中使用社会控制概念的加拿大教育史学家也被称为激进修正派。他们对19世纪安大略的教育和其他社会机构的出现做出了如下解释:教育机构和其他机构的变迁是城市发展、工业发展的直接结果,是面对社会瓦解采取的机构措施,是社会和经济环境之外新的家庭形式出现的结果。②凯茨的两个学生休斯顿(Susan Houston)和普伦蒂斯也是激进修正主义者,他们以"城市"的视角开展了大量研究。

---

① Harrigan, Patrick J. A Comparative Perspective on Recent Trends in the History of Education in Canada[J]. History of Education Quarterly,1986(1):78.
② Goodenow, Ronald K. & Marsden, William E. The City and Education in Four Nations[M]. Cambridge University Press, 1992:92.

20世纪70年代,加拿大教育史学中的激进修正派在城市教育史方面有许多作品问世。凯茨移民加拿大后,与他的学生一道对19世纪加拿大的中等城市汉密尔顿进行了大量研究,探索了城市化、工业化、家庭结构和学校关系。在其影响下,"城市"成为当时加拿大教育史研究的主要范式。普伦蒂斯研究了多伦多和哈利法克斯两个城市,认为城市地区的年级制学校系统和专业等级制导致了教学女性化的迅速发展。凯茨的另外两名研究生戴维和格拉夫认为,汉密尔顿19世纪中期学校教育的扩张维持甚至加剧了现存的社会和经济不平等。丹顿(Frank Denton)和乔治(Peter George)分析了汉密尔顿的入学率并得出具有冲突史观色彩的结论。总体来看,加拿大教育史学家对城市教育史研究的兴趣没有美国教育史学家大。美国的城市教育史研究源于对城市教育的不满,加拿大人对本国的学校教育是比较满意的,因此没有美国那么强大的研究动力。

(三)英国、澳大利亚的城市教育史研究

20世纪70年代,英国出现了将历史研究与当代教育政策联系起来的呼声,但是讨论城市教育特点和发展的历史作品很少。20世纪70年代初期,美国的城市教育史研究对英国的城市教育史研究也产生了一定影响。[①] 1976年英国教育史协会召开了一次会议并出版了《19世纪的城市教育》之后,城市化才第一次作为教育史的研究变量。

20世纪80年代以后,城市地区不断上升的青年失业率和日益恶化的经济困境,引发了人们对城市教育的广泛关注。20世纪80年代末,英国教育系统的综合重组以及当时保守党政府对教育系统的改革,刺激了教育史学家对教育政策史和课程史的兴趣,大量的城市教育作品问世,讨论的话题主要是城市社会和教育供给问题,以及城市教育改革问题。英国的城市教育史研究除了关注城市教育改革的背景并解释城市教育改革的原因,最主要的目的是解决城市中心的教育问题。

20世纪中期之前,澳大利亚教育史学是以国家—民族为本位的。20世纪70年代中期开始,美国的修正主义教育史学开始影响澳大利亚教育史学

---

① Grace, G. Education and the City: Theory, History, and Contemporary Practice [M]. London: Routledge & Kegan Paul, 1984: 3.

界。当时澳大利亚的大学课程中就出现了凯茨、斯普林和凯里尔的作品。20世纪70年代到20世纪80年代初澳大利亚教育史学研究的主题也是学校科层制的演进、管理者的努力等问题。

第五节 西方女性主义教育史研究

社会性别和女性主义教育史学是战后西方教育史学流派发展中的另一支劲旅。20世纪70年代,妇女史在西方兴起,并逐渐成为历史学科中的专门领域,构成新史学运动的重要组成部分,与社会科学如社会学、人口学、经济学、人类学和心理学等关系密切。妇女史是在批判社会史只重视社会群体中的男性而忽视女性的背景下诞生的,包括女权运动史和妇女社会史,把研究重点转向过去普通劳动妇女在劳动场所和家庭中的经历,中心仍是妇女解放问题,而这又和性别史联系起来。40余年来,妇女史已从单纯关注妇女的历史转变为从社会性别视角看妇女、看性别,即妇女—社会性别史(women & gender's history)。社会性别概念成为当代西方女权主义理论的核心概念。结构功能主义者认为,性别不仅是生理上的差别,而且是社会角色的差别。20世纪90年代以来,文化史取向的妇女—社会性别史研究建立在文学批评理论和后结构主义人类学的基础上。西方妇女史学家注意到不同妇女群体之间历史经验的差别和妇女主体身份的多元性,主张根据阶级、种族、性别和宗教等多元主体身份来研究女性,并以发展眼光动态地研究妇女的历史,进而将文化研究和心理分析的方法合流互补,努力打破生理性别(sex)和社会性别(gender)二元对立的思维模式开展妇女—社会性别史的研究。①这种变化深刻影响了外国教育史研究。

一、西方女性主义教育史研究的兴起

女权运动是妇女争取解放、要求社会平等权利的政治斗争,它与资产阶级政治革命紧密相连,目标指向男权中心社会,旨在实现男女在社会权利上的平等。启蒙运动对于民主、自由和天赋人权的宣扬,使得《人权宣

---

① 杜芳琴.妇女/社会性别史对史学的挑战与贡献[J].史学理论研究,2004(3):4-8.

言》成为衡量和思考社会问题的圭臬。一批妇女开始不仅从人的角度,而且从女人的角度思考社会不平等的问题。此后,女权运动席卷了整个欧洲。

(一) 欧洲女权运动与欧洲女性教育史研究

在英国,女权主义者玛丽·沃斯通克拉夫特(Mary Wollstonecraft,1759—1797)强烈谴责英国社会男女不平等的现象,并围绕妇女教育提出了三个问题,即妇女为什么要接受教育;妇女应当接受什么样的教育;妇女如何接受教育。英国另一位著名的女性主义者艾米丽·戴维斯(Emily Davies,1830—1921)在《为女性的特殊教育系统》(Special System of Education for Women)一书中主张,不应把女性的教育仅仅局限于使她们更好地做妻子、做母亲,而是应当为她们提供内容广泛的知识教育。① 艾米丽·戴维斯从修正教育定义入手来解读女性教育。1866 年,她在《女性的高等教育》(The Higher Education of Women)一书中表达了对现有的教育定义的怀疑,认为很多教育家在对教育进行定义时,其倾向性只适合男性,教育定义被贴上了独特的男性标签。

随着西方女子高等教育的发展,这一时期对欧洲妇女高等教育史学的关注也是一个重点。1890 年,海琳·兰格(Helene Lange,1848—1930)发表了《欧洲妇女的高等教育》(Higher Education of Women in Europe)。全书共分九章,分别介绍了英国早期运动;英格兰地区最早的女子学院;妇女和医学研究;英格兰地区的中等教育;英格兰和德国的道德教育;英格兰和德国的知识教育;欧洲其他国家的教育;为什么妇女应该进入高等教育;德国妇女高等教育失败的原因等内容。《教育史》(History of Education)杂志的主编哈里斯(W. T. Harris,1835—1909)在评论兰格的著作时指出:"在教育史系列丛书中,我们之所以选择兰格的论文,首先是因为它着眼于一些英语国家,这些国家已经朝前跨出了第一步,并且正在努力建立各种不同特点的妇女高等教育;其次妇女高等教育是一个有争议的话题,选择这些保守派撰写的论文,我们可以以此为镜,审视所有国家的整体的运动发展轨迹,从最开始

---

① 顾明远,梁忠义.世界教育大系——妇女教育[M].长春:吉林教育出版社,2000:125.

直到最后的发展,像一幅图画一样。"①

总之,沃斯通克拉夫特和戴维斯是欧洲女权运动的代表人物,体现了欧洲早期自由主义的思想。她们坚信,男女在智力水平上没有本质的区别,女性应该与男性一样接受教育,希望通过男女接受同样的教育,消除男女之间的不平等,实现自由、平等的社会目标。因此,沃斯通克拉夫特和戴维斯的史学研究有一个共同的特征,即侧重对上层妇女和中产阶级妇女的研究,很少涉及下层普通劳动妇女。作为自由主义女性主义教育史学思想的代表,她们虽然主张妇女应该接受各种教育,但不希望夸大妇女教育对女权运动的影响。② 欧洲女性主义教育史学倾向于对中产阶级女性教育史的研究,主要表现在对中产阶级女性高等教育史学的研究。

(二) 传统西方教育史学的内部危机

作为一种学术思潮,女性主义是在20世纪60年代介入人文和社会科学各学科的。那时,西方教育史学内部有两个现象为女性主义的介入提供了重要机遇:一是长期以来教育史学内部形成的对女性或性别问题的普遍忽视,二是教育史研究宏大叙事、包罗万象的统一理论的式微和反实证主义潮流的兴起。

1. 史学本体论的困境

20世纪60年代,工人运动、民权运动、妇女运动、反战运动和学生运动汇成一股声势浩大的反政府、反现存教育制度的洪流,不仅冲击了美国社会,也使美国史学界发生了变革。就美国历史协会来说,20世纪60年代以来发生了很大的变化:历任主席各有不同的背景,来自于不同的专业,彼此很难找到共同的主题,在他们中间虽然仍有少数传统史学的卫道者,但更多的是新史学的拥护者。随着越来越多的黑人、妇女、少数族裔和年轻一代登上历史学舞台,他们开始对战后教育进行不懈的批判,反主流教育运动在西方教育界愈演愈烈。著名教育史学家布莱克莫尔(Jill Blackmore)在《教育史的形成:女性主义的观点》(*Making Educational History: A Feminist Perspective*)一书中表达了这种质疑,进而倡导建立一种"女性主义教育史学"来取

---

① Lange, H. Higher Education of Women in Europe [M]. New York: Thoemmes Press, 1890: xvii.
② 周愚文.英国教育史学发展初探(1868—1993)[J].台北师大学报,1994(39):88.

代代表教育秩序普遍话语的传统教育史学。

2. 史学认识论的困境

西方教育史学的辉格传统在 20 世纪前半期依然占据主流地位。1931 年,赫伯特(Butterfield Herbert,1900—1979)在《历史的辉格解释》(*The Whig Interpretation of History*)中指出:"历史的辉格解释的重要组成部分就是,它参照今日来研究过去,通过这种直接参照今日的方式,会很容易而且不可抗拒地把历史上的人物分成推动进步的人和试图阻碍进步的人,从而存在一种比较粗糙的、方便的方法,利用这种方法,历史学家可以进行选择和剔除,可以强调其论点。"①对于辉格派的方法论,赫伯特提出质疑,认为直接参照今日标准来解释历史,势必会造成历史认识的简单化,他主张历史的解释应该从当时社会的实际出发,以历史的眼光看待历史。

3. 史学方法论的困境

20 世纪 60 年代以后,西方现象学、解释学和女性主义批判理论等思潮的广泛传播,使得作为自然科学和社会科学基础的实证主义受到前所未有的冲击,对教育史学基本概念和方法进行重新审视,用批判的研究方法来审视历史成为教育史学家的当务之急。澳大利亚教育史学者坎贝尔(Craig Campbell)和谢灵顿(Geoffrey Sherington)在谈到战后西方教育史学状况时指出:"研究主题、视角和方法论的多元化已经成为这一学科的标志。"②著名史学家库恩(Thomas Kuhn,1922—1996)也指出:"加拿大教育史编纂领域,就像一个毫无规范的理论舞台。在这个舞台上,不同的学者运用不同的观点,采用不同的方法,描述和解释着他们面对的同一现象。这里不存在统一的论证和一致的理论观点,教育史学家们也不承认任何应当共同遵循的研究规范和标准。"③教育史学家依赖社会科学模式,在教育史研究中充斥着对技

---

① Herbert, Butterfield. The Whig Interpretation of History[M]. London: G. Bell and Sons Ltd. , 1931:11.

② Campbell, Craig & Sherington, Geoffrey. The History of Education: The Possibility of Survival, Change: Transformations in Education[J]. History of Education Quarterly, 2002(5):46-64.

③ Kuhn, Thomas. The Structure of Scientific Revolutions, 2nd, Enlarged, Edition, Vol.2, No.2 of International Encyclopedia of United Science, Editor-In-Chief Otto Neurath[M]. Chicago: University of Chicago Press, 1970:11-12.

巧和实证主义的强调。方法论的多元化也威胁到教育史作为师资培训课程的前景，导致教育史学科本身的危机和边缘化。随着后现代主义而兴起的文化研究以怀疑主义的姿态对所有以追求普遍性为目标的所谓"宏大叙事"展开了挑战，女性主义者以普遍的男性话语为批判目标，也毫不迟疑地加入了这些持异见的挑战者的行列。

二、女性主义视角下的西方女性教育史研究

西方女性主义研究的兴盛是20世纪不可忽视的学术现象。当代女性主义研究起源于20世纪60年代女性主义运动"第二次浪潮"的政治风暴。后来，女性主义开始向文化界、学术界进军。①西方女性主义又与同时代风靡西方的反主流文化浪潮相契合，具有很强的反主流意识和批判意识，因而常常被归为批判理论或后现代主义的一种。与女性主义在其他学科的表现相类似，女性主义教育史研究主要集中于对学科本身的男性中心导向的批判，倡导在女性经验基础上建立新的学科范式。尽管女性主义在教育史学话语的批判与重建问题上还存在诸多分歧，主流教育史学界对女性主义在教育史研究中的作用也存在各种评价，但学术界已无法对20世纪60年代以来女性主义在教育史学中发出的声音置之不理，当代教育史研究理论和方法流派的教科书都无法将女性主义理论或性别分析方法排除在外。② 女性主义视角立足于一种全新的"社会性别"（Gender）视角，强调女性作为"他者"的经验和价值，③为当代女性主义教育史学开辟了一种日常生活的教育史学图

---

① 女性主义运动的"第一次浪潮"是指19世纪中叶到20世纪20年代的妇女运动；"第二次浪潮"诞生于20世纪60年代，西蒙娜·德·波伏娃的《第二性》和贝蒂·弗里丹的《女性的奥秘》为这次浪潮提供了理论基础。关于女性主义研究的兴盛及其女性主义运动的关系，可参见吴小英的《科学、文化与性别——女性主义的诠释》（中国社会科学出版社，2000）"导论"中的论述。

② Blackmore, J. Making Educational History: A Feminist Perspective[M]. Geelong: Deakin University Press, 1992:3.

③ 在西蒙娜·德·波伏娃的《第二性》中谈到，在人类社会的历史和文化长河中，男人是作为绝对的主题（The Subject）存在的，人就是指男人；而女人作为男人的对立面和附属体存在，是男人的课题和"他者"（The Other）。由于女人一直被界定为天性的"他者"，现实世界被认为是男性主宰和统治的，两性之间不可能存在平等。要使妇女走向真正的解放，必须摆脱"他者"的地位，成为真正的"独立的女人"（参见西蒙娜·德·波伏娃的《第二性》，陶铁柱译，中国书籍出版社，1998）。后来的女性主义者却看到了女性作为"他者"所独有的经验和价值，认为它可以克服男性经验所具有的偏颇而成为更加富于人性的知识的来源。文中所说的"他者"就是指女性主义强调的女人相对于男人所处的边缘化的、陌生人的特殊处境和地位。

景。这种尝试对教育史研究具有启发意义,女性主义也因此在教育史学界获得一块稳固的地盘。

女性主义的影响不仅表现在对男女角色行为和性别意识的重新理解,更重要的是由社会思想意识的变化而导致的学术变迁,集中体现在学院派女性主义者(Academic Feminism)所创立的女性研究(Women's Studies)领域。女性研究又称为"女性主义研究"(Feminist Studies),从独特的性别视角对整个西方学术传统进行重新审视,认为传统学术主要以白种男性的生活为基础,忽视和排斥了女性的经验。①女性研究有三重使命:一是通过性别问题的研究和性别不平等的分析为妇女的意识觉醒提供启蒙教育,并为妇女运动提供理论指导。二是消除文化界和学术界的性别歧视,提高知识妇女的地位。三是建立女性主义的知识图式、文化模式和研究方法。因此,女性研究带有明显的反传统、反主流文化的特征,从对性别问题的关注发展到对传统学术的批判,从参与运动转向知识讨论。就美国教育史学领域而言,女性主义介入学术领域主要表现在妇女史研究、性别史研究以及女性学研究等方面。事实上,女性研究本身就是女权主义运动在学术领域的延伸,也是女性主义理论开始以一种批判的视角来解释学术领域的种种问题的开始。

社会性别和女性主义史学研究深刻影响了20世纪80年代以来的西方妇女教育史研究,相关作品在西方各国不断问世。1992年,珀维斯(J. Purvis)发表《英国教育史学:一种女性主义批判》一文,批评英国教育史学界面对女性主义的挑战表现得行动迟缓,认为英国教育史学界是一个男性主导的学术世界,其研究重点是男人或男孩的教育,女人和女孩的经验往往被弱化,应该改变这种状况。1993年,珀维斯又研究了1860—1993年黑人女权主义者思想的发展在教育中的作用。②赫德(C. Heward)从社会性别角度研究了英国公学。③ 1992年,阿尔伯丁尼(P. Albertini)编写的《19—20世纪法国的学校:女子大学》研究了近现代法国女子大学的发展情况。1982年,德

---

① 吴小英.科学、文化与性别——女性主义的诠释[M].北京:中国社会科学出版社,2000:9-10.
② Purvis, J. The Historiography of British Education: A Feminist Critique[M] // Rattansi, A. & Reeder, D. Rethinking Radical Education: Essays in Honour of Brian Simon. London: Lawrence & Wishart, 1992:249-266.
③ Heward, C. Public School Masculinities: An Essay in Gender and Power[M] // Walford, G. R. Private Schools: Tradition, Change and Diversity. London: Chapman, 1991: 123-136.

国学者艾伦(A. T. Allen)的《心灵的母亲：德国女权主义者和幼儿园运动，1848—1911》从女性主义视角重新研究了德国的幼儿园运动。①

三、西方各国女性主义教育史研究

2000年，英国学者古德曼(J. Goodman)和马丁(J. Martin)在《打破分界线：社会性别、政治学和教育经验》一文中指出："近几年来，历史学家受到妇女、女性主义和社会性别史的挑战。自20世纪70年代早期以来，考察教育史中的社会性别状况和男女两性教育经验的历史研究急剧增加，这种状况是由教育理论和女性主义研究中将社会性别和权力联系起来引起的。最近，历史学家，如女历史学家和女性主义历史学家更受到后建构主义、后殖民主义以及男性与性别特征的社会建构历史视角的冲击。其结果是在拓宽教育史的研究领域的同时也引起论战。"②在教育史学会于1999年10月在温彻斯特举行的教育史年会上，历史学家们就这个问题展开了公开辩论。最后，来自不同国家的历史学家达成了共识：社会性别问题不只与性别问题相联系，还应与不同种族和阶层的不同状况相联系，应该打破社会性别、政治学和教育经验的分界线。学者们进一步探讨了教育史如何阐明社会性别、政治与教育经验之间多元联系的不同途径。下面以美国、英国和加拿大为例，阐述外国女性主义教育史研究状况。

（一）美国女性主义教育史研究

在西方女权主义运动的影响下，社会性别和女性主义史学研究也深深影响了美国女性主义教育史学的发展，经历了从美国妇女史到美国妇女教育史，从美国妇女教育史到美国妇女—社会性别教育史，后现代史学对美国女性主义教育史研究的影响，以及走向全球视野的美国女性主义教育史研究的历程。

1. 从美国妇女史到美国妇女教育史

1848年，在纽约举行了旨在讨论"社会、公民、宗教状况以及女性权利"

---

① Allen, A. T. Spiritual Motherhood: German Feminists and Kindergarten Movement, 1848—1911 [J]. History of Education Quarterly, 1982(3): 251-269.
② Goodman, J. & Martin, J. Breaking Boundaries: Gender, Politics, and Experience of Education [J]. History of Education, 2000(5): 383-388.

问题的会议。这次会议标志着美国女性主义运动的诞生,会议宣言也成为美国女性主义的时代宣言。美国的妇女史学研究是与美国女权主义运动紧密结合在一起的。史蒂芬森(June Stephenson)在《女性的根源:西方妇女史》中论述了女性教育的问题,认为:"19世纪中期以前,中产阶级以上家庭的女儿也接受一些基础教育,不过那时女孩子的教育与男孩子完全不同,其目的是培养合格的家庭主妇。"①

19世纪后半期至20世纪20年代,美国各州相继颁布了《义务教育法》,使得美国的男孩和女孩都有平等的权利进入初等学校接受教育,美国妇女教育史在美国妇女史中孕育而生。1929年,美国进步主义教育史学家托马斯·伍迪(Thomas Woody)出版两卷本的《美国女子教育史》(*A History of Women's Education in the United States*),这是美国第一部综合性女性教育史著作,标志着美国女性主义教育史学的确立。这一时期美国女性主义教育史学研究的特点表现为从美国妇女史到美国妇女教育史的转变;主要研究精英妇女和上层妇女教育,以及美国公立学校里的妇女教育;主要采取编年的研究方式,信奉直线进步史观;注重史料的客观性和实证性,史料多来自官方档案。

2. 从美国妇女教育史到美国妇女—社会性别教育史

20世纪60年代以来,第二次女权运动在美国爆发,女性主义者通过各种活动把个人解放的目标同改造社会结合起来,不仅力图从社会政治、经济原因认识女性的处境,也看到女性作为被压迫的群体所承受的心理压力,试图从社会中而非从男女两性天生的差异中寻求被压迫的根源。与此同时,美国教育史学也开始从传统史学向新史学迈进,借鉴社会科学的理论和方法进行跨学科的研究,即社会科学史学。美国的教育史学家已不满足于在写作中简单添加女性教育的内容了,而是在妇女教育史研究中引入了社会性别的概念。

从社会性别视角研究美国女性主义教育史有以下特点:对象身份从一元变成多元,从单纯作为一个妇女(女孩)转向在多重社会关系和权利构成

---

① Stephenson, J. Women's Roots: The History of Women in Western Civilization[M]. Palm Desert: Diemer Smith Publishing Company, 1988:253-254.

下的女性;突破了"生物决定论"下的女性被压迫根源探究,转向从社会制度中寻求不平等的真正历史根源;美国社会科学新史学流派的研究方法对女性主义教育史研究有深刻影响,跨学科的社会科学或行为科学的研究方法成为主流的研究方法,技术手段大量运用,学术研究的组织形式从个体走向群体;史料的范围大大拓宽,妇女开始开口说话,妇女的经历和生活成为史料的重要来源。

3. 后现代史学对美国女性主义教育史研究的影响

20世纪80年代以来,是西方女权运动的新时期。该时期美国女性主义教育史学有两个特点:一是与后现代的史学理论紧密相连;二是结合当代政治、经济和科学技术的发展追求教育上的两性平等和公正。后现代主义史学对美国女性主义教育史学的影响表现在以下几个方面:努力打破生理性别与社会性别之间的二元对立,重点研究文化史的妇女——社会性别史;倾向于多元解释,将性别维度与相关因素如政治、经济、种族、阶级和性向等结合起来研究;倾向于认同文学和史学的写作技巧,对历史表现语言的风格和形式的关注是写作的主要基调。1998年,琳达·艾斯曼(Linda Eisenmann)编著了《美国女子教育的历史辞典》(Historical Dictionary of Women's Education in the United States),该书旨在阐明美国女性教育历史不总是一部进步的历史。该书的编撰方式完全突破了传统教育史学的编年体写作模式,虽然是历史写作,但是编年体撰写的内容只在前言部分作为背景知识简要概括,著作中主要使用辞典撰写的方式,体现了后现代的编撰模式。① 这部著作也是后现代美国女性主义教育史学的代表作品,标志着美国女性主义教育史学走向成熟。

美国后现代女性主义教育史学的特点表现在:从关注上层或精英妇女教育到关注"小人物"中下层劳动妇女的教育,从关注主流妇女群体即中产阶级白人妇女到关注边缘妇女群体,如黑人妇女、土著妇女等;将心理学和文化学运用到女子教育史研究,强调心态——文化史,重点描绘妇女真实的教育生活状态以及在教育中体现出来的妇女心理、文化的变化;主张在女性主义教育史学内部实行模式转换,即从只关注事实到更关注话语,要求打破女

---

① Eisenmann, Linda. Historical Dictionary of Women's Education in the United States [M]. Westport: Greenwood Press, 1998: xii.

性与男性二元对立模式,将妇女从男人的"他者"位置中解放出来。总之,美国后现代女性主义教育史学更加关注差异以及文化、历史的特殊性和多元性,提出了整合的思维模式。

4. 走向全球视野的美国女性主义教育史研究

2001年,玛丽(E. Merry)和汉克斯(Wiesner Hanks)编著了《历史中的性别:一种全球的视野》(*Gender in History:Global Perspectives*)一书,从全球化视角审视性别教育和文化之间的关系,阐述了古典和后古典时代、文艺复兴时期以及民主、现代和自由化时期的性别教育。[①]该书也是美国女性主义教育史学走向全球化视野的标志性著作。2003年出版的《华裔美国人:历史和视角》(*Chinese America:History and Perspectives*)是一本以美国华裔女性为研究对象的论文集,比较研究了华裔美国女性和其他亚裔美国女性在美国社会中参与选举和接受教育的情况。

综上所述,美国女性主义教育史学在经历了从美国妇女史到美国妇女教育史的历程以后,在新社会科学史学的影响下,转向妇女—社会性别教育史。面对是否存在客观现实以及历史著述是否真实地再现了历史现实的问题,后现代教育史学家提出历史学家的叙述文本就是现实,认为历史过去仅是历史学家的话语,历史学家的讲述文本就是历史现实本身,语义学转向在后现代主义者手中变成了对历史学的全面批判。美国后现代女性主义教育史学摒弃了新社会科学史学的研究方法,关注对象不仅包括上层妇女,也包括底层和处于历史边缘的女性真实的教育体验和心理。但后现代主义带来的是历史的碎片化危机。在全球化时代背景下,如何用全球眼光来审视美国女性主义教育史成为研究者思考的问题。美国女性主义教育史学是对以男性为主导的美国教育史的全面批判和反思。在美国女性主义教育史学内部也经历了从思辨走向批判、从批判走向分析、从分析走向叙述的历史历程。

(二)英国女性主义教育史研究现状

19世纪末20世纪初,英国教育史学家就开始关注妇女教育,至于从女

---

① Merry, E. & Hanks, Wiesner. Gender in History:Global Perspectives [M]. New York:Wiley-Blackwell Press, 2011:170-182.

性主义立场进行教育史研究则始于1975年《性别歧视法》(*The Sex Discrimination Act*)的颁布。它首次以立法的方式宣布在教育等公共生活里的性别歧视行为是非法行为,有力推动了妇女教育史研究。

20世纪70年代,1975年,维奇(Adrienne Rich)指出,应该建立以女性为中心的大学。卡罗尔·戴豪斯(Carol Dyhouse)认为,虽然20世纪初以来已有对早期女性教育家或女子教育机构的研究,但是传统教育史学研究过于重视男性教育家和男性教育机构的研究,对妇女教育的关注不够。教育史研究不仅是男子的教育史,也应是女子的教育史。此后,英国教育界对中产阶级女孩子的教育问题日益关注。这既是女权主义者努力争取的结果,也是这一时期启动普通教育改革的结果。布莱恩特(M. Bryant)在《意外的革命:19世纪妇女和女童教育史研究》(*The Unexpected Revolution: A Study in the History of Education of Women and Girls in the Nineteenth Century*)一书中指出,传统的教育史研究忽视了妇女和女童教育史研究。戴豪斯和布莱恩特的研究主要关注上层社会和中产阶级的妇女教育,很少论及下层社会妇女和女童的教育,基本上对女权运动采取保留态度,不希望夸大早期妇女教育对女权运动的影响。

20世纪80年代至90年代初,随着妇女—社会性别史的发展,社会性别越来越成为国际社会和政府使用的衡量人类发展的一个重要指标。一部分英国教育史学家不满足于前一阶段传统教育史学的妇女教育史研究,指责先前教育史学家过多关注中产阶级妇女的教育,忽视了更广大的劳工阶级;批判先前教育史学家只是简单地把妇女教育和女童教育"添加"到教育史研究中,而没有从社会、心理和文化的角度去分析妇女教育史和女童教育史,或者完全将妇女与男性从性别上对立起来。

在20世纪80年代,对于在教育史研究中是否引入性别分析范畴的问题,英国教育史学家有不同的看法,一场关于性别与女性教育史的争论就此展开。争论由艾利森·麦金农(Alison Mackinnon)发起。他在《与历史和理论联系在一起的妇女教育》(*Women's Education Linking History and Theory*)一文中认为,教育史研究忽视了性别这一重要因素。但在学校里关于性别的划分和再现的分析还不能充分地处理妇女教育史的问题,而只能将性别作为对过去和现在

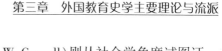

学校如何运作的一种理解方式。①库耐(R. W. Connell)则从社会学角度试图证明性别和阶级学科是在学校里通过一个复杂过程形成的。②艾利森受库耐的影响,从社会、课程和女性主义理论的视角回顾妇女教育史的发展过程,认为关于性别的理解能够为教育史研究打开一种研究思路。③

1988 年,《教育改革法案》(Education Reform Act)颁布。1989 年,工党提出关于教育的政治观点,要从根本上改变教育的不平等问题,这些都加速了关于性别与妇女教育的关系问题的争论。博维斯(June Purvis)、高摩塞(Mega Gomersal)和弗利特(Keith Flett)首先围绕 19 世纪英国劳动阶级妇女的阶级、性别和教育的问题展开了激烈的争论。其后,就性别和阶级的关系问题以及妇女教育史在教育史研究中的地位等相关问题进行了争论。博维斯和高摩塞认为,在劳工阶级工厂环境里的女性教育与男性教育是不平等的。而弗利特认为,不能简单地认为两者的教育是不平等的,因为教育、性别、阶级和劳工阶层的政治运动之间的关系是非常复杂的,讨论妇女的教育问题必须把性别、政治、经济等因素联系起来,才能展现妇女教育的全貌。弗利特指出,自 1968 年以来,教育史研究已经发生了重要变化,妇女教育已占据教育史研究的中心地位,开始重视妇女和女权史以及来自于下层阶级运动的整体史。④博维斯认为,现在大学里男女是不平等的,占主导地位的还是男性,距离维奇提出的建立"以女性为中心的大学"的梦想还很远。⑤之后,博维斯站在女性主义的立场上进行了一系列的研究,批评英国教育史学界面对女性主义的挑战表现出行动迟缓,提出应从女性主义视角来研究教育史,女性主义研究是一个复杂的过程,可以给我们提供一些关于妇女经验的深刻见解。这场争论推动了女性主义教育史学的发展,不少学者纷纷撰文从女性主义的立场来研究教育史。

---

① Mackinnon, A. Women's Education Linking History and Theory [J]. History of Education Review, 1984 (2): 13.
② Connell, R. W. et al. Making the Difference: Schools, Families and Social Division[M]. Georage, Allen & Unw in Sydney, 1982: 3-5.
③ Mackinnon, A. Women's Education Linking History and Theory [J]. History of Education Review, 1984 (2): 14.
④ Flett, K. Sex or Class: The Education of Working-class Women and Men in Mid-nineteenth-century England [J]. History of Education, 1995(2):159-164.
⑤ Purvis, J. The Politics of History Writing: A Reply to Keith Flett[J]. History of Education, 1995 (2):173-183.

进入 21 世纪,英国教育史学者开始将社会性别与政治、经济和教育等其他相关因素联系起来进行研究。如英国学者古德曼(J. Goodman)和马丁(J. Martin)在《打破分界线:社会性别、政治学和教育经验》(*Breaking Boundaries: Gender, Politics, and Experience of Education*)一文中指出,近几年来,历史学家受到妇女、女性主义和社会性别史的挑战。考察教育史中的社会性别状况和男女两性教育经验的历史研究急剧增加,教育理论和女性主义研究中将社会性别和权力联系起来进行研究,其结果是拓宽了教育史的研究领域。①古德曼和马丁在理论上呼吁要打破性别、教育和政治之间的分界线,琳迪(Lindy Moore)则首次将社会性别与宗教信仰、教育、国内政治环境及经济等因素联系起来进行女性教育史研究。米切莉(Michele Cohen)受琳迪的影响,提出了将社会性别与其他相关因素一起引入教育史研究的一些方法。马丁认为,运用社会性别的分析范畴进行教育史研究已经是目前比较流行的一种研究趋势,社会性别已经从教育史的边缘地带走至中心地位,应把政治和社会性别紧紧地联系起来。至此,英国女性主义教育史学在理论和实践上成功地由简单的"添加"妇女教育史转向了妇女—性别教育史。

(三) 加拿大女性主义教育史研究现状

1989 年春天和秋天,妇女史协会分别召开两次会议,讨论公立教育研究和妇女史研究之间存在的隔阂。1990 年 2 月,加拿大安大略妇女史学协会举办会议,专题讨论妇女史与教育史的结合问题,加拿大教育史学者尝试从各个方面对加拿大女性教育史进行分析和研究,妇女的经历开始占据了教育文献的主流。德拉蒙德(Anne Drummond)在其《社会性别、职业和负责人:魁北克新教徒研究院的教师,1875—1900》(*Gender, Profession, and Principals: The Teachers of Quebec Protestant Academies, 1875—1900*)中认为,20 世纪 80 年代,加拿大教育史学家已就 19 世纪公立教育的起源问题进行了讨论,他们更多地集中在魁北克公立学校的历史以及关于学校组织机构的产

---

① Goodman, J. & Martin, J. Breaking Boundaries: Gender, Politics, and Experience of Education [J]. History of Education, 2000(5): 383-388.

生上,而很少从社会性别的角度关注公立学校教师。①伴随着性别平等意识的不断深化,女性主义教育史学家开始从关注女性教育者转向探讨社会性别视角下的女性教育者的动机以及其教育改变产生的复杂条件。

加拿大教育史学家对女性主义教育史的研究热情一直不断,20 世纪,在加拿大教育史协会会刊《教育史研究》设专刊研究女性主义与女性教育的问题。到了 21 世纪,加拿大女性教育史研究开始有了新的发展,无论从研究方法、研究内容还是对史料的选择上都体现了加拿大教育史学者的创新。

首先,宗教和加拿大教育有着很深的联系,加拿大女性主义教育史具有浓厚的宗教色彩。19 世纪以来,英国、澳大利亚和北美等国女性教育的支持者们(清教徒或天主教徒)都曾积极为女性创建学校。在这场风潮的影响下,加拿大安大略省的循道宗教徒、浸礼宗教徒、长老会教徒以及天主教徒纷纷组建女子学校,以满足教徒中年轻女性的教育需要。1996 年,戴安娜·林恩·彼得森(Diana Lynn Pedersen)在《日益改变的女性和历史:妇女史参考资料》(Changing Women, Changing History: A Bibliography of the History of Women in Canada)一书中,专列一章来阐述宗教与加拿大女性教育史之间的关系。②彼得森认为,在 20 世纪 70 年代的加拿大教育史研究中并不关注宗教的影响,因为那时的女性主义史学家认为,宗教作为一种意识形态体现了女性的反抗意识,是比较敏感的话题。但自 20 世纪 90 年代以来,加拿大的女性历史学者尤其关注殖民地背景下,种族、跨文化因素对女性教育史的影响。有关加拿大再洗礼教徒中的女性尤其是门诺教徒的研究也成为热点。飞利浦·麦卡恩(Phillip McCann)则在彼得森的基础上将宗教、社会性别和阶级因素综合运用到女性教育史研究中,在《阶级、社会性别和宗教:纽芬兰教育:1836—1901》一文中指出:"社会经济阶层并不足以促进个体和社会的发展,此外,不得不承认社会性别、种族划分以及宗教因素也都具有强大的力量,指导社会政治的发展方向。"③

---

① Drummond, A. Gender, Profession, and Principals: The Teachers of Quebec Protestant Academies, 1875—1900[J]. Historial Studies in Education, 1990(1):59-71.
② Pedersen, Diana Lynn. Changing Women, Changing History: A Bibliography of the History of Women in Canada[M]. Ottawa: Carleton University Press, 1996:167-181.
③ McCann, P. Class, Gender and Religion in Newfoundland Education:1836—1901[J]. Historical Studies in Education, 1989(Fall):181.

其次,将传记、日记列入加拿大女性主义教育史研究的范畴。20世纪70年代,加拿大教育史学家开始借助传记、日记等新颖的研究资料对加拿大女性教育史进行研究。将传记列入教育史研究的范畴是加拿大教育史研究的新特点。在传记是否属于教育史研究范畴的问题上,加拿大英属哥伦比亚大学教授威廉·博纳(Willian Bruneau)认为:"从三种意义上看传记也具有教育意义。其一,如果我们认定教育就是不同人对不同事物的多种解释持开放思维的态度的活动,那么,从定义上我们认为传记就是有教育意义的,传记作者也是教育者。其二,认为教育是习得专业知识、获得民族认同、接受意识形态和价值观的,这种教育一般发生在学徒制、辅导制下,教育的目的是显见的。传记题材中有人一生中经历过的教育,传记作者希望写出可信的生活故事。其三,教育被界定为一种机构、显性课程、软硬兼施的手段、教学法,或者是应对激烈生活的斗争资本,传记应该包括正规教育的生命书写,而不仅仅是一种关于正规教育的历史展望。"①卡特(Kathryn Carter)等编著的《生活的小细节:1830—1996年加拿大妇女的20封日记》(*The Small Details of Life:20 Diaries by Women in Canada,1830—1996*)一书以妇女日记作为研究资料,认为这样做是为了丰富加拿大妇女教育史,倾听那些"不知名的"(unknown)妇女的声音。罗尼约(Johanna Selles Roney)在《切尔滕纳姆的加拿大女孩:日记作为一种历史资料》(*A Canadian Girl at Cheltenham:The Dairy as a Historical Source*)一文中指出,近年来,日记已经成为加拿大女性主义教育史研究中的新资料,日记是一种自传式的呈现,也是一种叙述式的呈现,日记可以让读者洞悉那些不为人知的个体的生活,而这种生活恰能在时间和空间上丰富历史,在教育史中,教师和学生的日记可以给史学家提供在官方资料中不曾出现的学校生活记录。

最后,社会性别是加拿大女性主义教育史研究重要的分析范畴,研究者们对此倾注了很多心血。早在20世纪,加拿大教育史学者就开始在《教育史研究》中设专栏来探究女性教育的历史。20世纪70年代,在新社会史的影响下,加拿大教育史学家将"社会性别"概念引入女性主义教育史研究中,教育史学者围绕社会运动与女性教育之间的关系问题展开了论述。简·加

---

① Bruneau, W. Must Biography Be Educational? [J]. Historical Studies in Education, 2000 (Fall):185-188.

斯克尔(Jane Gaskell)在《加拿大和澳大利亚教育中的妇女运动:从解放和性别主义到男孩和社会公正》(*The Women's Movement in Canadian and Australian Education: From Liberation and Sexism to Boys and Social Justice*)一文中,运用比较研究方法分析了1970—2000年间妇女运动对两国教育政策的影响,重点研究20世纪70年代至80年代,在女权运动的影响下,女性要求解放意愿使加拿大学校中的"性别主义"日益消减。

20世纪90年代,女性解放运动开始转变为女性主义运动,史学家开始放弃对女性群体的研究,转而关注女性群体内部的个体差异,社会性别问题成为加拿大女性主义教育史学研究的主流问题。为了详细阐述女性主义教育史学观,简·加斯克尔还专门出版了《理应获得教育:女性主义与加拿大学校》(*Claiming an Education: Feminism and Canadian Schools*)一书,阐述了四个方面的内容:女性在教育系统中的平等权问题;学校课程中的女性主义;母亲、婴儿照护者以及教师大多为女性,应该给予她们什么样的教育;社会主义女性主义政治与教育问题之间的关联。加斯克尔运用女性主义视角重点分析加拿大学校系统中的社会性别问题。

综上所述,美国、英国以及加拿大等国的教育史学家都认为,应该从社会性别的维度和视角来分析教育史:不但要关注社会性别关系结构中两性的教育关系,还要把社会的性别关系视为与经济的、阶级的、民族的等相关联的范畴;即强调在将社会性别视角引入教育史研究的同时,运用多学科、多视角和跨学科的方法,注重妇女的教育和与之相关的社会现象。社会性别不但是妇女教育史研究的核心概念和基本范畴,而且成为整个西方教育史研究的一个观察、分析、阐释的新视角、新方法。也就是说,社会性别的维度和视角一经进入西方教育史研究,就给西方教育史注入了新的活力,大大延伸拓展了教育史研究的视野、空间和深度。

第六节 多元文化主义教育史学

多元文化主义(multiculturalism)是当代世界一种极为引人注目又充满争议的现象。各国的多元文化主义政策实践和理论思潮丰富多样,要对多元文化主义理论作一个完整的概括有相当大的难度。作为一种意识形态,多元文化主义对西方各国传统的思想和价值体系提出了严肃的挑战,促使人们重新思考自己的历史和未来。从当代美国的情况来看,多元文化主义的主要用法有:第一,作为一种教育思想和方法。20世纪70年代当多元文化主义的概念第一次出现时,它的目标是在中小学教育中增加对不同民族和族裔的文化传统的理解。第二,作为一种历史观。尤其强调对传统的美国历史知识内容的改革。第三,作为一种文化批评理论,常与后现代主义、结构主义和女性主义归为一类,被看成是向传统西方文明知识霸权进行挑战的一种话语。第四,被看成一种"冷战"后的新世界秩序的理论。[①] 在上述氛围下,多元文化主义教育史学也发展起来。

一、多元文化主义概述

多元文化主义一词极富争议,从政策实践和理论思潮两个维度展开剖析,可以有一个相对确定的把握。最早开创了多元文化的民族政策的国家是瑞士。但对多元文化主义赋予明确内涵的关键国家显然是加拿大。西方不少移民国家近几十年来也在不同程度上推行多元文化主义民族政策,并取得不同成效。

(一) 政策实践

一般认为最早是瑞士开创了多元文化的民族政策。瑞士的主要语言是德语、法语和意大利语,三个不同民族后裔和谐地成为瑞士人,其中缘由之一是受益于瑞士1957年制定实施的多元文化政策。但对多元文化主义赋予明确内涵的关键国家显然是加拿大。加拿大一直困扰于魁北克问题,纵使到了今天,魁北克依然是个难解之结。也正是这个症结推进了加拿大民族政策的变化发展,尤其是推进了其享誉世界的多元文化主义政策的实施。加拿大在20世纪60年代末逐渐接纳了瑞士的多元文化民族政策经验。1971年,加拿大联邦政府宣布加拿大实行新民族政策——多元文化主义民族政策。[②] 1982年,加拿大修改宪法,这一新的民族政策正式载入宪法。

[①] 王希. 多元文化主义的起源、实践与局限性[J]. 美国研究,2000(2).
[②] 王俊芳. 加拿大多元文化主义政策[M]. 北京:中国社会科学出版社,2013:19.

1988年,加拿大联邦议会正式制定颁布了以多元文化主义为指向的文化法。至此,加拿大的多元文化主义政策实践全面深入铺开,对加拿大乃至对世界产生了深远影响。[①]

西方不少移民国家近几十年来也多少尝试过推行多元文化主义民族政策,但成效各不相同。德国总理默克尔曾在2010年10月公开表示"德国试图建立多元文化社会的努力已经彻底失败"。而英国自卡梅伦上台执政后也有了政策转向——卡梅伦认为英国必须放弃失败的多元文化主义,这也或许可以从晚近英国移民政策加强了英语语言要求上一窥其转向的细微之处。当然,也并不是所有其他国家都这么悲观失望,澳大利亚、新西兰在多元文化主义民族政策实践上要相对乐观,尽管其内部也存在争议和批评。作为加拿大的邻邦,美国对多元文化主义政策的对待处理要暧昧得多。美国的种族问题由来已久,多元文化主义无疑为其提供了一剂可供选择的药方。各州因为"州情"不同,相应的问题与对策迥异。加州的亚裔移民较多,而与墨西哥毗邻的几个州则主要是拉美裔移民,中部一些州则保留相当的印第安人区域。这些少数群体文化与美国主流盎格鲁-撒克逊文化之间的复杂关系为多元文化主义政策提供了用武之地,也导致了美国问题与对策的复杂化。

概而言之,当代多元文化主义政策实践主要集中在西方移民国家[②],其政策实践主要基于移民、少数种族、原住民等少数派的权利诉求。以相对乐观的态度看,目前西方几个发达移民国家的多元文化主义政策实践还是较为成功的,但其政策实践尚未得到普遍接受和认同。一些国家已经明显出现反对多元文化主义政策的转向;即使是仍然坚定奉行多元文化主义政策的国家,其内部也有不同乃至批评反对的声音,如澳大利亚就有议员推动反多元文化主义政策的呼声。而"9·11事件"的爆发,不仅导致美国保守势力的上升,也给世界多元文化主义政策实践带来负面的影响。

(二) 理论思潮

政策实践可以催生理论思潮的出现,理论反思可以促进政策实践的改

[①] 王俊芳.加拿大多元文化主义政策[M].北京:中国社会科学出版社,2013:117-118.
[②] 多元文化主义政策不是西方的专利品,亚洲的新加坡也奉行着一定的多元文化主义政策。

进。多元文化主义政策与多元文化主义理论思潮之间可谓相生相长。世界各地的多元文化主义政策实践斑驳陆离,而多元文化主义的理论论争同样是争议迭出。

伴随加拿大多元文化主义的政策实践,当代多元文化主义理论的坚定擎旗手——威尔·金里卡(Will Kymlicka)诞生了。[①] 金里卡的多元文化主义理论指出,多元文化主义与自由主义是可以兼容并存的两种意识形态。多元文化主义的差异化平等可以克服自由主义平等过于形式化的问题,从而追求、实现更有深度和意涵的平等。但这种差异的承认并不是要完全否认自由主义的根基,正如加拿大的多元文化主义政策实践奠基于加拿大联邦共同体之上,金里卡为多元文化主义理论辩护并不想抱着差异文化走得太远,差异文化权利的特殊性并不能否定、脱离当代普遍权利的基本诉求。

多元文化主义就理论层面来检视,至为关键的是与自由主义的关系问题——两者是否具有兼容的可能和必要。另一个带来多元文化主义理论争议的缘由则纯粹是视角范围的问题,即多元文化主义的边界到底在哪里? 多元文化主义能否涵盖女性主义,女性是否有必要或可能基于多元文化主义的差异政治提出身份诉求? 这是对女性的一种危害吗?[②] 类似地,多元文化主义能否回答少数宗教团体提出的权利诉求? 这些争议和挑战的提出,给多元文化主义一个提醒:你的边界到底在哪里。这也意味着当代多元文化主义论争的另一个缘由是理论者对多元文化主义适用范围宽窄的偏好。

二、多元文化主义教育史研究的主要观点

教育史学家在进行教育史研究时总有一些先决性的思路和问题。这种先决性或基础性的思考,无论是自觉的还是下意识或潜意识的,无论是相对完整性、体系性的还是只言片语、不成系统的,都是教育史研究叙述得以形成的前提预设。任何一种教育史叙述或解说,不可避免地是从某种哲学的前提假设出发的,这是研究西方教育史学不可避免的哲学方法论问题。教育史作为历史学的一个子学科,历史哲学的前提预设对教育史研究自然有

[①] 王俊芳. 加拿大多元文化主义政策[M]. 北京:中国社会科学出版社,2013:4.
[②] 李丽红. 多元文化主义[M]. 杭州:浙江大学出版社,2011:175.

重要的价值和意义;而除此之外,教育史研究写作还难以避免政治哲学的牵引,差别所在只是这种牵引力度的强弱而已。多元文化主义教育史研究反映了教育史研究内涵的一种价值取向和政治立场。一种教育史研究之所以能称之为多元文化主义的,从根本上来说在于教育史研究过程中的价值取向和价值指引,反映了教育史研究者或强或弱、或宽或窄的多元文化主义观念。

(一)少数派报告

无论教育史研究者对多元文化主义的看法存在多大差距,一般都认同对少数族群教育问题和历史的关注。在北美大陆,加拿大土著人和美国印第安人的教育历史基于部落权利得到一个新的审视。曾经被认为是落后的应该被同化的文化在多元文化主义教育史研究的视域中,获得继续保留和发展的权利。类似地,移民后裔的边缘身份和弱势地位,在多元文化主义教育史研究中要求得到一种补偿性对待。美国的非裔、拉美裔的教育,北美大陆的华裔、亚裔的教育与文化,在国家公共教育的基础上,呼吁和践行自身文化传统的教育和传承,特别是对母语教育的关注和呼唤。多元文化主义教育史研究在重写国家教育历史的过程中,给予了主流文化教育之外的少数与边缘的文化,较之以往更多的关注,不仅仅是简单的篇幅笔墨,更为关键的是对少数群体的一种权利认可和文化尊重。也正是由于多元文化主义教育史研究这种偏爱少数和边缘的特性,在发达移民国家或地区,这种倾向的教育史研究相对而言较为活跃,也更有机会。移民后裔和土著人重写教育历史的心理驱动,加上主流价值文化地位的某种弱化和相对宽容,多元文化主义的教育史话语开始在曾经如日中天的教育历史史诗模式中打开一些缺口。正如多元文化主义教育史写作给出的是一份少数派报告,传递的是有别于传统主流教育历史的话音,这种教育史研究本身也处于一种弱势地位,是研究领域的一种少数和另类。

(二)族群关系论

由于多元文化主义教育史研究不可避免地涉及教育历史领域的族群关系,研究者对族群关系的基本立场和看法也成为检验其"多元文化主义"成色的一个重要指标。在西方社会,长久以来就有一种"盎格鲁认同",宣扬白人至上。所谓美国主流文化即 WASP(White Anglo-Saxon Protestant,泛指信奉新教的欧裔美国人)文化,加拿大同样也是如此。与这种文化观念相适应的是一种民族"熔炉"思想。这种族群观下的教育史研究,无论研究者是否看到少数群体的存在,是否以及多大程度上尊重少数群体文化,其教育历史谱写的故事篇章终归是主流价值文明的统一赞歌。少数群体的教育历史在其史诗叙事之中只能成为被同化的情节趣事,而且这种历史过程往往还是和谐的、进步的。与之相对,多元文化主义教育史研究的立场首先是文化与社会的多样性。少数群体在参与主流社会,融入主流文化的同时,保留与原有文化密切关联的权利。而且,少数群体的文化权利具有必要性和重要性。从多元文化主义教育史的研究视角来看,在教育历史进程中,那种强调主流文化对土著文化、少数族裔文化的胜利并非那么人道、那么正当。用斯普林的话说,那就是一场文化战争!黑人教育、土著教育,如果只是纯粹为了同化其进入所谓"白人社会",在多元文化主义教育史学看来,没有传统教育史学宣扬的那样成功。那种教育和历史虽有其一定的合理和必要所在,却难以从根本上获得多元文化主义教育史研究者的认可。黑人或印第安人的"去文化化",表面上似乎使其进入主流价值社会,但那些故事实际上往往使得黑人和印第安人成为"双重的外乡人"。文化多样性的存在不仅是客观的现实,也是一种客观的优势,多元文化主义教育史研究更多地坚持和强调文化多样性。

(三) 语言教育观

在教育历史和现实领域,与这种族群关系和文化多样性问题密切相关的是语言教育问题。语言权利和双语教育成为多元文化主义教育史研究不可回避的话题。加拿大魁北克的法语教育、加拿大联邦范围的土著语言教育以及亚裔语言教育;美国印第安语教育、西班牙语教育、黑人英语教育,甚至加州的汉语教育;类似的情况在澳大利亚、新西兰屡见不鲜;而新西兰的毛利语教育甚至已经获得了相对优势的主流地位。种种政策或有起伏,而学者争论从未停歇。多元文化与多元语言具有相关性。多元文化主义教育史研究对语言教育的历史抗争保持着敏锐的触角:波多黎各与杜鲁门总统围绕着学校里西班牙语教育的法案较量,成为教育历史的重要故事情节和内容。① 在多元文化主义者看来,学习官方语言,参与主流社会与学习母语,进行双语教育,并不矛盾,而且应该相互促进。双语教育或多语教育可以帮助少数群体在主流文化的包围之中避免自身文化传统的销声匿迹。在多元文化主义教育史学的故事里,二元文化教育和双语教育,可以让主流文化成为一个少数群体文化框架中的一个方面,而不是仅仅成为对其家乡文化的征服者、疏离者。奠基于这种语言教育历史观,多元文化主义者希望倡导一种语言的人权保护,甚至建议以国际盟约的方式来保护和落实边缘语言的教育权利。②

三、多元文化主义教育史研究的美国个案

在当代西方国家,多元文化主义教育史研究尚是一个年轻的身影。各国多元文化教育的实情相去甚远,而教育史研究者本身对多元文化主义的概念理解和使用规定也不统一。

20世纪90年代美国社会中出现了一种极为引人注目又充满争议的现象——多元文化主义。就社会现实来说,美国的种族问题自民权运动以来虽有不同程度改善,但始终是社会的一个恶疾。伴随着黑人争取权利的艰难历史过程,各种少数群体如拉美裔群体、印第安人群体等,逐渐发出了更强的声音。而少数宗教团体乃至同性恋组织等,在20世纪后半叶日益获得更多的活动空间和话语权。客观地说,美国社会多元化的状态,美国文化的多样性在不断地加强、呈现。在这种多样性的历史过程中,文化多元主义逐渐发展到多元文化主义。作为一种意识形态,多元文化主义对传统的美国思想和价值体系提出了严肃的挑战,促使美国人重新思考美国的历史和未来。

就教育领域而言,多元文化主义的最低追求目标是在中小学教育中增加对不同民族和族裔的文化传统的理解。不过,对主流文化与少数文化关系处理、看待问题上存在的立场分歧,不同的多元文化主义者看待美国(教

---

① 〔美〕斯普林.美国学校:教育传统与变革[M].史静寰,等译.北京:人民教育出版社,2010:321-322.
② 〔美〕斯普林.美国教育[M].张弛,张斌贤,译.合肥:安徽教育出版社,2010:177-179.

育)史也存在不小的差别。如果寻求一定的共识和最大的公约数,以下几点备需关注:(1) 美国是一个由多元民族和族裔构成的国家,美国文化是一种多元的文化;(2) 不同民族、族裔、性别和文化传统的美国人的美国经历是不同的,美国的传统不能以某一个民族或群体的历史经验为准绳;(3) 群体认同和群体权利是多元文化主义的重要内容,也是美国社会必须面临的现实。① 正如多元文化主义者内部有着或宽或窄的看法,美国的多元文化主义教育史研究的确也存在明显的范围分歧。

(一) 斯普林模式

美国教育史家斯普林属少数群体,具有纯正的印第安人血统,并有明确的自我认知,非常强调自己的"血统"和"登记在册"的美国印第安人身份,② 其教育史名著《美国学校》反复再版,但"文化战争""文化控制"的基调始终未变。在《美国学校》一书中,斯普林从多元文化主义的视野出发,以"文化控制"为关键词,讲述了一个与美国传统教育史家库伯莱差异很大的美国学校史的故事:从一开始,英国殖民者就认为他们的文化相对美国土著文化具有优越性,并试图将自己的文化强加在土著美国人身上。与此相反,土著美国人则将英国文化视为本质上是剥削性的和压迫性的,并对殖民者想要改变他们的文化的企图进行了抵抗。建国后,新的美国政府领导人则希望创造一种以"新教—盎格鲁—美国的价值观"为核心的民族文化。在斯普林看来,每个历史时期都有一部分少数种族被排斥在公立学校大门之外。斯普林关于美国公立学校教育的基本学术思想逻辑和立场服膺于施蒂纳的著名警示:"通过学校控制思想的传播很快将成为现代国家进行统治的重要手段。"③ 在其教育哲学代表作《脑中之轮:教育哲学导论》中,斯普林自述他写作这本书是为提出一个包括人权教育在内的具有法律约束力的教育权利方案,以应对官办学校的专制倾向,实现教育得以保护自己和他人人权的道德义务。④ 由此反观斯普林的《美国学校》,可以得出斯普林的美国教育历史故

---

① 王希. 多元文化主义的起源、实践与局限性[J]. 美国研究,2000(2):44-80.
② 〔美〕斯普林. 美国学校:教育传统与变革[M]. 史静寰,等译. 北京:人民教育出版社,2010:1.
③ 〔美〕斯普林格. 脑中之轮:教育哲学导论[M]. 贾晨阳,译. 北京:北京大学出版社,2005:67-72.
④ 同上注,1.

事暗含着对少数群体的自我身份和文化的认同与骄傲。这种身份意识和文化归属让斯普林更容易看到和尊重美国历史和文化中的边缘和少数。类似地,克雷明在《美国教育》中虽然也提到了黑人和印第安人遭受不公正待遇,但克雷明从当时在美国占主流地位的"一致论"史学观点出发,更多地强调文化的交流和融合,从而谱写出的是美国教育历史的进步浪漫史诗。斯普林自我认同少数与边缘,面对主流价值和文化,斯普林渴望得到尊重、得到承认,互享一种差异的认同。这一点是斯普林与传统教育史学、温和修正派教育史学截然不同的立场和态度。

(二) 法斯模式

斯普林教育史研究的多元文化主义取向集中体现在其对美国公立学校的关注之中。这一多元文化主义教育史研究视域集中,立场鲜明,可谓是美国多元文化主义教育史研究的重要一端。另一值得审视的多元文化主义教育史研究则显得宽泛得多。1991年,美国《教育史季刊》组织了一个题为"理解20世纪的美国教育"的论坛,主要围绕法斯(P. Fass)的新作《少数群体和美国教育的转变》进行了专题讨论。参加该论坛的人有富兰克林(V. Franklin)、戈登(L. Gordon)、塞勒(M. Seller)和法斯本人。富兰克林认为法斯没有全面理解美国文化,其对美国教育历史的进步运动的解释过于强调"自由主义"的作用,以至于其对19世纪末20世纪初的美国教育史解释难免偏颇。戈登探讨了美国高等妇女教育中的多元文化问题。塞勒论述了移民问题和天主教问题与美国多元文化之间的关系。作为某种回应,法斯探讨了美国学校在调节多元文化问题上的多种途径。[1]

或许不似斯普林有印第安人的血统驱动,法斯在其代表作中没有对美国印第安人教育历史展开阐述,但这不影响法斯对少数群体教育历史问题的关注。法斯回顾了20世纪三四十年代的黑人教育,批判和控诉了历史上黑人极为有限的教育权利和广为存在的教育歧视。[2] 当然,法斯不是全然不

---

[1] Franklin, V. P. et al. Understanding American Education in the Twentieth Century[J]. History of Education Quarterly,1991(1):47-66.

[2] Fass, P. S. Outside in Minorities and the Transformation of American Education [M]. New York: Oxford University Press, 1989:115-117.

顾教育领域的个人差异,他也追溯了美国教育历史进程中的 IQ(智商)测试的历史及其科学性与不足,法斯认为正是在差异与多样性之中,教育与民主才有必要和可能。而这一点的信念来源在于法斯坚信所有美国人都是可以教育的,教育领域的差异不足以否定人受教育的可能性。同样是关注少数群体,关注多元文化,法斯眼中的少数群体的范围要宽泛得多。作为一种"少数派报告",法斯对美国教育历史关注的触角甚至延伸到了特定的宗教领域。所以,在法斯的作品中,不仅黑人教育,女性教育、天主教教育也进入了多元文化教育的讨论范围。法斯的多元文化主义教育史研究给我们展现了意义较为宽泛的另一种模式。

当然,斯普林和法斯的个案不足以覆盖美国多元文化主义教育史研究的全貌,但这两者宽窄不一的研究方式和范围,给我们提供了"兼听则明"的机会,让我们充分意识到问题的复杂性。正如有学者指出,真正意义上的多元文化主义教育不仅仅涉及非裔美国人的文化视角,"一个全面的多元文化还应该包括残疾人、妇女、同性恋和双性恋的视角"[①]。在这一更为宽泛甚至有点爆炸性的言论之下,毫无疑问,黑人以外的其他少数族群如亚裔、西班牙裔和土著居民也应该在学校的社会和文化生活中找到合适的位置。换言之,多元文化主义的教育史研究与其他视角的研究之交叉的可能与必要也在所难免。至少,较有声势的女性主义教育史研究与多元文化主义教育史研究已经展开了各自的跑马圈地。就这个意义而言,法斯在一定程度上属于一个"两栖"学人,甚至在一定语境下,作为多元文化主义教育史学人的法斯、斯普林,都有可能成为"多栖"研究者。这可能是多元文化主义教育史研究的一种先天不足,也可能是其未来发展嬗变、涅槃重生的一个契机所在。正如王希的《多元文化主义的起源、实践与局限性》一文,在肯定多元文化主义给当代美国社会带来了重要而正面影响的同时,也指出在处理群体认同与整个美利坚民族认同之间的平衡关系上,多元文化主义还没有提出一个令人信服的思路。无论多元文化主义教育史研究路向何方,注定要背负争议,蹒跚前行。

---

① 〔美〕厄本,〔美〕瓦格纳. 美国教育:一部历史档案[M]. 周晟,谢爱磊,译. 北京:中国人民大学出版社,2009:528.

第四章 外国教育史学科关键术语与核心概念

第一节 古代部分

一、原始社会与古代东方的教育

1. **成年礼**

又称"成丁礼"或"青年礼",人类社会早期原始部落考验青少年身心发展状况,从而确定其成人社会地位的仪式。

2. **青年之家**

原始社会末期部落中从成年礼演化而来的,有固定场所、固定教育对象、固定教育者和教育内容的青少年教育机构,是学校的胚胎形式。

3. **文士**

又称"书吏",古代两河流域文明古国和古埃及掌握阅读、书写和计算才能的人,是一种特殊的职业阶层。

4. **祭司**

古代埃及寺庙中宗教礼仪的主持者,一般具有较高文化,善于书写,掌握各种知识,在社会中具有较高的地位。

5. **纸草书**

又称"纸草书卷",古埃及人书写于纸莎草制成的草纸上的文献,内容涉及古埃及宗教及世俗社会生活各方面。

6. **文士学校**

又称"书吏学校",古埃及专事培养掌握阅读、书写及计算技能的文士的学校,常由享有较高社会地位的文士在自己家里开办。

7. 职官学校

古埃及中王国时期为培养能够从事专门职业工作的官吏而创设的具有职业教育性质的学校。

8. 宫廷学校

设立于宫廷以教育皇家贵胄子弟,使之学成以后出任官吏和统治者的学校。在古埃及、西欧中世纪时期都曾存在。

9. 会堂学校

古代希伯来犹太教的宗教性、系统化的学校教育机构。一般附设于犹太会堂,讲授《圣经》、律法及其他相关知识。

10. 拉比

希伯来文原意为"教师",犹太教内负责执行教规、律法并主持宗教仪式的人。精通经典律法,经常充当宗教导师和律法顾问,也在学校中讲解神学经典,传授文化知识。

11. 拉比学校

古代希伯来由拉比开设,主要向男童和男性青少年传授宗教知识和世俗文化的私立学校。

12. 马里城学校

约于公元前2100年古代两河流域文明中出现的学校,位于幼发拉底河畔南部的马里城(Mari),故名。20世纪30年代考古发现。

13. 泥板书舍

古代两河流域的苏美尔人开设的以泥板书为教材、以泥板为主要学习工具、旨在向学生传授文字及符号知识的学校。

14. 泥板书舍书写家

在泥板书舍里从事教学活动的僧侣和文士。

15. 修行

佛教徒依据佛教教义开展的一种心性锻炼活动。

16. 婆罗门寺院

古印度婆罗门教开展高等教育的场所。

17. 佛教寺院

佛教教徒修行和接受教育的重要场所。

18. 尼庵
佛教女僧修行和学习的场所。

19. 隐士林
古代印度年老退休的婆罗门学者开展教学活动的场所。

20. 森林学校
古代印度高僧在隐居之处设立的具有高等教育性质的学校。

21. 阿什仑
古代印度由研究《吠陀》经义的婆罗门教古儒设立的经义学校。

22. 图洛司
又译托尔。古代印度和孟加拉婆罗门教向贫民提供免费教育的简陋学校。

23. 巴里沙
古印度一种专供造诣较深的婆罗门学者向已接受基础教育的青年提供教学和指导的具有高等教育性质的教育机构。

24. 教士教师
古代波斯拜火教(希腊语称"琐罗亚斯德教",中国史称"祆教""火教""拜火教")教士担任的教师。

二、古代希腊和古代罗马的教育

25. 智者
原指荷马时代具有某种精神方面的能力和技巧的人。公元前5世纪中后期专指希腊城邦中以传授雄辩术和其他科学知识为职业的学者,是西方最早的职业教师。

26. 理念说
又称"理念论""相论"。古希腊哲学家柏拉图客观唯心主义思想体系的基础与核心。主张理念是超越于个别事物之外并作为其存在根据的实在,是独立而客观实在的本体,是一切事物的本源。

27. 回忆说
古希腊哲学家柏拉图所提出的建立在理念论上的认识论观点以及学习本质观。认为一切知识都是灵魂对理念世界的回忆。

28. 四德
古希腊对智慧、勇敢、节制和正义四种品德的总称,是希腊理想人格的基本品质。

29. 认识自己
古希腊哲学家苏格拉底的哲学命题。来源于德尔菲神庙的格言,主要是教人有自知之明,并以此作为理性追寻的基础。

30. 产婆术
又称"苏格拉底法""苏格拉底方法"或"精神助产术"。苏格拉底提出的一种教学方法,主张教师在与学生谈话的过程中,并不直接把知识传授给学生,而是通过讨论、问答甚至辩论的方式揭露对方认识中的矛盾,逐步引导学生自己最后获得知识。

31. 哲学王
古希腊柏拉图在其著作《理想国》中构想的理想国家统治者的形象。其核心在于利用哲学领悟的原理对国家进行治理。

32. 教仆
古代雅典侍候和陪伴奴隶主儿童学习的仆人。希腊原意为"儿童的指导者"。其职责是:陪伴儿童上学,儿童回家后帮助其复习功课,指导言语举止、应对礼仪等。

33. 体育馆
古代雅典用于训练体育运动参赛者、举办公共活动和开展哲学辩论的公共机构或场所,也是男童接受全面教育的场所。

34. 修辞学校
公元前 392 年古希腊演说家伊索克拉底在雅典设立的以培养演说家和从政者为教育目的的学校。

35. 五项竞技
又称"五项运动",古代希腊体操学校和体育馆训练的重要内容,也是古代奥林匹克运动会的主要比赛项目,包括赛跑、跳远、角力、掷铁饼和投标枪。

36. 鞭打者
古希腊时期斯巴达国立教育场所中专门负责鞭打以考验青少年意志、

培养青少年坚韧性格的人。

37. 学园

又译"阿卡德米",古希腊哲学家柏拉图于公元前 387 年(一说公元前 386 年)在雅典开设的讲授哲学和科学的高等教育机构。

38. 吕克昂

又称"亚里士多德学园",古希腊哲学家亚里士多德于公元前 335 年建立的哲学学校。

39. 雅典文法学校

古代雅典私人创办的传授阅读、写作和计算知识的初等学校。

40. 弦琴学校

又称"音乐学校",古代雅典为 7—14 岁儿童设立的实施音乐教育的私立初等学校。

41. 体操学校

又称"角力学校",古代雅典为 8—15 岁男童设立的以体育训练为主的私立初等学校。

42. 埃弗比

又称"青年军训团"或者"士官团",古代希腊城邦为 18—20 岁男青年设立的、以进行军事训练为主的教育机构。

43. 教父

基督教早期的神学家,以信仰虔诚和生活圣洁而闻名,为基督教教义的体系化做出了贡献,被尊称为"教会的父老",简称"教父"。

44. 教父哲学

基督教早期神学家所提出的基督教神学观念和理论,主要是以哲学学说论证神、三位一体、创世、原罪、救赎、预定、天国报应等教义。

45. 百科全书运动

古代罗马学者瓦罗等人为实现知识系统化、条理化而开展的编撰百科全书的运动。

46. 游乐学校

古罗马具有基础教育性质的学校,原意为"玩耍",旨在让学生于游乐中学习。

47. 医学校
古代罗马具有医学专业教育性质的学校。

48. 法律学校
古代罗马具有法律高等教育性质的学校。

49. 希腊文法学校
古罗马以教授希腊文法为主的中等教育机构，主要招收 12—16 岁的贵族阶层子弟。

50. 希腊修辞学校
古罗马以教授希腊文演说、辩论、修辞为主的高等教育机构，招收 16—18 岁的出身贵族家庭的青少年。

51. 拉丁文法学校
古罗马以教授拉丁文法为主的中等教育机构，约公元前 1 世纪出现，模仿希腊文法学校而建，后取代希腊文法学校。

52. 拉丁修辞学校
古罗马以教授拉丁文演说、辩论、修辞为主的高等教育机构，公元 1 世纪早期模仿希腊修辞学校而建，古罗马帝国后期逐渐成为主要的高等教育机构类型。

53. 初等教义学校
又称"望道学校"或"慕道学校"。早期基督教会专为皈依者设立的初级学校，在其成为正式基督教徒之前进行基督教教育。

54. 高等教义学校
又称"教理学校"。早期基督教会设立的、以培养神职人员为宗旨的、具有高等教育性质的学校。

三、欧洲中世纪与拜占庭、阿拉伯的教育

55. 三艺
西方教育史上对文法、修辞学和辩证法的总称，"七项自由艺术"的前三种，是古代和中世纪欧洲初等和中等学校教育的重要内容。

56. 四艺
西方教育史对算术、几何学、天文学、音乐的总称，"七项自由艺术"的后

四种,古代和中世纪欧洲中等教育和高等教育的重要内容。

57. 自由七艺

全称"七项自由艺术",欧洲古希腊、罗马和中世纪时期对百科知识的一种分类方法。中世纪学校中"自由七艺"的内容包括文法、修辞学、辩证法、算术、几何学、天文学和音乐。

58. 中世纪大学

从11世纪后期起,意大利博洛尼亚、法国巴黎、英国牛津等地兴起的一类高等教育机构,是现代大学的前身。

59. 同乡会

欧洲中世纪大学中按照师生地域来源所组成的自治团体。

60. 学院

又称"学系""教授会",原是一种特殊的知识部门,后指欧洲中世纪大学中按照不同知识分类组成的教师团体。

61. 原型大学

又称"母大学",意为本原的、典型的大学,指中世纪欧洲的博洛尼亚大学和巴黎大学,这两所大学是后来建立的其他中世纪大学的原型。

62. 学生行会

欧洲中世纪大学中模仿手工业者和商人行会建立的学生自治团体。

63. 教师行会

欧洲中世纪大学中模仿手工业者和商人行会建立的教师自治团体。

64. 学生大学

欧洲中世纪大学中以学生作为主体进行组织管理的大学类型,典型代表是博洛尼亚大学。

65. 教师大学

又译"先生大学"。欧洲中世纪大学中以教师作为主体进行组织管理的大学类型,典型代表是巴黎大学。

66. 托钵修会

又称"托钵僧团"或"乞食修会",13世纪由圣多明我会和圣方济各会创立的天主教修道组织,以巡回布道、托钵乞食的方式区别于其他教团组织。

67. 修道院学校

旧译"僧院学校"。中世纪欧洲附设于修道院的学校,是当时主要的教会教育机构。

68. 内学

中世纪欧洲基督教修道院附设的、招收未来从事神职的儿童的学校。

69. 外学

中世纪欧洲基督教修道院附设的、招收不准备充当神职人员的世俗子弟的学校。

70. 歌咏学校

中世纪欧洲为教会培养唱诵圣歌者的学校。

71. 歌祷堂学校

13 世纪开始出现于英格兰的、设立在歌祷堂内免费向儿童传授读、写、算和《圣经》知识的学校。

72. 教区学校

中世纪欧洲附设于天主教辖下教区教堂内、面向世俗群众开放的教会学校。

73. 主教座堂学校

旧译"主教学校",又称"大教堂学校",中世纪欧洲设在主教座堂所在地的一类兼具中等和高等教育性质的教会学校,专为培养教士而设。

74. 教会教育

欧洲中世纪基督教会设立和管辖的学校中实施的教育总称。

75. 骑士教育

西欧中世纪时期盛行的一种特殊形式的家庭教育,主要目标是培养具有骁勇善战、忠君敬主的骑士精神和作战技能的骑士。

76. 骑士七技

西欧中世纪骑士教育的主要内容,包括骑马、游泳、投枪、击剑、打猎、弈棋和吟诗。

77. 城市学校

西欧中世纪后期在城市中出现的适合新兴市民阶层需要而开办的各种世俗学校的总称。

78. 行会学校
又称为"基尔特学校",西欧中世纪城市的手工业者和商人行会创办的进行职业技术教育的学校。

79. 昆它布
阿拉伯国家的一种传播伊斯兰教义、讲授《古兰经》的初级学校。

80. 学馆
伊斯兰国家学者在家里设置的、程度介于宫廷学校和初等学校之间的教学机构。

81. 教学环
伊斯兰教清真寺中为已接受过初等教育的成年人实施较高程度教育的一种教学形式,教者坐于廊下或者院中,听者环坐成圆形,故名。

四、文艺复兴与宗教改革时期的教育

82. 人文学科
拉丁文原意为"人性、教养",欧洲14至15世纪文艺复兴运动中指以人和自然为对象的世俗学问,同"神学学科"对立。

83. 人文学校
欧洲文艺复兴时期人文主义教育者创办的新式学校的总称。

84. 人文主义教育
欧洲文艺复兴时期人文主义者所推行的教育,注重教育的世俗化,强调以"人"为中心,以古典人文学科为主要内容。

85. 快乐之家
又称"孟都亚学校",文艺复兴时期意大利人文主义教育家维多利诺于1423年在孟都亚建立的强调人文主义教育的新式学校。

86. 唯实主义教育
又称"实在论教育"。产生于文艺复兴后期的一种强调知识在现实生活中的实用价值,主张应培养掌握实用知识和技能的实业家和事业家的教育思想。

87. 新教教育
欧洲宗教改革时期新教各教派为了争取信徒、传播教义所推行的向一般民众教授读、写、算知识和新教教义的教育实践活动。

88. 耶稣会学校

宗教改革时期天主教耶稣会创办的一系列学校。具有独特的管理组织、教学形式、教学内容和方法,对后世教育发展产生了一定的历史影响。

89. 兄弟会学校

新教团体"共同生活兄弟会"(Common life of Brethren)主办的推行新教思想的学校。学校教学内容广泛,组织严密,采用班级授课,具有良好社会声誉。

90. 泛智学校

17世纪捷克教育家夸美纽斯提出创办的一项学校建设规划,主要包括泛智学校概述和具体班级筹办设想。

第二节　近现代部分

一、欧洲整体

91. 直观教学

欧洲近代以经验主义和自然主义为基础,根据儿童思维发展的特点,在教学过程中采用具体形象的语言和教具进行教学的教育原则和方法。

92. 形式训练

又称"形式教育",欧洲近代建立在早期官能心理学理论基础之上的学习理论,主张教育以培养人心中固有的感知、记忆、思维、想象等各种官能为目的。

93. 实质教育

又称"实质训练",与形式训练相对。欧洲近代建立在联想主义心理学基础之上的教育理论,主张教育以学习和掌握具体的知识内容为目的。

94. 自由教育

又称"文雅教育""博雅教育"等。西方教育史上的一种重要教育观念,主张通过基本的道德、智慧、身体等多方面教育以发展人的一般的、综合的文化素养。其具体内涵随时代变迁而多有变化。

95. 通才教育

又称"通识教育"。一种与专业教育相对的，通过学习广泛的自然科学知识和人文社会科学知识，以使人获得一般性、整体性教养的教育。

96. 自然主义教育

近代西方影响较大的一种教育理论和教育思潮。主张教育应遵循儿童的自然天性、年龄特征、兴趣差异和个体特征，安排不同的学习内容，使用不同的教学方法等。

97. 国民教育

欧洲近代的重要教育思潮，主张教育为国家事务，由世俗政府管理教育，以培养良好的公民为目的。

98. 义务教育

国家或政府对一定年龄阶段的儿童强制实施的、普及的、免费的普通教育。参见国民教育。

99. 教育心理学化

19世纪上半期西方教育思想探索和教育实践革新中的一项中心议题。在裴斯泰洛齐的首倡下，经赫尔巴特、福禄培尔、第斯多惠等教育家的推动，教育理论和教育实践逐步符合儿童发展的心理学规律，心理学知识逐步融合与渗透到教育理论和教育实践领域内的过程。

100. 科学教育

产生于西方近代的一种教育思潮，主张以科学的基础知识、基本概念和基本原理为教育内容，重视培养学生的科学意识和科学思维能力，强调教育的实用性和社会适应性。代表人物有英国哲学家培根、英国教育家斯宾塞和赫胥黎等人。

101. 古典教育

近代欧洲以希腊语和拉丁语等古典语言和古希腊、罗马文学为主要教学内容，以古典文科中学为实施机构，以人文主义教育思想为理论指导，重视培养教会神职人员和政府官吏的教育模式与体系，后发展成为近代西方大学预备教育和中等教育的主要形式。

102. 选修制

各类学校，尤其是高等学校允许学生根据自身学习能力、发展需要和兴趣选修课程的教学制度。首兴于 18 世纪中期德国的实科学校,后扩展到欧美国家的教育实践中。

103. 导师制

学校(尤其是高等学校)实施的一种为学生个别安排指导教师,以对其品德养成、学习计划制订、课程修读等事务实施有针对性的个别指导的教学制度。

104. 双轨制

近代法国、英国和德国等西欧各国在实施义务教育时所形成的两轨互不沟通的学校制度:一轨专为劳动人民子弟设立,包括小学和各类终结性的职业学校;另一轨为贵族和资产阶级子弟设立,包括小学、中学和大学。

105. 要素教育

近代瑞士教育家裴斯泰洛齐提出的一种关于初等教育教学的理论,认为在各学科的教学内容中都存在各自最简单的要素,教学应寻找这些要素并从这些要素开始,逐步转向复杂的要素,以取得最佳的教学效果。

106. 裴斯泰洛齐运动

19 世纪欧美主要国家开展的实践裴斯泰洛齐教育理论的教育运动。

107. 新教育运动

又称"新学校运动"。19 世纪末 20 世纪初兴起于欧洲的以创设新学校、重视体育和手工劳动课程教育,提倡发展儿童自由个性与活动能力为特征的教育革新运动。

二、英国

108. 绅士教育

欧洲文艺复兴后兴起的一种教育观,认为教育应以培养身体强健、举止优雅、富有德行、知识渊博和才干出众的事业家(绅士)为宗旨,以洛克的绅士教育理论为代表。

109. 白板说

17 世纪英国哲学家洛克系统阐述的、主张认识来源于经验的一种哲学和心理学观念。认为人的心灵是一张白纸或白板,须借助于经验的充实而形成观念。

110. 慈善学校

又称蓝外套学校(Blue Coat School)。18世纪盛行英美的,由私人资助,宗教团体管理,招收平民子弟进行基础教育的初等学校。

111. 主妇学校

又译"家庭幼儿学校""女师学校""妇媪学校"。16至19世纪英国和美国中老年妇女在自己家中开办的简陋私人学校。主要招收邻近或贫苦人家的子女,实施简单的阅读、宗教和家政知识及技能教育。

112. 贫民日校

18世纪初产生于英国的一种由教会、民间慈善团体或私人资助创办的,招收贫苦儿童,进行读写算知识、宗教教育和道德习惯训练的慈善初等学校。

113. 巡回学校

1737年由威尔士牧师格里菲斯·琼斯(Griffith Jones)创立的一类定期组织教师团巡回各地,义务教授贫民儿童和成人阅读《圣经》,传播基督教教义的学校。

114. 工业学校

又称"劳作学校"或"劳动学校"。19世纪中期出现于英国的一种由私人或政府拨款创立的,免费招收7—14岁的贫苦儿童和流浪儿童进行劳动教育,以防止其犯罪的初等学校。

115. 乞儿学校

18世纪末期在英国出现的由慈善团体为贫苦流浪儿童创办的一种免费初等学校。

116. 高级小学

即小学的高级期(the senior stage)。19世纪末20世纪初在英国出现的一种介于初等教育和中等教育之间的一种中间性教育机构。1945年由英国教育部改为现代中学。

117. 篱笆学校

18世纪末19世纪初兴起于爱尔兰,由天主教徒用竹子或草围成篱笆创建的一种私立学校。教学内容简单,教学形式灵活。

118. 公学

14—15世纪在英国出现的由公众团体集资兴办的学校,后演变成为主要招收贵族、资产阶级和教士子弟的私立寄宿制中等学校,以培养学生升入牛津、剑桥等大学为主要办学目标。

119. 公学预备学校

英国专门为男女学生升入公学做准备的收费制学校。初建于19世纪,主要招收5—13岁的男女儿童入学。

120. 捐办学校

英国私人或慈善团体资助兴办的学校。既有初等学校,亦有中等学校。初等捐办学校主要招收下层贫民,学习基本的读、写、算知识以及《圣经》。中等学校包括捐办文法学校和大部分公学。主要招收中上阶层人士子弟入学。

121. 独立学校

欧美国家中不依靠国家或地方政府拨款,主要依靠学费和其他社会捐资创办的学校。

122. 中心学校

20世纪初英国出现的兼施全日制普通教育和职业教育的学校,招收年满11岁但未能升入中学的儿童,修业年限一般4年或5年。1944年《巴特勒教育法》颁布后该类学校为英国现代中学所取代。

123. 星期日学校

又称"主日学校"。18世纪末、19世纪初在英美等国兴起的一种仅在星期日("主日")教学的贫民儿童学校,主要传授宗教知识和初步的读、写、算知识。

124. 幼儿学校

一类招收4—6岁(或7岁)儿童,进行学前教育的幼儿教育机构。第一所幼儿学校由欧文于1816年在苏格兰新拉纳克棉纺厂为工人子女创办。

125. 保育学校

又译为"托儿学校"。英美国家为3—5岁的儿童开设的以照看和身体养护为主的学前儿童教育机构。最早由玛格丽特·麦克米伦(Margaret McMillan)于1908年在伦敦创办。

126. 保育班

又译为"托儿班"。英国附设于初等学校的招收 3—5 岁儿童,对其进行照看和身体养护的义务学前教育形式。

127. 贝尔-兰卡斯特制

又称"导生制"或"相互教学制度"。18 世纪末,由英国国教会牧师贝尔和公谊会教徒兰卡斯特分别创立的一种教学组织形式。在实施中教师先教一些年龄较大且成绩优秀的学生("导生"),再由他们去协助教师转教其他年龄较小的学生。

128. 11 岁考试

英国儿童在 11 岁时进行的升入中等学校的一次选拔性考试。以考试成绩作为学生分流的决定性因素。

129. 新大学运动

19 世纪上半期英国开展的一场以成立新型大学、讲授实用课程、满足地方工业和科学发展需要为目的的高等教育改革运动。

130. 童子军

1908 年英国巴登-鲍威尔所首创的组织男童进行社会服务、军事操练及野外生存技能训练的组织,后成为世界许多国家开展儿童军事化训练的专门组织。

三、法国

131. 自然人

18 世纪法国启蒙思想家卢梭提出的自然主义教育的培养目标,即通过自然教育所培养的身心协调发展、平等自由、自食其力、独立思考的新人。

132. 自然后果法

18 世纪法国启蒙思想家卢梭在其名作《爱弥儿》中提出的一种道德教育方法。要求儿童通过亲自体验其过失造成的不良后果去认识错误,自行改正。

133. 一般教授法

又译"普通教学法"。法国教育家雅科托提出的一种要求学生通过反复练习、自学以获取知识的教学方法。

134. 大学区制

法国拿破仑第一帝国时期,根据《关于帝国大学组织的政令》确立的将全国划分为若干大学区作为管理单位,实行中央政府垂直管理的一种高度集权的教育行政管理体制。

135. 帝国大学总监

又称为"总督学"或"校长"。法兰西第一帝国时期最高教育行政长官。负责学校的开办和取缔、教职人员的任免和提升、教育计划的制订和教育经费的配置以及各大学区总长的任命等重大教育事务。1920年改称教育部长,属内阁成员。

136. 大学区总长

大学区制实行初期,由帝国大学总监任命的法国大学区的教育行政长官,代表帝国大学总监在大学区内行使教育行政领导职权。

137. 国立中学

19世纪初由法国中央政府创设、后被纳入帝国大学和大学区管理体制的一类六年制中等教育机构。

138. 市立中学

又译"市镇中学"。19世纪初由法国各城镇政府和城市团体创设、以地方财政和学生学费作为教育经费主要来源的六年制中等教育机构类型,后纳入帝国大学的学校系统,接受帝国大学和学区的行政管理。主要进行拉丁语、法语、地理、历史和数学课程的教育。

139. 皇家中学

又译为"皇家学院"。19世纪法国波旁王朝复辟时期(1815—1848)建立的一类为上流社会贵族阶级服务的中等教育机构。主要由国立中学改制而来。

140. 文献学校

1821年法国政府创办于巴黎的以造就中世纪史料、档案整理和图书管理高级专门人才为目的的学校。

141. 法国中央学校

法国大革命时期根据1795年2月的法令由各省设立的中等学校。1802年开始为市立中学所取代。

142. 国立职工学校

法兰西第三共和国初期由政府创设、旨在实施高级初等教育与职业教育的中等职业学校类型,后演变为法国国立职业学校。

143. 工商实科学校

法国19世纪末建立的、以培养技术工人和职员为目的的三年制中等职业学校类型。1941年易名为"技术学校"。

144. 互教学校

受英国贝尔-兰卡斯特制影响,19世纪法国王政时期创设的实施学生互教制度的初等学校类型。

145. 职业能力证书

1911年法国政府开始实施的由法国职业高中和学徒培训中心向考试合格者所颁发的、证明证书持有者相应技术能力和等级的职业资格证书。

146. 百科全书派

18世纪法国启蒙思想家在编纂《百科全书》的过程中形成的具有唯物主义立场和资产阶级自由民主思想的派别。该派别主张以科学和理性反对神学信仰和封建专制统治,宣传唯物主义和资产阶级的政治主张,传播科学知识和生产技术,是资产阶级启蒙运动的核心力量,法国大革命的思想先驱。

147. 幼儿学校运动

18世纪末始于法国,19世纪上半期盛行于欧美各地,为学前儿童开办学校的运动。

148. 教育万能论

17、18世纪理性主义者否定天赋观念、否定遗传素质差异对个人发展的影响,主张人是环境和教育的产物,主张通过教育改变社会现状,建立合乎理想的社会制度,过分夸大教育作用的一种教育观点。代表人物有爱尔维修、欧文等。

四、德国

149. 实科中学

近代西欧各国,尤其是德、俄等国家实施的一种注重面向实际,强调传授实用性科学知识的中学类型。

150. 劳动教育

又称"劳作教育"。20 世纪初德国教育家凯兴斯泰纳提出的一项教育主张。凯兴斯泰纳主张以劳作学校为实施机构，注重实施职业技术训练，发挥职业技术训练的伦理学意义，实现为国家培养掌握职业技能、具备服务于国家的意识、身心和谐发展的国民的教育目标。

151. 超人教育

西方现代唯意志论哲学家尼采提出的强调培养超人，以产生新的社会和国家组织的一种教育观点。

152. 国民学校

近代德国建立的为公民子弟提供免费、普及、义务教育的初等教育机构。

153. 劳动学校

又称"劳作学校"，是由德国教育家凯兴斯泰纳创设的实施劳作教育的学校机构。

154. 纳粹教育

20 世纪三四十年代纳粹统治时期德国所实施的服务于其独裁和扩张需要的教育类型，注重向学生灌输大国沙文主义和军国主义思想，忽视文化知识的学习，强调培养学生形成对希特勒纳粹政府的效忠观念和献身精神。

155. 沙文主义教育

泛指宣扬本民族利益至上、歧视其他民族，鼓吹狭隘的爱国主义和极端民族主义，煽动民族仇恨的教育，是军国主义教育和法西斯教育的重要内容。

156. 军国主义教育

服务于军国主义扩张侵略的目的，以灌输穷兵黩武精神、沙文主义、军国主义观念和军事训练为内容，以造就绝对效忠国家利益的公民和战争机器为目的的教育。

157. 行动教育学

20 世纪初由德国实验教育学家拉伊倡导的教育学流派。主张学生通过行动进行学习，通过表现实现自我发展。

第四章 外国教育史学科关键术语与核心概念

158. 人格主义教育学
19世纪末20世纪初欧洲出现的一种教育理论流派,注重发挥教育者人格的教育作用,强调教育的主要目的在于培养学生的健全人格。

159. 文化教育学
或称"文化教育派"。20世纪20年代产生于德国的,主张应从历史文化的立场来研究教育和文化的关系,分析和论述教育问题的一种教育思想流派。主要代表人物有斯普朗格、李特和斯德恩。

160. 德意志学科
20世纪初德国政府为中学生所开设的德语、德国文学、德国历史、德国地理等学科课程的统称,目的在于强化对学生的日耳曼民族主义和沙文主义教育。

161. 实科学校
近代德国、俄罗斯等欧洲国家为适应工商业发展需要而创办的开设实用课程,注重讲授实际知识,培养中级实用技术人才的学校类型。

162. 文实中学
19世纪前期在德国出现的一种介于文科中学与实科中学之间,兼施古典教育和实科教育的普通中等学校类型。

163. 骑士学院
又称"武士学院"。17、18世纪德国为培养政府官员而专为王公大臣子弟设立的中等学校,重视现代语言和自然科学教育。

164. 补习学校
又称"继续学校"。19世纪德国主要招收基础学校毕业生或青少年工人,实施图画、应用算术及技术培训的职业教育机构。

165. 上层学校
又称为"上层建筑中学",德国魏玛共和国时期的一类学制6年、实施中等教育的机构。

166. 德意志中学
1924年德国魏玛共和国创办的一种九年制特殊中等教育机构类型。该类中学主要实施德国语言和文学、德国历史和地理学教育,民族主义色彩浓厚。

167. 高等国民学校

又称"国民学校高级班",19世纪德国的一类主要招收劳动人民子女就读的四年制初等教育机构。与基础学校共同构成当时德国的国民学校体系。

168. 基础学校

19世纪初出现的德国四年制或六年制初等教育机构,主要招收劳动人民子女入学接受阅读、写作和计算教育,与高等国民学校共同构成德国国民学校体系。

169. 双教派学校

19世纪末20世纪初德国同时实施新教和天主教宗教教育的学校。

170. 农村寄宿学校

19世纪末20世纪初德国创办的一类寄宿制私立学校。校址一般设于安静的乡村或森林,以富家子弟为入学对象,主要开展现代语言、科学、艺术、手工劳动和体育教育。

171. 欧登瓦德学校

1910年盖希布在德国欧登瓦德创立的一所农村寄宿学校。教育实践中注重发挥良好师生关系和伙伴关系,崇奉自由与平等的教育理念,课程多为选修课。

172. 曼海姆制

又称"曼亥谟制",由德国教育家塞金格尔设计并于1900年开始在德国曼海姆市实施的一种学校制度,注重实施分级教学以解决儿童的学习困难和学业失败问题。

173. 泛爱学园

1774年德国教育家巴西多在德绍创办的一种以自然主义教育为理论基础,注重发挥儿童学习自主性,以培养人格健全、身体健康、掌握职业技能的人才为目的的新式学校。

174. 实验教育学

20世纪初诞生于德国,后盛行于欧美国家的一个教育理论学派。主张用实验的方法,并辅之以统计、比较等自然科学方法研究儿童身心发展及其教育问题,主要代表人物是梅伊曼、拉伊和桑代克。

175. 赫尔巴特运动
从1885年开始到20世纪初期,世界各国宣传、研究和实施赫尔巴特学说的国际性运动。

176. 形式教学阶段
又称"教学阶段论""四段教学法",德国教育家赫尔巴特创立的一种教学过程理论,教学过程分为"明了""联合""系统""方法"四个阶段,并将此四阶段确定为普遍适用于教学活动的形式。

177. 文化纪元理论
赫尔巴特课程论的基础。认为儿童个性和认识的发展重复了人类种族发展的过程,这个过程的每一个阶段都有一个文化成果,个人的教育内容应该对应种族发展的成果。

178. 统觉
赫尔巴特心理学的基本概念,意指观念的同化与相互融合。

179. 多方面兴趣
德国教育家赫尔巴特教学论思想中的重要概念。既是教学的直接目的,也是培养学生具有德行的重要手段。

180. 五段教学法
德国教育家齐勒和莱因在赫尔巴特形式教学阶段论的基础上提出的教学理论,认为教学过程应分为预备、提示、联合、总结和应用五个阶段。

181. 福禄培尔运动
19世纪欧美多数国家兴起的旨在实践福禄培尔幼儿教育理论、兴办幼儿园的国际性教育运动。

182. 恩物
德国教育家福禄培尔为儿童设计的一套玩具,是儿童认识万物和理解自然的初步手段。

183. 作业
德国教育家福禄培尔为幼儿园儿童设计的、能促进儿童身心和谐发展的手工制作活动。

五、美国

184. 公立学校

又译为"公共学校"。美国 19 世纪上半期创办的由地方行政当局管理、面向全体国民的、免费的和世俗性的初等和中等学校体系。

185. 赠地学院

又称"农工学院"和"拨地学院"。美国各州利用 1862 年和 1890 年两次《莫雷尔法》所获得的联邦政府捐赠土地和资助经费而设立发展起来的新型高等学校,注重实施农业、工艺军事教育以培养各类实用技术人才。

186. 初级学院

美国的一种两年制高等学校。1901 年伊利诺伊州建立美国第一所公立初级学院。20 世纪上半叶迅速发展。第二次世界大战以后公立初级学院改称社区学院,成为美国普及高等教育的重要形式,提供转学教育(大学一二年级教育)、职业技术教育和社区教育。

187. 社区学院

见"初级学院"。

188. 进步教育运动

19 世纪末至 20 世纪中期产生于美国的、以杜威教育哲学为主要理论基础、以进步主义教育协会为组织中心、以改革美国学校教育为宗旨的教育理论探索和教育实验活动。

189. 儿童学

19 世纪末 20 世纪初诞生于西方国家的一门研究儿童生活、发展、观念的科学,代表人物是美国的霍尔和德国的克里斯曼。

190. 儿童研究运动

19 世纪末至 20 世纪初出现于欧美的,强调运用多种方法对儿童进行研究,以期对儿童的心理及教育等问题做出科学的解释的一场科学研究运动。

191. 儿童中心论

又称"儿童中心主义"。19 世纪末以后在世界上广泛流行的一种强调以儿童的自然天性、发展需要、活动兴趣及儿童经验发展作为教育教学中心的教育理论。主要代表人物为杜威和卢梭。

第四章 外国教育史学科关键术语与核心概念

192. 做中学

美国教育家杜威实用主义教育理论观点之一。力主以活动性的主动作业代替传统教材,强调学生应该在活动中获取经验和知识。

193. 8-4 学制

19 世纪中期至 20 世纪初美国普通教育单轨式学制,包括八年制小学和四年制中学。

194. 6-3-3 学制

20 世纪 20 年代起流行于美国的普通教育单轨学制类型。其中小学六年、初级中学三年和高级中学三年。曾对日本和中国近代学制改革产生影响。

195. 八年研究

又称"三十校实验"(thirty schools experiment)。1933 年至 1940 年间由美国进步教育协会组织、30 所中学(其中 1 所于 1936 年退出)参与的一次中学综合课程改革研究活动。

196. 道尔顿制

又称"道尔顿实验室计划"(Dalton laboratory plan),20 世纪 20 年代美国进步教育家帕克赫斯特(Helen Parkhurst,1887—1973)针对班级授课制的缺点而提出的一种以"自由""合作"和"时间预算"为原则、重视发展学生社会意识和个性特征的个别教学制度。因最早在马萨诸塞州道尔顿市道尔顿中学开始实施,故名。

197. 文纳特卡制

1919 年美国进步主义教育家华虚朋(C. W. Washburne,1889—1968)在伊利诺伊州文纳特卡镇公立学校提出的一种个别教学与集体教学相结合的教学制度。

198. 昆西教学法

又称"昆西制度"。19 世纪后期由美国进步主义教育家帕克(F. W. Parker,1837—1902)在马萨诸塞州昆西市提出实施的一种教学方法。该方法强调儿童中心,适应学生个性发展,重视学校社会功能,注重培养儿童自我探索和创造精神。

199. **设计教学法**

美国进步主义教育家克伯屈(William Heard Kilpatrick,1871—1965)根据杜威的实用主义教育思想创立的,主张由学生根据自己的兴趣确定学习目的和内容,自行设计并执行活动计划,学习实际知识和技能的一种教学制度。

200. **计时学费制**

又称"学捐"。美国殖民地时期新英格兰地区实施的一种教育收费制度,收费数额以学生的上学时数计算,至美国内战后废止。

201. **实用主义教育**

19世纪末20世纪初出现于美国的一种以实用主义哲学和机能心理学为基础,强调经验和探究,主张"教育即生活""学校即社会",强调儿童中心主义,注重"从做中学"的教育思潮,主要代表人物为杜威。

202. **改造主义教育**

20世纪30年代至50年代出现的一种以改造社会为教育目标,重视培养"社会一致"的精神,主张教学以社会问题为中心,强调行为科学的教育指导意义的教育思潮,主要代表人物为康茨。

203. **要素主义教育**

20世纪30年代在美国诞生的一种强调学校教育要传授人类文化的"共同要素",主张教学过程是一个智慧训练过程,强调教师在教学过程中的核心地位的教育思潮,主要代表人物包括巴格莱、贝斯特和科南特。

204. **永恒主义教育**

20世纪30年代在欧美国家中出现的一种强调教育性质永恒不变,教育目的在于培养人类天性中的共同要素,古典学科应在学校课程中居于核心地位的教育思潮,主要代表人物包括美国的赫钦斯、阿德勒,英国的利文斯通和法国的阿兰。

205. **耶鲁报告**

1828年美国耶鲁大学发表的为古典大学模式及教学内容辩护的报告书,主张大学教育的目的在于发展个人心智,而非职业训练;强调古典语言的教育功能;大学应对学生实施严格管理;大学的全部课程应为必修课。

206. 奥斯威戈运动

19世纪五六十年代美国奥斯威戈师范学校校长谢尔登发起的、致力于将裴斯泰洛齐教育思想体系引进美国国民教育和师范教育实践中的教育运动。

207. 公立学校运动

又称"公共学校运动"。19世纪美国出现的以建立公共财政支持的公立学校体系，实施以普遍的国民初、中等教育为主旨的教育运动。代表人物有贺拉斯·曼、亨利·伯纳德等人。

208. 学区制

18世纪末至19世纪末盛行于美国新英格兰地区及西部各州的学校管理制度，是美国建国初期主要的学校管理形式之一。

209. 现代人文主义教育

又称"人本主义教育"，20世纪五六十年代在美国兴起的一种强调培养整体的、自我实现的和创造型人才的教育思潮。

210. 名著运动

20世纪初期在美国出现的一场以自由艺术和名著阅读恢复西方自由教育传统，实现教育理智训练目的的教育运动，代表人物为赫钦斯。

211. 哈佛"红皮书"

1945年美国"自由社会中的通才教育"研究委员会所提交的一份名为《自由社会中的通才教育》的报告，就哈佛大学的通才教育和美国中学发展提出建议，对20世纪中期美国大学课程改革产生重大影响。

六、俄国 苏联

212. 学校消亡论

20世纪20年代后期在苏联出现的一种认为学校必将随着国家的消亡而消亡，学生应在生产和生活实践中学习，要以工人、农民和各种专家为师的教育理论。代表人物为舒里金和克鲁佩尼娜。

213. 红色教授学院

20世纪二三十年代在苏联出现的一种为高等学校培养社会科学学科教师、为政府部门和科研机构培养工作人员的高级教学科研机构。

214. 工人系

1919年至1940年间在苏联出现的一种保障实现高等学校向工农开放的制度和机构，主要招收工人学员，使之经过补习，顺利进入高等学校学习。

215. 贵族等级寄宿学校

18世纪中期俄国专门为贵族子弟开办的等级性寄宿教育机构，主要开展军事训练和普通教育。

216. 七年制工厂学校

20世纪二三十年代苏联政府设立的一类七年制普通教育机构，注重与工厂企业合作开展普通教育。

217. 集体农庄青年学校

20世纪二三十年代设立于苏联农村的三年制普通中等教育机构，在教学中注重实现普通教育与农业理论、农业知识和技能相结合，主要培养有文化的农民和农村合作社工人。

218. 统一劳动学校

"十月革命"后，苏联教育行政部门以"所有学校是一个不间断的阶梯"和"所有学校将劳动列入学校课程"为理论基础而构建的一种重视劳动教育的普通学校模式。

219. 学校公社

学校公社分为两类：一类是指苏联20世纪20年代为积累实施统一劳动学校经验而开办的一种实验性教育机构，另一类是指苏联20世纪二三十年代收养、教育孤儿、流浪儿和少年违法者的教育机构。

220. 计算学校

1714年由彼得一世下令开办的俄国最早由国家管理的普通教育机构，主要实施阅读、写作、算术、几何和三角知识教育，以造就初级技术人才为教育目的。

221. 工厂艺徒学校

1918年苏联政府创办的主要向工厂学徒工实施普通教育和职业训练的教育机构。

222. 地方学校

19世纪60年代由俄国地方自治局创设的农村初等学校，"十月革命"之后被改造为统一劳动学校。

223. 扫盲学校
20世纪二三十年代苏联设于工人俱乐部、农村阅览室或普通学校中的开展扫盲工作的教育组织形式。

224. 儿童之家
"十月革命"之后初期苏俄专为在外国武装干涉和国内战争期间无家可归和无人监护的儿童设立的儿童教养机构。

225. 分组实验法
20世纪20年代在苏联学校流行的一种根据道尔顿制教学法原则而确定的教学组织形式。

七、日本

226. 户水事件
又称"帝大七博士事件"。1903年由日本东京帝国大学法科大学教授户水宽人等7名教授建议当局对俄开战所引发的大学与政府之间的抗争事件。事件以大学方的胜利而告终。

227. 思想善导
日本昭和初期文部省为防止学生感染违背国体的思想以及振兴国民精神而推行的军国主义教育措施之一。

228. 泷川事件
又称"京大事件"。1933年日本文部大臣鸠山一郎以京都帝国大学教授泷川幸辰所授刑法理论误导损害学生而取消其教职,进而引发的日本京都帝国大学教授的集体抗争事件。事件以双方的妥协而告终。

229. 国民精神总动员运动
20世纪30年代日本近卫政府为服务于其侵略扩张政策而开展的运动,具体包括:设立国民精神总动员本部和地方实行委员会,鼓吹日本精神和勤劳奉仕,培养绝对服从的皇天国民。

230. 国家主义教育
世界近现代出现的强调教育应以国家需求为导向,国家全面控制教育的教育观点。以德国、日本等国家为盛。代表人物是日本明治时期的教育家森有礼。

231. 学生动员

日本政府在第二次世界大战后期所采取的要求学生停止正常学习，以参加农业生产、修护军事设施、军训等方式为战争服务的强制性措施。

232. 学童疏散

1944年6月后日本政府迫于战争不利状态而采取的集体疏散小学生的紧急措施。

233. 文部省

1871年创建的日本最高教育行政机关。创设初期掌管全国教育行政事务及各类学校管理，第二次世界大战后，其主要职责转变为就国家教育方针、政策的制定提出建议。

234. 学务委员

日本明治时期根据1879年颁布的《教育令》而设置的地方教育行政官。

235. 大学院

1886—1950年日本在名牌大学中为培养"课程博士"而设立的研究生培养机构。

236. 学习院

日本德川幕府末年在京都为朝廷公卿设立的学校。"二战"后改名学习院大学。

237. 医学所

日本江户时代幕府直辖的西医学校。

238. 国学院

日本的国学教育研究机构。1906年改名为国学院大学。

239. 讲武所

日本江户末期德川幕府为向幕臣子弟传授传统武术和洋式炮术而设立的军事教育机构，1866年停办。

240. 藩校

又称"藩黉"。日本江户时代为向武士阶层子弟传授儒学知识和训练作战技能而设立的教育机构。

241. 寻常中学

日本明治时期根据1886年的《中学校令》设置的五年制中等普通教育机构,招收高等小学第二学年修业期满的男生。

242. 乡学

日本江户时期幕府及藩主在乡村兴办的以教育士庶子弟为主的初等教育机构。

243. 寻常小学

日本明治时期根据1886年《小学校令》设立的四年制初等普通教育机构,1941年后改名国民学校。

244. 兰学派

日本江户后期出现的倡导加强荷兰医学、兵学、天文学和荷兰语学习的学派。主要代表人物为绪方洪庵、福泽谕吉等。

245. 洋学

18世纪后期日本对西洋文化、科学和技术的总称。

246. 和魂洋才

日本近代面对西洋文化所采取的一种"东洋道德,西洋艺术"的观念,主张在保留日本本土道德精神的基础上,学习西方自然科学和技术。

247. 武士道

日本封建社会武士阶层特有的道德,主要包括忠君敬主、忠义勇敢、甘为主君和家族利益舍弃生命等。

248. 十二教育信条

日本教育家小原国芳在日本成城学园和玉川学园制定实施的十二条办学指导方针,故名"十二教育信条"。具体包括:全人教育;尊重个性的教育;自学自律的教育;高效率的教育;立足于学的教育;尊重自然的教育;注重师生间的温情;劳作教育;对立的合一;尽可能满足他人愿望,做人生的开拓者;学塾教育;国际教育。

八、亚洲其他国家

249. 朝鲜教育令

1911年8月至第二次世界大战结束期间,日本政府在朝鲜颁布实施的一系列殖民地奴化教育的法令。

250．学务衙门

近代甲午改革后朝鲜设立的最高文教领导机构,制定并颁布了朝鲜近代学制改革和新学制的首批法令。亦称"学务部""学部"。

251．成均馆

朝鲜古代和近代的高等教育机构。最高负责人为知事,学生被称为儒生,主要课程为四书五经,生员毕业后可取得担当高级官吏的资格。

252．经学院

1887年朝鲜专为20—30岁封建贵族子弟设立的三年制高等教育机构,主要开展修身、经学、国语、日语、历史、地理、数学、国画、法制、经济和体操等方面教育。

253．通辩学校

又称"同文学校"。1883年朝鲜为培养翻译人才和外交官员而设立的外国语专门学校。

254．村社学校(village school)

印度早期在村社为5—12岁男孩学习简单的阅读、写作和计算知识设立的学校。

第五章　外国教育史学科代表人物与重大事件

感性、真实的历史过程无法还原,仅能凭借历史遗物和文字记载对曾经存在过的历史人物和曾经发生过的历史事件进行描述、分析和概括,其中难免挂一漏万和掺杂主观偏见,外国教育史亦如是。以一个专门领域为研究对象的外国教育史所涉及的地域范围极为广泛,曾经存在的历史人物和曾经发生的历史事件众多,试图在有限的篇幅内加以全面的描述和详尽的介绍断无可能,不得不有所选择和舍弃。有鉴于此,本章沿袭外国教育史通行的分期标准,分三节依次对外国古代、近代和现代的重要教育思想家和有代表性或典型意义的教育事件进行概括性的述评,以期达到提纲挈领、以简驭繁、统带全局的功效,同时也提示读者,不应把历史的特写误当历史的全貌,只有在旷日持久地博览深思的基础上,才可望接近和领悟历史真相。

第一节　古代重要的教育思想家与重大教育事件

外国教育史的古代时期历时漫长,跨越十几个世纪之久,就地域而言,主要以古埃及、古希腊、古罗马为限,依时间顺序和地方区域范围大致可划分为古希腊、古罗马和中世纪三个时期。这一时期的学校教育尚不发达,学校教育系统还没有形成,学校的数量和类型较少,学校教育面向少数贵族豪门等上层子弟实施。这一时期的教育思想多半出自哲学家和宗教人士,专门的单纯以教育为业的教育思想家为数极少,且主要分布在西欧,特别是地中海北岸。

一、古代重要的教育思想家

(一) 智者派

智者(sophist)一词大约出现于希腊的七贤时代,人们把有智慧、有能力、有理解力、技术超群的人称为智者。在公元前5世纪中叶,智者一词被赋予了特殊的含义,专门指那些以收费授学为业的人,这些人在各种公共集会上,发表各种演说,回答人们提出的各种问题,教授青年们如何辩论。因此,智者是适应奴隶主共和政治的需要而出现的一批职业教师。

智者作为一个学派的名称,始于古希腊思想家和教师普罗塔哥拉(Protagoras,约前480—约前410),他是第一个宣称自己为智者,教人智慧的人。他学识渊博,曾为图里翁城邦制定法律。他也是一个无神论者,由于怀疑神的存在,曾被判处过死刑,其著作也被焚毁,后来侥幸只身逃离雅典。

智者的兴起与当时希腊社会进入古典时代的繁荣密切相关。经济文化的繁荣拓展了人们的视野,活跃了城邦的民主政治生活,公民为了参加政治斗争,掌握为自己的政治主张和利益进行辩护的本领,需要学会辩论演说以便战胜对手。智者的教育对象主要是富家弟子,学习的时间和地点均不固定,通常是在周游各城邦的过程中施教,学生既可以一直跟随智者,也可以等待智者的归来。智者不仅传授关于社会和人、伦理和政治、真理和价值等问题的见解,而且还传授关于辩论、诉论、演说、修辞的技巧及有关城邦治理和家政管理等方面的知识。智者派创立的"三艺"——文法、修辞(雄辩术)和逻辑,后来与柏拉图的"四艺"成为欧洲中世纪早期学校的主要课程内容。

智者的共同特点就是他们都从事教育工作,收取学费,在哲学上信守感觉主义、相对主义和怀疑论。

智者群体良莠不齐,群体内部也存在分歧和差异,特别是晚期智者与早期智者有很大的不同。在公元4世纪以后,智者派中的一部分人将雄辩术蜕化成概念的游戏和诡辩的方术,他们自己成为颠倒黑白、混淆是非、歪曲真理的诡辩者。因此,智者的声誉每况愈下,甚至有稍含贬义的"诡辩派"之称。但是智者对古希腊的文化教育发展的贡献还是应该给予肯定的。正如德国哲学家黑格尔所认为的,"智者们就是希腊的教师,通过他们,文化才开始在希腊出现,他们代替了从前的公众教师,即诗人和史诗朗诵者……智者们以智慧、科学、音乐、数学等教人,这是他们的任务"①。智者派对古希腊教育做出的巨大贡献也是不容抹杀的历史事实。

(二)苏格拉底

苏格拉底(Socrates,前469—前399)是古希腊著名的思想家、哲学家。他与柏拉图、亚里士多德被后世并称为"古希腊三贤"。苏格拉底一生"述而不作",没有给后人留下鸿篇巨制。一般认为柏拉图的早期著作转述了苏格拉底的观点。

苏格拉底的一生颇具传奇色彩,他生于伯里克利统治的雅典黄金时期,苏格拉底在当时浓厚的文化氛围中接受了良好的教育。青壮年时期,他与当时的雅典学者名流已有较多的交往,声誉渐起。他一生中除在伯罗奔尼撒战争期间(前431—前404)三次从军出征以外,大部分精力和时间都用于教育青年的事业。如此忠于城邦的苏格拉底,却遭受诬陷,以莫须有的罪名于公元前399年被处死。黑格尔曾指出,苏格拉底之死是"雅典的悲剧,希腊的悲剧"②。

尽管苏格拉底没在学校任过职,也没有固定的学生,但却被称为世界上伟大的教师之一。苏格拉底视教育他人为义务,从不收取学费,体育馆、广场、街道、商店、作坊等都是他施教的场所。青年、老人、有钱人、穷人、农民、手艺人等都可以成为他的教育对象。在教学中,苏格拉底不仅注重传授在辩论中取胜的文法、修辞和逻辑,而且更注重道德、智慧、治国才能等素质的培养,目的在于教人如何做人以便改善城邦的政治。

在讲学和辩论时,苏格拉底通常并不直接向学生传授各种具体的知识,而是通过问答、交谈和争辩的方法来宣传自己的观点。他先向学生提出问题,学生回答错了也不直接指出错在什么地方和为什么错,而只是提出暗示性的补充回答,使学生不得不承认答案的荒谬和处于自相矛盾的境地,最后迫使学生承认无知,并从苏格拉底的引导和暗示中得出正确的答案。这就

---

① 〔德〕黑格尔.哲学史讲演录(第二卷)[M].贺麟,王太庆,等译.上海:上海人民出版社,2013:10.
② 同上注,44.

是为后世熟知并广泛加以运用的苏格拉底著名的"产婆术"。在苏格拉底看来,教师不应该只是向学生传授知识体系,教育过程也不仅仅包括教师讲解和学生记录等活动。他认为,只有通过对话,才能促使学生从主体自身找到他过去认为并不存在的知识,使学生把自己原有的但被遗忘的真理重新回忆起来。苏格拉底的知识与传统的知识定义并不相同,他所指的知识更倾向于现代意义上的智慧。[1]

苏格拉底还提出了"美德即知识"的伦理学命题。他认为道德行为必须基于知识,源于知识。他把道德和思维、意识紧密联系起来,认为引导人的德性就是一种关于善的知识,有理性的人必定会是有道德的。这一命题跟苏格拉底的"认识你自己"和"善"是人生的最高目的是分不开的。"认识你自己"就是关心自己的灵魂,也是追求关于美德的知识。追求"善",把"善"作为人生的最高目的,这样的生活才是有意义的高尚生活。

苏格拉底生活在古希腊奴隶制城邦面临变革的历史转折时期。他在哲学方面的历史性贡献是使古希腊哲学研究发生了转向,即研究的主题从最初关注宇宙和本体论这些外在的自然哲学问题转向了更为重视社会和人生事务以及行为领域,使古希腊的哲学、科学和文明进入了一个新的历史时代。他一方面顺应历史潮流,研究社会和人的问题,尤为重视伦理道德问题探讨;另一方面,他提出了"美德即知识"命题,揭示了道德与知识的同一性问题,他的教学方法被视为后世西方启发式教学方法的源头。同时,苏格拉底也是将古希腊哲学推向全盛高峰的开路人。他与柏拉图、亚里士多德构筑了博大精深的哲学体系和教育体系,开创了古典希腊文化和教育的最光辉灿烂的全盛时期。

(三) 柏拉图

柏拉图(Plato,前427—前347)是古希腊著名的哲学家和教育家,西方客观唯心主义哲学的奠基人。柏拉图是苏格拉底的学生,曾跟随苏格拉底学习了七八年时间。苏格拉底被处死以后,柏拉图开始了游历的生活,经过12年在各地的实际考察,他意识到,要改革雅典的政治体制,振兴希腊,必须

---

[1] Burnham, W. H. Great Teachers and Mental Health: A Study of Seven Educational Hygienists [M]. New York: D. Appleton and Company, 1926: 11-12.

第五章　外国教育史学科代表人物与重大事件

培养一批既精通哲学、自然科学又善于治理国家的政治家。柏拉图回到雅典后,于公元前387年创办了阿卡德米学园,该学园一度成为古希腊各地有志青年趋之若鹜的地方,对西方学术的发展产生了深远的影响。主要代表著作有《理想国》《法律篇》《国家篇》等。

柏拉图哲学思想的核心是理念论。在柏拉图那里,理念是现实世界的原型,是唯一真实的存在,而被人们感觉到的经验事物和现象世界则是不真实的。从本体论上讲,柏拉图把世界一分为二:一个是由个别事物组成的、我们用肉眼可以看见的现象世界,他称之为"可感世界";另一个是由理念组成的、不可被人感觉到但可以被人知道的理念世界,他称之为"可知世界"。他认为这两个世界的关系是原本和摹本的关系。柏拉图将人的认知分为知识和意见,只有知识才能认识真理,因为它是以"理念"为对象的,对具体事物的认识是变动不定的,所以只是意见而不是真理。他在《理想国》中以"线喻"和"洞喻"来论证两个领域及其各自等级层次的区分。①

柏拉图从毕达哥拉斯学派那里接受了灵魂不死的学说,主张"回忆说"的知识观。他认为人的一切知识都是由天赋而来,它以潜在的方式存在于人的灵魂之中,但现在遗忘了,进入不为主体所觉察的状态,要想记起它,将其提升到意识层次上来加以觉察,就要重新发现它,这就是回忆。因此,知识不是对世界物质对象的感知,而是对理念世界的回忆,教学目的是为了恢复人的固有知识,教学过程即是"回忆"理念的过程。关于灵魂如何得到这种知识的问题,柏拉图只能利用灵魂不死和轮回学说加以解释,认为个体的知识是灵魂在降生以前即已获得的。柏拉图的"回忆说",发展了苏格拉底的"产婆术",这是西方哲学史上最早的一种朴素的先验论思想。

柏拉图的教育思想更多地反映在其代表作《理想国》一书中。《理想国》构筑了一个培养护国者和保国者的教育思想体系。这一思想体系主张在统治阶级内部实行公有制,取消家庭,实行儿童共有,无论男女都接受平等的教育,国家掌控教育,由国家规定统一学制。教育从幼儿开始,3—6岁的男女儿童集中到村庄的寺庙里,在经过挑选的妇女的监督下做游戏、听故事;6岁之后,男女儿童分开接受普通教育;14岁左右可进体操学校接受长达3年

---

① [古希腊]柏拉图. 理想国[M]. 郭斌和,张竹明,译. 北京:商务印书馆,1986:267-268.

的体育;17—20岁进行为期2或3年的军事训练;少数优秀者再继续接受10年教育,学习四艺:算术、几何、天文和音乐;少数智慧超群者再接受5年辩证法的学习;毕业之后经过15年的实际工作锻炼,成为哲学王。理性训练是柏拉图教学思想的主要特色。

柏拉图的教育学说以自己的理念论哲学为理论依据,并借鉴、兼容了当时斯巴达和雅典的教育经验,建立起他自己特色鲜明的博大的教育思想体系,这一体系几乎涉及教育领域中的所有重要问题。柏拉图的教育学说对后世西方教育思想产生了巨大的影响,成为西方教育学说的重要思想渊源,并随着欧洲文化的传播和扩展而产生了世界性的经久影响。

(四) 亚里士多德

亚里士多德(Aristotle,前384—前322)堪称是古希腊哲学的集大成者,举世公认的历史上第一位百科全书式的学者,其代表作有《工具论》《形而上学》《伦理学》《政治学》等。

从17岁开始,亚里士多德从母国马其顿来到柏拉图学园,师从柏拉图整整20年,直至柏拉图去世后才失意而去。此后,他开始漫游各地,并担任亚历山大私人教师长达8年之久。公元前335年,他重返雅典,创办了吕克昂(Lyceum)学园。据说在该学园从教期间,他既教授深奥的逻辑、哲学和物理学等问题,也以通俗的方式向校外听众讲解修辞学、辩论术、政治学,同时还编写了大量讲义或教学提纲。无论是讲授深奥的道理,还是传授通俗的知识,其目的就是教导人们与无知做斗争。在他的《形而上学》一书中开宗明义的第一句就是:求知是人类的本性。亚里士多德出于本性的求知是为知而知、为智慧而求智慧的思辨活动,不服从任何物质利益和外在目的。这是他一生的态度,也是他一生的写照。他与学生在体育场的林荫路上边走边讲授课程,在漫步中讨论问题,因此,吕克昂学园的成员被后人称为"逍遥学派",吕克昂学园成为当时雅典的学术中心之一。

亚里士多德从其政治学出发,极为重视教育。同其恩师柏拉图一样,亚里士多德强调国家要负起教育全体公民的责任,把教育作为国家的事业。亚里士多德认为"忽视教育就会危害政体",只要抓好教育就能"维护这个政体的实力"①。他还从法治的角度阐述了依法治国与建立完善教育的关系。

亚里士多德从人是由肉体和灵魂两部分组成的理论出发,在西方教育史上第一个从理论上论证了身心和谐发展的教育问题。他把人的灵魂分为植物灵魂、动物灵魂和理性灵魂三部分,这三种灵魂是自然赋予人类活动能力的萌芽,具有发展的倾向,但它们的实现完全仰赖教育的实施。因此,他提出了与三部分灵魂相对应的三种教育,即发展植物灵魂的体育,发展动物灵魂的德育和发展理性灵魂的智育。亚里士多德的"和谐教育"是一种以音乐教育为核心,以智育、美育和德育为主要内容的教育,其最终目的是在和谐的基础上实现理性灵魂的发展。

亚里士多德还依据儿童身心发展特点,划分了教育年龄分期并提出了各阶段的任务及方法。他把教育年龄分为三个时期,即从初生到7岁为第一个时期,教育要顺其自然,以幼儿身体发育成长为主;7—14岁为第二个时期,教育要发展非理性灵魂,以道德教育为主,同时还要教授阅读与书写、体育锻炼、音乐、绘画等;14—21岁为第三个时期,教育应发展理性灵魂,以智育为主。因为亚里士多德关于这个阶段的著作已经失传,人们只能从吕克昂学园有关资料中推测出其大概的学习科目,主要有:算术、几何、天文、音乐理论、文法、修辞学、文学、伦理学以及哲学、物理学等。

作为柏拉图的学生,亚里士多德因其思想的独创性在西方历史上占有重要的地位。正如后人所评价的那样,"对西方哲学和文化传统发生如此重大影响的,在古代希腊哲学家中再没有人可以和亚里士多德相比"②。

(五)西塞罗

西塞罗(Marcus Tullius Cicero,前106—前43)是古罗马时期的著名演说家,罗马文学黄金时代的天才作家。他自幼受到良好教育,青年时代受过军事训练并服兵役。后凭借自身努力,在公元前64年被推选为执政官,后来在政变中受到牵连,于公元前43年被害。代表著作有《论雄辩家》《论共和国》《论法律》和《论神性》等。

西塞罗教育思想对后世的影响主要体现在雄辩家的训练过程之中。他

---

① [古希腊]亚里士多德.政治学[M].吴寿彭,译.北京:商务印书馆,1983:395.
② 汪子嵩,范明生,等.希腊哲学史(第三卷)[M].北京:人民出版社,1993:2.

认为只有优秀的雄辩家才能成为优秀的政治家,教育的最终目的是培养有文化修养的雄辩家,而训练的方法是实地练习,通过实践过程进行具体的指导。所以,他在著作以及生活实际中都极其重视雄辩术的培养,主张人要极尽可能地学习和掌握雄辩术,因为"这门学问的报偿是极高的,它通向知名、财富和荣誉"①。

在《论雄辩家》一书中,西塞罗罗列了雄辩家应具备的素质。第一,雄辩家必须具备学习雄辩术的天赋,在此基础之上才能接受教育和训练。雄辩家必须头脑灵活、口才流利并仪表堂堂。所以,在西塞罗看来并不是每个人都适合学习雄辩术。第二,雄辩家必须知识渊博。因为在辩论之中会涉及广博的知识,所以学习和掌握完整广泛的知识体系是非常重要的。第三,雄辩家应该得到好的语言熏陶。"必须说纯净、准确的拉丁语",是雄辩家的基本约束条件,以便能够准确表达自己想要陈述的内容,生动、易懂、选词准确都属雄辩家所必需的表达能力。最后,雄辩家的绅士风度不可缺少。在手势、呼吸和语调等方面必须使人感到舒服和优美才是合格的辩论家应具备的风度,"他所做的一切都应尽善尽美并且合适得当"②。至于培养雄辩家的方法,主要是通过长期大量的写作以及经常性的实战训练。

在阐释雄辩家的教育的过程中,西塞罗也论述了人性与教育的关系问题。他认为,天赋才是对雄辩术的效能做出主要贡献的因素,人们经常缺少的不是雄辩术的原理和方法,而是与生俱来的能力。但西塞罗同时也重视后天的学习和实践。他认为,良好的天赋能力通过后天的教育可以锦上添花,即使一个人的智力低于中人,只要他像别人一样对于自愿接受的教导甚至勉强灌输的东西能够真正理解并牢记在心,就足以学好雄辩之术及其他技艺。

西塞罗在教育上的重要贡献是积极倡导雄辩家的培养,对古罗马及后世西方教育的发展有着重要的影响。这一教育思想还被其后的古罗马的另一位教育家昆体良继承和发展。西塞罗在古罗马时代的影响延续至中世纪开始渐趋衰落,但在文艺复兴时期人文主义时期又再次振兴。彼特拉克在14世纪意外发现了西塞罗的书信,由此开始了文艺复兴时期人文主义学者

---

① 〔古罗马〕昆体良.昆体良教育论著选[M].任钟印,译.北京:人民教育出版社,1989:215.
② 同上注,225.

对西塞罗的重新研究。西塞罗的教育思想在中世纪及文艺复兴时期都起到了积极的作用,影响至今犹在。

(六) 昆体良

昆体良(Marcus Fabius Quintilianus,约35—95)是古罗马帝国时期著名的雄辩术教师和教育家,也是皇室委任的第一位修辞学教授,其代表作是《雄辩术原理》(*Institutes of Oratory*)。这部著作反映了古罗马帝国的教育实践,也总结了昆体良长期从事修辞学校教学的经验,被誉为西方古代第一部系统的教学法论著。

昆体良高度重视教育的作用,对教育在人的形成中的巨大作用充满信心。他认为除了那些极为稀少的天生畸形和生来有缺陷的人群,人都是可以经由教育培养成才的。在天性与教育的问题上,他认为,"天性是教育的原材料",教育是铸造原材料的艺术,中等的雄辩家多得之于天性,而优秀的雄辩家则更多得之于教育。

昆体良认为教育的目的就是要培养善良而精于雄辩的人。如果一个雄辩家不是为正义而是为罪恶辩护,雄辩术本身就成为有害的东西,而教授雄辩术的人将受到世人的谴责。昆体良针对以往的雄辩术理论只是以假定优秀的雄辩家应该是什么样的人,或具备什么样的文化素养,而较少涉及雄辩家培养教育的过程和方法的现象,提出对雄辩家的培养应从起始阶段就奠定基础,并在《雄辩术原理》中系统地论述了雄辩家教育的全过程,涉及学前教育、初等教育、中等教育乃至高等教育的全部基本问题。昆体良认为,要培养一个雄辩家,必须"从咿呀学语开始……直到他成为一个合格的雄辩家"①。按照昆体良的计划,未来雄辩家的培养始于襁褓之中。他专门讨论了儿童早期教育的重要性及家庭教育的内容和方法。他认为,7岁以前,儿童最初为他们的本能和冲动所左右,虽有认知,但组织不强,理性没能发挥作用,这一时期最重要的教育是找到合适的玩伴,使最初的教育成为一种娱乐。他认为,父母、保姆、家庭教师都是幼儿的教育者,尤其强调保姆必须是一个具有良好的品德和说话准确的人,因为她们的一言一行都会影响幼儿。

---

① 〔古罗马〕昆体良.昆体良教育论著选[M].任钟印,译.北京:人民教育出版社,1989:6.

在 7 岁的时候,儿童开始认识世界,模仿大人,这时可进入初级学校,学习读、写和计算。在 13 岁的时候,男孩子通常进入两个并行的文法学校,分别学习希腊文的语法和文学以及拉丁文的语法和文学。完成文法学校的学习之后,年轻的男子进入雄辩术学校,学习天文、诗歌、戏剧、历史、律法和法学、哲学,并对演讲者及其演讲进行模仿和研究。在这个过程中,昆体良论证了学校教育的重要性。在他看来,家庭教育容易使孩子养成冷淡、自夸和羞怯的习性,而学校教育则有所不同。学校里学生云集,不但有结交朋友的环境,而且也有相互竞争和互相观摩学习的机会,因此,从学校培养出来的学生一般都能较快进入并胜任雄辩家的角色,在公众面前发表演讲。同时,昆体良也提出了系统的教学方法,如启发诱导和提问解答等方法。在古代和中世纪,体罚是世界各民族中普遍流行的教育方法之一。在世界教育史上,昆体良是最早提出反对体罚的教育家。他认为作为一个演说家,必须有广博稳固的知识基础,极力主张专业教育应建立在尽可能广博的普通知识的基础之上。他特别强调文学教学(包括学习历史学家、科学家和诗人的著作)的重要性,他说:"除非很好地、真正地打好基础,否则,上层建筑就会倒塌。"

昆体良在继承古罗马雄辩家西塞罗的教育思想上,进一步深化了西塞罗的教育理想,提出了年轻一代的系统的教育计划,尤为可贵之处还在于对教学法问题进行了较为深入且系统的论述,对后世西方教育思想的发展产生了深远的影响,他的许多教育见解至今仍然富有教益。

(七) 奥古斯丁

奥古斯丁(Aurelius Augustinus,354—430)是古罗马帝国时期的天主教思想家,欧洲中世纪基督教神学、教父哲学的重要代表人物。他在教会教育以及基督教神学方面进行了开创性的研究,他的著作堪称神学的百科全书,代表作有《忏悔录》《上帝之城》等。

奥古斯丁在为基督教创立神学和教父哲学的同时,还从维护中世纪基督教权威出发,指出教育应该为神学服务。在他看来,只有在《圣经》的指引下,人才能找到自我并且获得知识,因此他实施教会教育的目的是为了更好地服务于宣扬基督教。

奥古斯丁著有《关于基督教教义》一书,该书为基督教教士制定了教育

第五章 外国教育史学科代表人物与重大事件

计划。基于特定教育目的和任务,奥古斯丁强调文法和修辞学对于训练辩才的重要性,主张把《圣经》列为教育的主要教材,在他看来《圣经》是上帝的语言,是一切知识的源泉。但他不排斥古典学科,认为七艺也可以作为学生理解《圣经》的工具。尽管奥古斯丁也认为世俗知识有用,但他所理解的有用仅仅局限在能为教会教育提供服务这一狭隘的方面。他认为,所有理性的知识只能是上帝的知识,所以"了解是为了信仰,信仰是为了可以了解"①。在道德教育问题上奥古斯丁提出了"原罪论"和"赎罪论",宣扬灵魂不灭论,因此也强调伦理道德的重要性,指出弃恶扬善是人们通达天堂的必经之路,人性本恶,只有信仰基督,信仰上帝,才能消除恶欲。

基于人性本恶的认识,他对儿童教育提出了自己的独特见解:"婴儿的纯洁不过是肢体的稚弱,而不是本心的无辜。"②同时他指出家庭教育对于儿童成长的重要性,其代表作《忏悔录》中记述了母亲的教育对他产生的深刻影响。在儿童的语言学习方面,他主张教学应首先唤起孩子的兴趣,并在愉快、自由的氛围中进行。但他反对儿童阅读无助于信仰的闲书,认为儿童读一些无用的书对于写作和阅读是无益的。尽管他的教育理论的主旨是为宗教服务的,但是根据雄辩术教师的培养方式,还是得出了一些有益于后世的教学方法,并且隐含了某些师生平等互动的思想。他认为,教师与学生应该是一种相互合作的关系,双方共同协作"寓于彼此之中"③。

奥古斯丁是一位虔诚的基督教徒,作为基督教大师为世人所知,所以他的教育思想中不可避免地掺杂着许多宗教成分而带有浓重的神秘主义色彩,但他能去恶从善并为自己的信仰勤勉工作,特别是他关于儿童教育方面的一些精彩论述,至今仍有借鉴意义。

二、古代重大教育事件

(一)宫廷学校

古代埃及是世界文明的发源地之一,也是学校教育最早发达的国家。

---

① 〔美〕梯利.西方哲学史(上)[M].葛力,译.北京:商务印书馆,1975:171.
② 〔古罗马〕奥古斯丁.忏悔录[M].周士良,译.北京:商务印书馆,1963:18-19.
③ 〔英〕伊丽莎白·劳伦斯.现代教育的起源与发展[M].纪晓林,译.北京:北京语言学院出版社,1992:31.

与同时期的其他文明古国相比,古埃及的学校类型多样、水平各异且组织良好,宫廷学校便是当时存在的较为先进的教育机构。

根据苏联教育史学家米定斯基的看法,建于公元前2500年的埃及宫廷学校是人类历史上有文字记载以来最古老的学校。[1]考古发现,在中王国时期,权贵人士就在王宫里进行活动,权贵们的子女也经常进出王宫,与王子、公主玩耍并且一同学习、娱乐和用餐,这便是宫廷学校的最初原型。随着古埃及政治的强盛,经济的繁荣,国家统治者有更多的精力用在统治阶级子女的教育问题上,于是产生了宫廷学校。

宫廷学校是古埃及的法老设在王宫内的一种学校,法老邀集一些有知识的文士进行教学,教学场所设立在宫殿里,教学对象以皇子以及贵胄大臣子弟为主,也从一般奴隶主子弟中选择优秀者入学,以造就高级文武官吏为培养目标。学习结束后,他们就被派往国家机关经受锻炼以取得实际经验。

宫廷学校的有关教学内容已无法考证。在古埃及的手稿记载中有这样一句话:"不要把时光玩掉了,否则你就要挨揍,因为男孩子的耳朵是长在背上的,打他才会听。"[2]不难看出宫廷学校存在体罚的现象。法老建立的宫廷学校,不仅由固定教师进行执教,而且还聘请国内的文人定期进行朝事讨论以及学术研究,并因此组成"文人之家"。由于这些人的水平较高,有学者认为这就是当时的大学形式。

(二)文法学校

文法学校(Grammar School)始建于公元前5世纪的雅典,在古风时代(前800—前500)是与音乐学校(亦称弦琴学校,Music School)平行的私立初等学校。文法学校专门招收7—14岁的男童,实施收费的教育,教师通常由享有自由权利的自由民或少数已赎身的奴隶担任,没有固定课程,主要是学习初步的读、写、算。在希腊化时代(前330—前30),文法学校开始成为一种中等性质的机构,取代了原有的中等教育机构——体育馆。[3]

古罗马占领古希腊之后,奴隶主贵族阶级出于将自己的子弟培养造就

---

[1] 〔苏〕米定斯基.世界教育史[M].叶文雄,译.北京:生活·读书·新知三联书店,1950:1.
[2] 〔苏〕司徒卢威.古代的东方[M].陈文林,等译.北京:人民教育出版社,1955:89.
[3] 单中惠.西方教育问题史[M].北京:人民教育出版社,2011:122.

成为国家统治阶层成员的目的,曾仿效希腊重建文法学校,分为罗马共和时期的希腊文法学校(Greek Grammar School)和罗马帝国时期的拉丁文法学校(Latin Grammar School)。古罗马共和时期的文法学校,亦称希腊文法学校,招收12—16岁的儿童,多为贵族奴隶主的子弟,教学使用希腊语,主要学习希腊文和希腊文学,由希腊人担任教师。公元前1世纪,随着罗马拉丁文学的发展,骑士斯提洛·普雷科宁努斯(Stilo Praeconinus)模仿希腊文法学校建立了第一所拉丁文法学校,主要学习拉丁文和拉丁文学。这两种文法学校的共同之处在于都教授地理、历史、数学等自然学科。随着拉丁文法学校的兴起,此时儿童在文法学校可同时学习希腊文和拉丁文,学习方法主要是讲解、听写和背诵。到了罗马帝国时期,文法学校成为培养官吏的机构,主要教授文法与文学,实用学科的学习有所削弱,并逐渐改制为公立学校,成为政治的附属,教学亦流于形式主义。

作为西方中等教育的最初形态,文法学校在西方中等教育发展史上占有不可取代的地位。它促进了古希腊、古罗马教育与文化的繁荣与传播,并在历史的延续演变过程中经过屡次调整改造,得以涅槃重生,以崭新的形态存于当世。文法学校作为特定历史时期的产物,带有明显的时代印记和诸多的历史局限性,特别是在教育对象上,唯有富家子弟和有政治地位家庭的子弟方能进入文法学校学习。

(三) 修辞学校

修辞学校(Rhetoric School)是古希腊和古罗马时期为了将贵族子弟培养成为具有演说才能的政治家、演说家而设立的一种高等学校。它源于古希腊一些智者派思想家在青年中进行以演讲、辩论术以及为其服务的文法、修辞(雄辩术)和辩证法(实为逻辑)为主要内容的讲学中心。[①] 古希腊教育家伊索克拉底(Isocrates,前436—前338)于公元前392年在吕克昂附近创办了第一所修辞学校。它以培养雄辩家为目标,使贵族青年掌握演说与辩论的才能,为青年们有效地参与社会政治活动做准备。学制通常为四年,入学前需在文法学校学习,教学内容包括法律、政治学、伦理学、文学、历史、哲学、

---

① 陈元晖.教育与心理辞典[M].福州:福建教育出版社,1988:636.

地理、天文、几何、雄辩术等,这是雅典也是古代希腊和西方教育史上第一所有固定校址和修业年限的高等学校。① 公元前 387 年柏拉图创办了以研究哲学为主的高等学校——阿卡德米学园,此后伊索克拉底修辞学校与柏拉图的阿卡德米学园之间展开了以修辞学和哲学为主要议题的争论。

在希腊文化的影响下,罗马于共和后期在文法学校的基础上,按照伊索克拉底的学校模式开设了私立高等修辞学校,招收 16—18 岁准备担任公职的青少年,学习 2—3 年,教学使用希腊语,设有修辞、辩证法、法律、数学等科目。公元前 94 年,修辞教师盖卢斯(Plotius Gallus)按照希腊语修辞学校的模式,创办了一所主要面向中下层子弟招生的拉丁语修辞学校。这两种修辞学校在发展过程中彼此渗透、互为补充。伴随罗马帝国的衰落和基督教势力的发展壮大,教会学校兴起,世俗学校逐渐被教会学校取代,修辞学校陷入穷途困境,几近绝迹。

古希腊与古罗马时期的修辞学校作为特定时代的高等教育机构,为当时的社会培养了众多优秀演说家和政治家,在传播文化、繁荣学术方面亦有贡献。这种具有高等教育性质的活动和机构设置也为后来欧洲正规中等和高等教育的兴起提供了原型。

(四) 伊壁鸠鲁学园

伊壁鸠鲁(Epicurus,前 341—前 270)是希腊晚期著名的哲学家、快乐主义伦理学的创立者,同时也是伊壁鸠鲁学派、伊壁鸠鲁学园的创始人。他接受并拓展了德谟克利特的哲学体系,建立起属于自己的完整哲学体系,该体系主要包括物理学、伦理学和准则学三个方面。在他看来,一个人要想获得完满的人生,就必须在掌握宇宙奥秘的同时,学会享受快乐生活。虽然他的哲学体系的科学性与合理性一度被人质疑,但却因为他一直反对迷信而受到罗马帝国早期上层阶级的推崇。

伊壁鸠鲁学园由伊壁鸠鲁亲自创立,由于设立在自家的花园当中,所以也被称为"伊壁鸠鲁花园"。学园的学生中有他的朋友、哲学团体的成员,甚至还有奴隶、歌女等。学园里主要讲授伊壁鸠鲁哲学,同时启迪人们在社会

---

① 李立国. 古代希腊教育[M]. 北京:教育科学出版社,2010:82.

生活中如何去享受生活。伊壁鸠鲁学园的建立及其特定的教学内容与其所处时代密不可分。人类自诞生以来就是生活在不平静当中,生活总是充满曲折,古希腊社会也是战乱纷争不断,伊壁鸠鲁的哲学思想和学园的产生,以及学园对教学内容的特殊选择,不仅反映了当时人们的精神需求,更主要的是迎合顺应了所处时代的状况和趋势,主观的用意在于引领人们在生活中去追寻什么才是有价值的。伊壁鸠鲁给出的答案是追求快乐。从当时的社会背景看,西方哲学已经进入了一个新时期,从纯求知向关注人生伦理转变,而此时产生的伊壁鸠鲁思想体系如一泓清泉,让当时的人们感到耳目一新。①

伊壁鸠鲁的哲学体系及其创办的学园都力图摆脱命运的捆绑,反对宿命论,向人们灌输神不可怕、死不足忧的生活理念。该学园提倡一种更加关注人生、重视朋友亲情的教学目标,给予不同阶级的人们以精神上的依托,鼓励世人去追求自由、快乐和幸福。伊壁鸠鲁哲学及其所创办的学园对伦理学做出了历史性的贡献。

伊壁鸠鲁早在两千多年前就指出,人的一生都应该不厌其烦地学习。他告诉我们:"快乐是幸福生活的开端和目的,因为我们认为快乐是首要的好以及天生的好,我们的一切追求和规避都开始于快乐又回到快乐,因为我们凭借感觉判断所有的好。"②伊壁鸠鲁学园"活到老,学到老"的教学理念一直影响至今。

(五) 中世纪大学

中世纪大学指中世纪主要在欧洲各国兴起的高等学府,为近代高等教育之滥觞。11 世纪,随着西欧的经济开始复苏,商品生产和贸易的发展,促进了城市的兴起和发展。城市多处于水陆交通要冲,工商业比较发达。城市发展既聚集了社会的财富,也对教育提出了更高的要求。从 11 世纪末开始,历时近两百年之久的十字军东征给东西方人民造成了深重的灾难,但客观上却促进了东西方贸易和文化的交流。在文化上,由拜占庭和阿拉伯人

---

① 田方林.重新审视伊壁鸠鲁辩证的伦理思想[J].延边大学学报,2008(2).
② 〔古希腊〕伊壁鸠鲁,等.自然与快乐:伊壁鸠鲁的哲学[M].包利民,等译.北京:中国社会科学出版社,2004:39.

保存的古希腊和古罗马文化又重返西欧,客观上提高了欧洲的文化智力水平,为大学的产生提供了知识基础。

有代表性的中世纪大学是萨莱诺大学、博洛尼亚大学和巴黎大学。萨莱诺大学最初是一所医科学校,也是欧洲最早的医科大学。1131年,德国皇帝巴巴罗撒发布敕令,承认它是一所专门从事医学教育和研究的大学。11世纪末在意大利出现的博洛尼亚法律学校以研究法学而著称,1158年得到罗马帝国皇帝腓特烈一世颁布的敕令保护,发展成为博洛尼亚大学。法国的巴黎大学是在12世纪末由原巴黎圣母院大教堂学校发展而来,正式形成于13世纪初。当时,一些在巴黎讲学的著名教师,如阿伯拉尔,吸引了越来越多的学生来此学习逻辑和辩证法,以便为将来担任神学家做准备。随着师生数量的增加,师生们决定根据惯例建立行会以保护他们彼此的利益。之后,那些在特别领域从事学科研究和教学的学者被归到一个学院。巴黎大学逐渐形成神学院、法学院、医学院和文学院四个学院。

继意大利和法国之后,英国于1168年创办了牛津大学,1209年创办了剑桥大学。14世纪,德国于1386年建立了海德堡大学。到17世纪,全欧洲已建立百余所大学。

中世纪大学包括两大类型:学生型大学和教师型大学。学生型大学以博洛尼亚大学为代表,管理权掌握在学生手里;教师型大学以巴黎大学为代表,学校事务皆由教师负责。到中世纪晚期,一些大学发展成为混合型的大学,介于巴黎大学和博洛尼亚大学这两种模式之间。

中世纪大学的学生来自世界各地,具有明显的国际性,很多大学里成立了同乡会、教授会等团体。另外几乎每个大学都有以语言、政治和地理边界划分的"民族团"(nation)。"巴黎大学约有四个民族团:法兰西民族团、诺曼民族团、庇卡底民族团和英格兰民族团。意大利大学有三个民族团。"[1]中世纪大学从建立伊始就展示出较强的自治性,通过不断与世俗政权和教会博弈,获得了多项特权,如居住权、司法自治权、罢课权、迁校权、颁发教学许可证的特权,以及免税、免服兵役权等。同时,中世纪大学已确立了学位制度。

中世纪欧洲大学的出现和发展为欧洲文艺复兴、宗教改革运动提供了

---

[1] [法]雅克·韦尔热.中世纪大学[M].王晓辉,译.上海:上海人民出版社,2007:39-41.

思想组织和知识准备,推动了各国文化和学术的发展,有利于城市的繁荣和工商业的进步,加速了国际间的文化和学术的交流,并对当时和后来的教育事业产生了重大影响。

(六) 中世纪城市学校

城市学校特指在西欧中世纪后期兴起的、为满足新兴的市民阶层掌握初等文化知识、实施工商业技能训练的需要而设立的各类世俗学校。

中世纪早期,教会控制了教育领域。在这一时期由教会实施的学校教育中,神学高于一切,一切知识都贯穿了神学的观点,所教内容完全脱离社会实际。至11世纪后期,由于生产力的不断进步,西欧出现了不同规模的城市。到12世纪中期,随着经济的发展,城市里的商业贸易日益频繁,市民对文字书写的兴趣日益提高。由于新兴市民阶层势力的不继壮大,他们越来越不满足于基督教学校提供的教育,要求创办新式的学校来教授实用的知识和技能。此外,十字军东征以后,拜占庭学者又来到西欧,传播东方和古希腊罗马古典文化,进一步打破了教会对文化教育的垄断局面,为世俗学校的兴起创造了前提条件。

城市学校并不是一所学校的名称,而是为新型市民阶层子弟开办的特殊类型的学校总称。比如,由手工业行会开办的学校称为行会学校,由商人联合会设立的学校称为基尔特学校(Gild School)。在城市发展和受教育需求不断增长的背景下,由于这两种学校性质相近,合并而后成为城市学校。城市学校的培养目标主要是造就满足新兴城市经济发展需要的手工业和商业人才。此类学校的教育内容偏重世俗知识,特别是读、写、算的基础知识和与商业、手工业等活动有关的各科知识的学习。此外,城市学校普遍强调使用本民族语言进行教学。在领导权上,城市学校在最初是由行会或者商人开办,随着城市经济的不断发展,学校逐渐扩大,市政当局开始接管城市学校,并决定学费的数目、教师的选聘以及薪金等。

城市学校的出现,扩大了受教育对象的范围,提高了市民的文化水平。尽管城市学校与教会存在着千丝万缕的联系,但它打破了教会对学校教育的垄断,堪称欧洲中世纪教育的一大进步。

第二节　近代重要的教育思想家与重大教育事件

参照世界通史的分期标准,外国教育史的近代阶段一般以文艺复兴为始端,下至第一次世界大战或苏联十月革命爆发为下限,历时五个世纪左右。这一时期的外国教育史所涵盖的地域范围仍以西欧为主,兼涉北美及地理上位于东方但却在政治上自诩为西方国家的近代日本,古代埃及此时则退出西方的地域和视野。以西方国家为主的外国教育在这一时段蓬勃发展,以不同层级和类型的学校为依托的教育建制和体系基本形成,先后发生了影响广泛深远的教育改革运动和事件,体系化的教育思想开始形成,并出现了许多产生深远影响的教育思想家和实践家。随着民族国家的形成,政府开始介入并掌管教育事业,学校教育逐渐步入法制化的道路。

一、近代重要的教育思想家

(一) 托马斯·莫尔

托马斯·莫尔(St. Thomas More,1478—1535)是英国最著名的人文主义者、政治家、教育家和欧洲早期空想社会主义创始人,在欧洲教育史上被奉为"16世纪初期最富魅力的人物"和"英国文艺复兴时期三个最伟大的人物之一"。[1] 其代表作《乌托邦》被认为是欧洲历史上第一部空想社会主义的论著。[2] 在这本名著中,莫尔阐述了关于普及教育、人的全面发展、劳动教育等重要思想。

莫尔认为,社会主义制度下的居民应是"有文化、有教养"的具有高尚精神的劳动者。为了培养这种新人,国家要实行公共的、平等的、普及的教育。这种教育要求男女两性享有平等的教育权利,他认为女子同男子一样富有智慧,可以发挥聪明才智。同时,这种教育不仅针对儿童,还要针对一切人。国家实施普及教育的渠道,既包括正规的学校教育,也包括非正规的家庭教

---

[1] 〔摩洛哥〕扎古尔·摩西.世界著名教育思想家(第三卷)[M].梅祖培,龙治芳,等译.北京:中国对外翻译出版公司,1995:148.
[2] 袁锐锷.外国教育史新编[M].广州:广东高等教育出版社,2006:86.

育、社会教育等。为了实现普及的教育,家长、教师、社会学者、生产技术人员均要在各自领域担负起教育的责任,并主张要用本国或本民族语言来代替拉丁文进行教学。

实行多方面的教育,培养全面发展的人,是莫尔教育思想的重要内容。莫尔倡导德、智、体、美、劳动技术全面发展的教育,反对进行单一知识学习的教育。莫尔认为德性教育应始终占据教育的首位。他还阐述了德性与知识、理性、自然等之间的辩证统一关系,认为德性服从理性、遵循自然,趋向至善,知识学习可以使个人道德品质得到极大提升。莫尔还十分重视自然科学的发展和研究,认为科学研究和文化教育同等重要,研究是使科学达到高水平的重要途径和方式。

在西方教育史上,莫尔最早论述了教育与劳动相结合的思想。他反对无知和脱离实际的学问,主张消除体力劳动与脑力劳动之间的对立,认为无论男女老幼只要年龄体力适宜均要参加生产劳动,并主张体力劳动和脑力劳动进行有机结合。他要求注重理论与实践并进,在实践中学,并学以致用。

莫尔的空想社会主义教育思想十分全面,包括了教育性质——人民的教育,教育方针——教育与生产劳动相结合,教育目的——脑力劳动与体力劳动相结合的公民,教育内容——德智体美劳动技术等内容,为科学社会主义教育思想的建立提供了最初的蓝图。但受阶级和历史局限性限制,莫尔的教育思想带有浓重的空想社会主义色彩。

(二) 弗朗西斯·培根

弗朗西斯·培根(Francis Bacon,1561—1626),文艺复兴时期英国著名哲学家、思想家,开创了英国唯物主义和现代实验科学之先河,为近代科学教育的兴起做出了重大贡献,被称为"科学教育之父"。培根的教育思想主要集中在《新大西岛》一书中,还有一些教育观点散落在《新工具》《学术的进步》《培根随笔》等著作中。

针对传统经院主义教育存在"空想、争辩、精致"的学习缺陷,培根主张改革经院主义教育。在他看来,知识的目的在于应用,在于与实际相结合;只有在实践中才能检验知识是否正确,是否有用;知识具有巨大的威力,它是人类改造自然和改造社会的强大力量。基于这样的认识,他提出了"知识就是力量"的讲求实际效果的知识价值论,主张学校教育要顺应时代的需求进行科学知识教育,明确了近代科学教育的目标。

培根主张科学教育要传授百科全书式的知识,这一观点主要体现在《新大西岛》一书中。书中的"所罗门宫"是一所乌托邦式的教育和科研机构,这里的政府成员都是科学家,最大限度地尊重和利用科学,而科学家需要的书籍、器材、设备、实验场所等应有尽有,还建立了学术奖励制度,并搜集世界各国的发明创造成果进行陈列展览。培根关于教育的科学预见,折射出他一直坚持的关于"办好学校教育"的必备前提条件的一些观点,如建筑学术场所、出版学术书籍、提高学者待遇。同时,培根还提出了人类知识体系的新结构,他将知识分成"自然界、人本身、人对自然的行动"三类共130个题目,明确了百科全书式的知识体系。

从唯物主义立场出发,培根强调教育过程中的科学观察与论证。他在批判亚里士多德"三段论"的基础上,系统地提出"实验归纳法",用以打破人类认识上自柏拉图以来关于"种族、洞穴、市场、剧场"等四种假象。培根指出,归纳法即是用"归纳、分析比较、观察、实验"等理性方法整理感性材料的方法,并在《新工具》中用大量自然科学例证进行了详细的说明和解释。他还特别强调实验的作用,认为离开实验,化学、物理或其他科学都是不成功的,这为科学实验法在学校教育工作中的实际运用开辟了道路。

培根还十分注重科学人才的培养,以促进科学的传承与发展。他认为"新的学生"要不断受到教育和训练,以保证科学研究新生力量得到源源不断的补充。为做好科学人才的培养工作,国家要实行几种举措:注重选择管理青年教育的教员;允许学校根据学生个性所长运用更实用的方法对其因材施教;注重校际间的学术交流;为学校提供大型实验所需资金,并允许学校收集保存知识等。此外,培根关于天性与教育的关系、求知目的及游历教育方式在人才培养中的作用等观点都具有重要启示意义。

虽未躬亲于学校教育,但培根的科学教育思想和归纳法冲击了学校教育中居于垄断地位的蔑视自然、脱离实际的经院主义之风。他的科学教育思想为学校教育的发展提供了新的目标和方向,在教育史上产生了巨大而深远的影响。但他所主张的"科学主宰一切"的思想夸大了科学知识和归纳法的效能,有其历史及认识上的局限性,需要辩证地借鉴。

(三) 马丁·路德

马丁·路德(Martin Luther,1483—1546)是德国宗教改革运动的领袖,也是一位教育家。他领导了西方近代著名的宗教改革运动,并首次提出全民普及义务教育的思想,对德国的学校教育的改革和西方教育思想的发展以及文化观念的转变,都产生过重要的影响。

马丁·路德的教育思想与其宗教、政治思想紧密相连。其宗教哲学的核心是"因信称义",提出人在上帝面前享有同样的权利等重要主张,主张德国可以使用暴力驱逐罗马教廷的特权,实现民族独立。

马丁·路德认为教育有三大目的:一是兴办新教学校来加强学生的宗教信仰,摆脱罗马教廷的控制;二是通过提高公民的教育水平来增强国家实力;三是通过教育培养博学的个人和理性的公民。

马丁·路德首先提出国家管理教育的思想。他身处教会和世俗政权争夺领导权的时代,他站在国家立场上,要求国家控制教育并竭诚为市民服务。其次,由于宗教信念中平等观念的影响,他力主普及义务教育,呼吁市政官员承担起教育青年的责任,国家应实行强迫教育,促进国家的繁荣昌盛。再次,马丁·路德还提出了改革学制的设想,主张缩减学时,以利于强迫教育的实施,要求中等教育和大学承担培养教师、传教士、牧师、法学家和医生等专业人士的任务。

尽管马丁·路德普及义务教育的思想主要是从提高大众识字率以便有助于人们能够阅读《圣经》、更好地理解教义出发,但客观上扩大了受教育对象,为普通民众争得了接受学校教育的机会。马丁·路德力主世俗政权介入并主导教育事业,也进一步削弱了传统教会对教育的控制。

(四) 夸美纽斯

夸美纽斯(Johann Amos Comenius,1592—1670),捷克17世纪伟大的教育家,西方近代教育理论的奠基者。他出身于新教家庭,12岁时成为孤儿,青年时期被选为捷克兄弟会的牧师,主持兄弟会学校,同时进行教学和著述工作。三十年战争(1618—1648)爆发后被迫流亡国外直至客死异乡。夸美纽斯把毕生精力都献给了教育事业。主要著作有《母育学校》《大教学论》及《世界图解》等。其中《大教学论》奠定了现代教育学的基本框架,夸美纽斯本人则被誉为"教育科学的真正奠基人"[①]和"教育史上的哥白尼"[②]。

夸美纽斯受人文主义思想的深刻影响,对人的智慧和创造力充满信心,极力主张运用教育手段促进人的和谐发展,希望通过教育改良社会,实现教派和民族的平等。"泛智论"是夸美纽斯教育思想的核心要素,也是夸美纽斯教育实践和教育理论的出发点和归宿。所谓"泛智",就是使所有的人通过接受教育而获得广泛、全面的知识,从而使智慧得到充分的发展。[③] 从"泛智论"出发,夸美纽斯对教育在社会生活和人的发展过程中的重要作用给予了充分肯定和高度评价。他认为,所有的人都可以受教育,都有发展的天赋,即具有可教育性;教育的目的在于培养具有"学问、德行和虔信"的人,为来世做好准备。从这样的教育目的出发,夸美纽斯尖锐地批评了当时学校中存在的各种弊端,强调必须改革旧教育,创办新学校,并把教育适应自然作为其整个教育思想的基本和主导的原则。在夸美纽斯看来,秩序是在自然界中起支配作用的普遍法则,对动植物或人都发生作用。夸美纽斯把人视为整个自然界的一部分,因此人的发展以及对人进行的教育也应服从这一普遍法则。因此,教育既要适应自然发展的法则,同时教育也要符合儿童身心发展的天性,适合儿童的年龄和性格特征。他还根据教育自然适应性原则,提出并详尽地论述了教学的具体原则,如直观性原则、激发学生求知欲的原则、巩固性原则、量力性原则、系统性原则和循序渐进性原则等。

夸美纽斯的"泛智"思想,反映在学校制度方面,则表现为他从普及教育思想出发,提出了一个前后衔接的单一的学校制度体系。夸美纽斯所设计的学校制度体系,反映了儿童身心发展的特点。他把儿童从出生到青年分为婴儿期、儿童期、少年期和青年期四个阶段,每个阶段历时六年,与之相适应的学校依次为母育学校、国语学校、拉丁语学校和大学,并规定了各阶段的学习内容和学习方法。

夸美纽斯另一重要的贡献是在《大教学论》中对班级授课制的系统论

[①] 杨汉麟. 外国教育名家思想[M]. 武汉:华中师范大学出版社,2010:39.
[②] 伍德勤,贾艳红,袁强. 中外教育简史[M]. 合肥:安徽大学出版社,2005:336.
[③] 朱永新. 中外教育思想史[M]. 南京:南京大学出版社,2000:246.

述,这是西方教育史上首次从理论上对班级授课制以及相关的学年制、学日制、考查和考试制度进行分析与论述,而且详细制定了与这一教学制度相匹配的具体内容。班级授课制的实施对普及教育和提高教学工作的效率和质量产生了积极的影响。

夸美纽斯生活在封建社会向资本主义过渡的特殊时期,作为新旧交替时代的一位历史人物,受这个过渡时代的历史特征的影响,他的思想也充满了矛盾。一方面,夸美纽斯的世界观仍然没有完全摆脱宗教神学和唯心主义的影响;另一方面,他又创造性地提出了一系列有利于发展资本主义的教育思想和有针对性的具体主张。尽管《大教学论》中渗透着夸美纽斯内心的这种特点和矛盾而使其带有明显的历史局限性,但并不足以否定《大教学论》在教育史上所拥有的至尊地位和曾经产生的重要影响。

(五) 约翰·洛克

约翰·洛克(John Locke,1632—1704)是17世纪英国著名的唯物主义经验论哲学家、政治家和教育家。1688年,英国爆发了"光荣革命",建立了君主立宪制的资产阶级政府。洛克坚决拥护君主立宪制,为了适应和满足新兴资产阶级的要求,他提出培养造就身体强健、举止优雅、有德行、有智慧和实际才干的绅士的教育主张。《教育漫话》是系统反映洛克绅士教育理论的代表作,在西方教育史上占有重要的地位。

洛克的教育思想与其社会政治观和哲学观有着密切的联系。他继承并发展了培根的唯物主义经验论,成为18世纪唯物主义的引领者。洛克反对天赋观念论,强调后天习得的重要性,提出了著名的唯物主义经验论的"白板说",并高度评价教育在人的发展中的巨大作用。

首先,洛克认为,绅士教育的目标是培养身体健康、精神健全的社会活动家和实干家,这反映了英国社会近代化过程中对精英人才的现实需求,是英国资产阶级新贵族教育理想的体现。洛克认为通过聘请优秀的家庭教师,在家庭环境中施教,是培养绅士的最佳途径。

绅士教育的内容主要包括身体、德行和学问三个方面。洛克在《教育漫话》中,借用亚里士多德的"健康之精神寓于健康之身体"这句千古箴言开宗明义地探讨了体育的问题。洛克主张无论冬天还是夏天,儿童的衣着不可过暖、用冷水洗脚和洗冷水浴、要多过露天生活、多呼吸新鲜空气、衣着应宽松、饮食应清淡简单、睡眠充分、养成早睡早起的习惯、不可滥用药物等等。洛克也因此成为西方教育思想史上第一位提出实施健康教育的教育家。

其次，洛克要求青年在具有健康体魄的基础上，必须发展健全精神，必须有完美的德行，认为德行、智慧、礼仪和学问是青年绅士所应具备的四种品质。洛克把服从理性、自我克制作为德行教育的基础。他极力陈述以理智克制欲望的必要性，阐明溺爱放纵的危害性。在德育问题上，洛克还探讨了道德教育的原则与方法，如主张趁早教育、不要溺爱、宽严结合、奖惩结合、通过实践养成习惯、说理教育以及榜样教育等。洛克重视理性，强调自我克制，对与美德密切相关的"礼仪"问题也多有论述。他认为，美德是一个人精神上的宝藏，礼仪则使这一宝藏放出光彩，即德行是内核，礼仪是外壳，好的德行要借助于优雅的礼仪才能大放光彩。所以，洛克认为礼仪是绅士应具备的第二种美德。

最后，洛克论述了智慧和学问，即智育问题。在洛克看来，智育不只是传授知识，更重要的是发展理解能力和思维能力，为进一步学习打下基础；其目的不是培养专家，而在于培养实干的人才，故所学科目应遵循实用性原则、多样性原则；主张采用激发求知欲、循序渐进、启发诱导等方法对学生施教。洛克把文化知识的学习置于次要地位，因为在他看来，身体是精神的物质前提和载体，所以绅士首先要有健康的身体，其次要有德行和能力。

（六）卢梭

让-雅克·卢梭（Jean-Jacques Rousseau，1712—1778）是18世纪法国启蒙运动中最激进的思想家、哲学家和教育家，自然教育理论的创始人。他激烈地抨击了封建的旧教育，被尊称为法国大革命的导师和旗手。主要著作有《论人类不平等的起源和基础》《社会契约论》《爱弥儿》《忏悔录》和《新爱洛伊丝》等。

作为自然教育理论的创始人，自然主义教育理论是卢梭教育思想的主体。卢梭自然教育思想的核心是"归于自然"，在教育上更加侧重强调人性中的原始倾向性和天赋能力。他认为，想要造就理想的人，就要推行自然主义的教育。主张只有"归于自然"的教育，远离城市社会的教育，才更有利于保持人的善良天性。

卢梭提倡的自然教育要求教育培养自然人,他所理想的自然人是身心协调发展的人,并能够适应各种客观情况发展变化的需要。卢梭提倡自然教育所培养的自然人,是能够独立生活,养成从事劳动能力的自然人,是资产阶级新人的形象。卢梭"自然主义教育"的培养目标中包含重视普通教育、反对封建等级教育,强调身体与头脑并用,重视身体和心理的健康,并培养独立判断能力和儿童适应环境的能力。卢梭还强调,教育应该适应受教育者身心发展的需要和规律,即要根据受教育者的年龄特征来实施教育。

卢梭从"归于自然""遵从自然"的思想中引申出关于女子教育的主张。他认为,男女无论是在性格、智力以及身体素质方面都是天性使然,这种差别是自然形成的。卢梭根据他对女人天性和天职的理解,提出了女子教育的主要培养目标,即培养贤妻良母和具备治家等能力的女人,并且提出对女子教育首先应培养妇女强健的体魄,认为好的身体素质是孕育生命的基础,并能使妇女有健康的精神和容颜。卢梭在自己的著作《爱弥儿》中,以女主人公苏菲为例,专门论述了女子教育的问题。

卢梭的代表作《爱弥儿》所强调的是培养自然人,表达的是自然主义的教育思想。他主张在新的资本主义制度确立以后,应建立国家教育制度以培养良好的国家公民。卢梭有自己的国家理想,他其实是一个对新的社会制度充满幻想的思想家。由此可见,卢梭并不否认教育是社会的职责和按照社会的需要培养公民,更不主张把个人与社会对立起来。

卢梭是划时代的教育思想家,他反对保守陈腐的教育,倡导自然教育理论,要求教育要适应儿童天性的发展。在教育内容和方法方面,卢梭的建设方案也比之前的提法有所超越,但他在女子教育等方面的某些教育观点显然不合时宜,是落后的。卢梭的教育思想在西方教育史上被誉为新旧教育的分水岭。

(七)裴斯泰洛齐

约翰·亨利赫·裴斯泰洛齐(Johann Heinrich Pestalozzi,1746—1827)是19世纪瑞士著名的教育思想家和教育改革家。他主张通过教育提高人民素质,改善贫穷人民的生活,提倡建立公共教育制度,维护人人受教育的权利。

其著述颇多,主要有《林哈德和葛笃德》《论教学方法》《天鹅之歌》《葛笃德怎样教育她的孩子们》等。

裴斯泰洛齐是教育史上最早提倡与实施爱的教育的代表。他热爱儿童,关心儿童,尊重儿童,终生以满腔的热忱从事儿童教育活动。裴斯泰洛齐十分重视家庭教育,认为家庭是教育的起点,强调家庭教育中母亲对儿童教育的重要性。他提出,"家庭生活的精神,是一切真的人的陶冶及一切真的教育的永远基础。儿童生活的第一期,如无母亲为之养育,就将失去基础的、自然的教育"①。在裴斯泰洛齐看来,家庭教育是自然教育的原型、社会教育的榜样,主张将学校的道德教育和纪律教育建立在家庭生活的基础之上。

裴斯泰洛齐还是西方教育史上第一个提出"教育心理学化"的教育家。他曾明确提出,"我正在试图将人类的教学过程心理学化;试图将教学与我的心智的本性、我的周围环境以及我与别人的交往都协调起来"②。他认为,人的自然发展是有一定规律可循的,教育要适应人的心理规律,教育儿童要根据他们的天赋能力尽心培养,使其逐渐发展成熟。因此,他强调教学必须以心理学为基础,即教育和教学应符合儿童的心理发展的年龄特征和活动规律,建立符合儿童心理规律的教学机制。此外,裴斯泰洛齐通过教育实验,从"教育心理学化"的观点出发提出了一些有益的教学原则,主要包括直观性原则、连续性和循序渐进原则、自发性和自我能动性原则、慎始原则等,正是这些原则奠定了他的教学理论的基础。

以教育心理学化理论为基础,裴斯泰洛齐还提出了要素教育理论,对初等教育的内容和方法作出了重要论述。裴斯泰洛齐认为,在一切知识中都蕴含着一些最简单的"要素",儿童通过掌握这些"要素"就能够认识他所处的周围世界。裴斯泰洛齐认为,从要素开始的教育才可能是符合自然法则和心理发展规律的。基于这种认识,他提出了一种能让教育工作者和每一位普通母亲都能掌握和运用的教育和教学方法——"要素方法"。他指出,"我们观念中的'要素方法',其主旨就是追求各种才能的均衡。为此,它要

---

① 蒋径三.西洋教育思想史(上册)[M].福州:福建教育出版社,2011:296.
② 张焕庭.西方资产阶级教育论著选[M].北京:人民教育出版社,1979:189.

求人的所有基本能力都充分发展"①。这就要求学校的教育能够使每一个人在德、智、体几个方面和谐发展和每一方面的均衡发展,因此裴斯泰洛齐详细地论述了德育、智育和体育以及其中的"要素方法"。要素教育理论奠定了各科教学法的基础,这是裴斯泰洛齐对初等教育的发展与普及做出的重要贡献。

裴斯泰洛齐一生致力于贫民儿童和国家教育事业,他的教育思想中包含丰富的关于教育体制、原则和教学方法的内容,他的教育实践和国民教育理论,曾对欧美各国以及其他国家的教育产生了深刻而广泛的影响,不愧为一位享誉世界的伟大教育家。

(八) 洪堡

威廉·冯·洪堡(Wilhelm von Humboldt,1767—1835)是19世纪初的德国政治家、教育改革家和社会活动家,柏林洪堡大学的创建者。

洪堡所处时代恰逢德国现代启蒙思想和文化运动最为活跃的时期。继18世纪上半叶的启蒙运动之后,18世纪后半期又兴起了新人文主义运动和浪漫主义运动,这种时代精神为洪堡教育思想的形成提供了思想源泉。1809年2月,在欧美正在经历工业革命和普法战争失败的背景下,洪堡出任普鲁士公共教育司司长,开始了为挽救民族危亡、重振普鲁士雄风的教育改革。

洪堡秉持"以建立城镇与市政的自治和解放农民为起点,来实现他那完全以自由公民的自觉行动为基础的国家建设计划"②的宗旨,来改革德国当时的教育。他强调人人都应该接受同样的教育,即普通教育,认为人只有掌握了普通的文化知识和基本技能才能奠定获得其他一切知识技能的基础。洪堡主张废除等级学校,建立单轨的、从初等教育到大学教育统一的学校教育制度,并强调职业教育与普通教育是两个不同的系统,认为职业教育应该在普通教育之后进行,否则便培养不出完全的公民。他主张应根据每一个阶段学生接受的普通教育来确定课程设置和统一使用的教材。③ 将培养全

---

① 〔瑞士〕裴斯泰洛齐.裴斯泰洛齐教育论著选[M].夏之莲,等译.北京:人民教育出版社,2001:427.
② 〔德〕鲍尔生.德国教育史[M].滕大春,滕大生,译.北京:人民教育出版社,1986:122.
③ 赵祥麟.外国教育家评传(第二卷)[M].上海:上海教育出版社,1992:16.

面发展的人放在教育的首要位置上,抛弃百科全书式的教育,取而代之的是培养学生的创造力、理解力和丰富的情感。①

洪堡认为"人的自由是人的本性"②,教育要尊重人的个性。由此他为大学教育提出了三项原则:学术自由、教学与科研相统一、科学统一。学术自由原则,是指大学在管理方面拥有更大的自主权,校长在教授中选举产生并得到政府的认可;教授们应自由地选择授课内容和教材,政府不应干涉其在大学中所讲的科目。教学与科研相统一原则,是将教与学通过第三者"研究"联结起来。体现在大学教育的工作者身上,就是既是教师,又是科学研究工作者;体现在受教育者身上,就是既是学生,又是研究者。③ 科学统一原则,是指大学所开设的各学科间的联系是建立在统一的哲学基础之上的,但同时不能将哲学视为"低级学科",而应视之为大学的核心科目;大学所培养出的人才不但具有科学技术能力,更重要的是还应具有人性和健康的哲学世界观。

洪堡对德国教育的贡献在世界教育发展史上留下了浓墨重彩的一笔。他是最早对德国古典教育进行全面审视和改革的教育家,尤其在高等教育改革方面更是享有盛名;他所提出的教学与科研相统一原则,对欧洲乃至世界大学的发展都具有重大意义。洪堡对普鲁士进行的教育改革,奠定了德国教育制度的基础,使德国教育焕然一新,得以跃居世界前列,成为一个时期内许多国家学习的范本。

(九) 赫尔巴特

约翰·弗里德里希·赫尔巴特(Johann Friedrich Herbart,1776—1841)是德国著名的哲学家、心理学家和教育家,终生以学术工作为业。1802年即在哥廷根大学执教,1804年升为教授,讲授伦理学和心理学等课程,1809年继任康德离世之后空缺5年之久的哥尼斯堡大学哲学和教育学讲座教授,直至1833年重返哥廷根大学。在哥尼斯堡大学期间曾创办教育研究所和实验中学,并亲自教授数学。赫尔巴特学养广博深厚,兼涉哲学、心理学和教育

---

① 赵祥麟.外国教育家评传(第二卷)[M].上海:上海教育出版社,1992:17.
② 同上注,13.
③ 同上注,23.

学等多个学科领域,拥有大学和中学教学的丰富实践经验,为其从事学术创新和理论构建提供丰富的资源和主观条件。赫尔巴特一生有多部著作问世,代表作有《普通教育学》《心理学教科书》以及《教育学讲义》等。其中《普通教育学》是他的教育理论代表作,曾被视为"教育史上第一部具有科学体系的教育学著作"[1],他本人也被誉为近代教育科学的创始人和科学教育学的奠基人。

作为西方近代教育史上有重要影响的教育家,赫尔巴特从其实践哲学家即伦理学的基本理念出发,结合当时的社会现实条件,对德育及其目的问题进行了比较系统的阐释,认为道德教育的主要目的不能以形成某种外在的行动模式和行为习惯为重,而应该重在培植内在的明辨是非的观念和相应的意志力。他指出,"教育的唯一的工作与全部工作可以总结在这一概念之中——道德","道德普遍地被认为是人类的最高目的,因此也是教育的最高目的"[2],日常生活的道德判断可以按照内心自由、完善、仁慈、正义和公平这五种道德观念加以修正。他把上述五种道德观念视为教育的最高目的,是人类普遍应具备的美德和巩固世界秩序的永恒真理。与此同时,赫尔巴特还提出了教育的"选择的目的",这种目的强调在儿童兴趣、能力得到和谐发展的基础上,为其将来能够从事某种职业提供帮助。

赫尔巴特深受裴斯泰洛齐的"教育心理学化"主张的影响,认为教学必须遵循心理规律,提出了教学心理学化的主张,并以心理学的既有发展水平和研究成果为基础,对与教学过程直接相关的观念、意识阈、统觉、兴趣、注意和审思等概念及其功能,进行了分析论述,进而提出了依次由明了、联想、系统、方法四个环节组成的所谓教学形式阶段理论,并明确了每一阶段中教师的具体任务和活动方式,规定了学生的学习要求和活动范围。同时,赫尔巴特还将心理学上的统觉过程分为感官的刺激、新旧观念的分析和联合、统觉团的形成三个阶段,对应地提出了三种不同的教学方法:单纯的提示教学、分析教学和综合教学,这三种教学方法逐步递进,互为补充,形成了赫尔巴特的"教学进程"理论。

赫尔巴特极为重视道德教育,甚至将德育目标提升为教育的最高或终

---

[1] 李明德,金锵.教育名著评介(外国卷)[M].福州:福建教育出版社,1992:154.
[2] 张焕庭.西方资产阶级教育论著选[M].北京:人民教育出版社,1979:259-260.

极目的,这一思想倾向也渗透到他的教学理论当中,提出了著名的"教育性教学"原则,即寓思想品德教育于知识传授和发展智力的教学过程之中。他认为,人的观念、情感、善的意志是不可分割的。作为知识传递过程的教学和作为善的意志形成的道德教育是统一的,教学如果没有进行道德的教育,只是一种没有目的的手段。道德教育如果没有教学,则是一种失去了手段的目的。① 在他看来,养成德行是教学的最高目的,教学是道德教育的基本途径,即"通过教学来进行教育"②。在教学内容方面,赫尔巴特在课程中引进了自然科学,在推崇传统古典学科的同时,也重视自然科学的教育意义,甚至还注意到实科教学的问题。这些主张和做法反映了新兴资产阶级要求挣脱封建束缚、发展社会生产、追求社会进步的合理要求,显然具有积极意义。

赫尔巴特作为近代教育史上有重要建树和影响的教育家,其教育理论总体上反映了19世纪初德国新兴资产阶级既保守又进步的两重性特征。他的教育理论体系重心和教育主张基本倾向是维护既存的社会秩序,以培养统治阶级的顺民,这些方面都是他的思想中具有明显的保守性和落后性的具体体现。赫尔巴特的学说在世界各国产生了广泛的影响,其教育思想曾经为杜威所借鉴,被锐意改革教育时弊的杜威称之为"传统教育"或"保守教育"的代表而屡遭批判,同时也引发了进步与传统或保守两种教育思潮之间的论争和相互吸收融合。

(十) 福禄培尔

弗里德里希·威廉·奥古斯特·福禄培尔(Friedrich Wilhelm August Froebel,1782—1852)是德国著名的教育家,幼儿园的首创者,近代学前教育理论的奠基人。他将毕生的精力投入到幼儿教育事业,所创立的幼儿教育理论对世界幼儿教育的理论和实践产生了深远影响。由于福禄培尔在幼儿园领域的卓越贡献,他被称为"幼儿教育之父"③,其幼儿教育著作有《人的教

---

① 张焕庭.西方资产阶级教育论著选[M].北京:人民教育出版社,1979:304.
② [德]赫尔巴特.普通教育学·教育学讲授纲要[M].李其龙,译.北京:人民教育出版社,1989:13.
③ 吴式颖,姜文闵.外国教育史话[M].南京:江苏人民出版社,1982:96.

育》《慈母曲及唱歌游戏集》《幼儿园教育学》和《幼儿园书信集》。此外，他还创办了《星期日读物》和《福禄培尔周刊》，广泛宣传和交流幼儿教育思想。

福禄培尔的教育基本理论主张主要体现为四大教育原则：一是统一性原则。在福禄培尔看来，"统一"是全部生活和全部教育的出发点和主要法则。二是顺应自然的原则。福禄培尔认为，整个宇宙就是一个球体，其中心是神。神性是人性的本质或根源，人性肯定是善的。三是发展的原则。福禄培尔认为，人性是不断发展和成长的，人的发展同自然界的进化是一样的，经历了漫长的演变过程，因此，理想的教育必须遵循贯彻发展的原则。四是创造的原则。福禄培尔认为，创造性原则与统一性原则是相互联系的，上帝具有创造的精神和能力，由上帝创造的人类，同样也要学会创造。

福禄培尔不仅探索了幼儿园教育实践该如何开展，还形成了自己的幼儿园教育理论。福禄培尔非常重视幼儿教育，在强调和肯定母亲在幼儿教育中的作用的同时，主张必须为3—7岁的儿童建立专门的教育机构，以便协助家庭更好地教育儿童。

关于幼儿园工作的任务和方法问题，福禄培尔主张幼儿园的主要工作是通过各种游戏和活动来培养儿童的社会态度和美德，教育方法的基本原理是自我活动或自动性。他提倡直观性教学，并且非常重视儿童的亲身体验。

在幼儿园课程内容的选择与组织方面，福禄培尔构建的幼儿园课程体系包括游戏、歌谣、恩物、手工作业、自然研究等多个方面。他非常重视模仿社会生活的游戏，主张把幼儿园变成社会的缩影，培养幼儿服从、温顺、节制等品质。同时，他还创制了"恩物"——一套可供幼儿使用的教学用具，用以帮助儿童认识自然及其内在的规律。

福禄培尔创立的幼儿园和构建的幼儿教育体系对西方幼儿教育产生了巨大的影响。随着福禄培尔教育理论的传播，欧美国家兴起了幼儿园运动。"幼儿园"一词成为世界各国幼儿教育机构的名称，幼儿园作为幼儿教育机构的主要类型一直延续到现在。

（十一）第斯多惠

弗里德里希·阿道夫·威廉·第斯多惠（Friedrich Adolf Wilhelm Diesterweg,1790—1866)是19世纪德国著名的资产阶级民主主义教育家。他长期从事教育研究和教育实践,对德国教育尤其是师范教育的发展产生了重要的影响,被人们尊称为"德国师范教育之父"①。他发表了大量关于教育问题的论著,代表作主要有《德国教师培养指南》《教育年鉴》和《教育的理想和可能》。1827年,他创办和主编了《莱茵教育杂志》。

第斯多惠认为教育的最高目的和最终目标是激发学生的主动性,培养独立性,使人最终达到自我完善,或称"全人"的教育目的。

在第斯多惠看来,"全人"的教育目的关键在于促进人的发展,而人的发展取决于人与生俱来的自然本性,这种本性不仅具有天然倾向,还有其自身的发展规律。第斯多惠认为影响人发展的因素有三个,分别是天资、教育和自由自在。在他看来,天资是人的先天禀赋,是人本身能力和活动发展可能性的基础,是人们的能力和力量得以提升改善的胚胎。人的天资存在差异,并且随着时间的发展而发展,不同的个体之间,发展的速度也有快有慢,方向不一。

第斯多惠非常强调教学的发展性意义,他把教育过程理解为激发儿童天赋的过程。在第斯多惠看来,教学的基本任务是激发学生的能力,首要任务在于发展学生的认识能力,同时,还需培养学生应用知识的能力。第斯多惠依据他的教学理论,详细地论述了教学原则和教学规则。他认为,教学首先应遵循自然和文化,同时教学还应具有连续性与彻底性,并且还应具有直观性。

第斯多惠把教育过程视为激发学生禀赋的过程,并把这种力量归之于教师。他极为推崇教师的主导地位,认为教师在教学中的作用是决定性的。为此,第斯多惠对教师也提出了很高的要求,认为教师必须具有高度的知识水平、良好的素养、精湛的技能和崇高的责任感。第斯多惠为了践行其有关教师素质的思想主张,还对师范学校的教学进行了一系列的改革试验。

第斯多惠创造性地探讨了教育的基本原则,提出了许多有价值的教育原理和教学细则,并且积极地投入到培养教师的活动中,对德国教师教育的发展做出了重要的贡献。他的教育实践和教育理论,不仅对德国的学校教

---

① 吴式颖.外国教育史教程[M].北京:人民教育出版社,1999:364.

育和教育理论产生了重要的影响,而且对欧洲及其他国家的师范教育事业也产生了积极的影响。

(十二)贺拉斯·曼

贺拉斯·曼(Horace Mann,1796—1859),19世纪美国著名的教育家,公立学校运动的杰出领袖。在担任美国马萨诸塞州官员期间,坚持把教育机会提供给每一个儿童,积极倡导公立教育,并最终在马萨诸塞州政府建立了州教育管理体制,成为全美教育界效仿的楷模。由于对美国公共教育发展做出的杰出贡献,他被誉为"美国公共教育之父"[1]。

贺拉斯·曼的教育思想集中体现在1837—1848年其出任公职期间所撰写的12份年度报告中。最重要的教育业绩体现在对普及教育和设立公立学校的倡导和实践推进以及有关普及教育对国家和社会的重要作用的论述。在《教育在一个共和国里的必要性》的演说中,他强调指出:我们必须"坚持一个永恒的真理,在一个共和国里,愚昧无知是一种犯罪"[2]。在贺拉斯·曼看来,缺乏教育是整个共和国国民长期处于愚昧无知状态的根源,因此倡导要及早把普及教育提上日程,而设立公立学校就是普及教育最好的途径。贺拉斯·曼强调说,国家应该使每一个适龄儿童都能享受到免费的公共教育,而不考虑其经济条件、社会地位、宗教信仰和家庭背景如何,因为受教育是人与生俱来的权利,而且公共教育应该由税收资金来支持,公立学校应该由公众支持和管理。

贺拉斯·曼不仅积极倡导普及教育和设立公立学校,而且非常注重公立学校的改善和建设。在马萨诸塞州教育委员会任职期间,他十分注重公立学校的建设问题。当得知学校的教学资源和设备短缺、办学条件欠佳的状况,贺拉斯·曼提出,改善学校的物质状况势在必行。他深知舒适整洁的校园环境和完备的教学设备,对于学习和工作的顺利进行都是十分重要的,图书馆的建设尤为重要。在他看来,州的每一个学区都应该建立一所免费的图书馆,认为"公立学校的图书馆的好处是一种近现代的发明……好的书籍对年轻人的心理作用,犹如温暖的太阳和清新的春雨对冬天森林里埋着

---

[1] 单中惠.西方教育思想史[M].太原:山西人民出版社,1996:406.
[2] 吴式颖.外国教育史简编[M].北京:教育科学出版社,1995:239.

种子的作用一样"①。

贺拉斯·曼还非常重视公立学校的教师培养问题。在他看来,教师是知识的传播者和思想的启迪者,如果没有好的教师就不会有好的学校。为此,贺拉斯·曼提出教师要接受良好的训练,成为受过专门教育的人。他坚信,师范教育的发展将会全面推动公立学校的发展,因而极力倡导建立师范学校,以此来改善和提高教师的教学水平。

贺拉斯·曼凭借他对美国教育的卓越贡献,确立了他在美国教育史上的特殊地位,他一生以建立免费的和普及的公立学校的教育制度以及建设和改善公立学校为目标。他在马萨诸塞州创建的师范学校,标志着美国公立师范学校运动的开始。贺拉斯·曼的教育思想和教育活动为19世纪美国公立学校运动指明了方向,为其确立了基本原则,无愧为美国公立教育制度的创立者。

(十三) 斯宾塞

赫伯特·斯宾塞(Herbert Spencer,1820—1903)是19世纪英国著名的哲学家、社会学家和教育思想家。他是科学教育的代表人物之一,提出了科学知识最有价值的观点,并强调教育对资本主义法治的强化功能。他学识渊博,著述颇丰,其教育方面的代表作为《教育论》。

斯宾塞提出"教育预备说",即教育的目的是为"完满生活做准备",呼吁教育应该从古典主义的传统中解放出来,从而适应生活和生产的需要。从"教育预备说"出发,他提出了关于什么知识最有价值的论断。他认为,有价值的知识不在于这种知识本身是否有价值,而要关注知识的比较价值,以知识与生活、生产和个人发展的关系为比较的尺度,才能确定何种知识是否有价值及其价值的大小。通过详细的论证,斯宾塞得出科学知识对人类生活最有价值的结论。

斯宾塞强调教育的根本任务是向学生传授科学知识,认为科学知识在对人们生活的主要方面的准备中比古典文化更有效用,应该在教学中占据重要位置,从而巩固了科学知识在学校教育中的地位。由此,他制定了以科

---

① 单中惠,贺国庆.19世纪的教育思想(下)[M].长沙:湖南教育出版社,2005:25.

学知识为核心的课程体系。在知识价值论的基础上,他依据五种生活活动的主次顺序来确定课程体系,并提出学校应该开设五种类型的课程,分别是生理学和解剖学,逻辑学、数学、力学、化学、天文学、地质学、生物学和社会科学,教育学、心理学和生理学,历史学、文学、艺术等。斯宾塞制定的课程体系解决了有用知识的合理选择问题,建立了广泛的学科课程体系,突破了古典文科课程的局限,推进了现代科学学科课程的发展。

斯宾塞在解决了如何选择和确定教学内容这一问题的基础上,进而论述了有关教学原则和方法的问题。他主张教学应符合儿童心智发展的自然顺序,按照心理发展的供求规律来促使儿童自然发展。他反对死记硬背式的教学,反对只讲规则和抽象的原理,主张从实践中通过具体的直接感知进行实物教学,并且教学的每个部分都应该从实验到推理,从而引导儿童自己进行探讨和推论。依据儿童心智发展的规律,斯宾塞认为,整个教学过程应该从简单到复杂,儿童所受的教育必须在方式和安排上同历史上人类的演进一致。斯宾塞将"自我教育的过程"和"愉快的教育过程"看作是整个教育过程中最为重要的问题,就是注重学生的学习兴趣,在愉快的活动中发展自己的智慧。斯宾塞主张理想的教学过程应该既有益又充满乐趣,在传授知识的同时又适当地发展能力。

斯宾塞的教育理论在西方教育史上所产生的影响深远而广泛,他批判了传统的古典主义教育,建立了注重科学的课程体系,在课程论的发展中占有重要的地位。他的教育理论被英国学校广泛地采用,在一定程度上促进了中等学校实科教育及其他各级教育的发展。他的思想不仅在英国,而且在世界范围内都产生了较大的影响。

(十四) 乌申斯基

康斯坦丁·德米特里耶维奇·乌申斯基(1824—1870)是俄国著名的教育家。乌申斯基的教育思想对19世纪后半期的俄国教育产生了重要影响,因而被誉为"俄国教育科学的创始人"和"俄国教师的教师"[①]。其代表作为《人是教育的对象》。此外,他还编写出版了《祖国语言》和《儿童世界》两本

---

① 赵祥麟.外国教育家评传(第二卷)[M].上海:上海教育出版社,1992:301.

著名的教科书。

乌申斯基整个教育理论体系的统一基础为民族性原则。他强调指出："一个没有民族性的民族,就等于一个没有灵魂的肉体,结果只能遭到瓦解并消亡在别的保存着自己独特性的肉体之中。"① 而且,他还认为俄国教育无论是方向和内容,都应该以俄国人民的利益为根本,教育应该是人民的。教育的目的在于培养全面和谐发展的人,实现个体身体和智力的全面发展,并能把个人命运与民族命运联系在一起。

从这样的教育目的出发,乌申斯基非常强调道德教育在整个教育体系中的重要作用。他说："我们大胆提出一个信念,道德的影响是教育的首要任务,这种任务比一般地发展儿童的智力和用知识去充实他们的头脑重要得多。"② 同时他还认为学校应该把关于爱国主义、热爱劳动以及宗教教义等思想作为教育的内容向学生传授。乌申斯基肯定劳动在人的发展中的重要作用,强调体力劳动与脑力劳动在儿童的智力发展过程中是相辅相成、不可分割的。

在乌申斯基的教育思想体系中,教学论也占有重要的地位。他认为,知识与能力是相互联系、不可分割的,教育者应该把发展知识与传授能力结合起来进行教学,并且在教学过程中也要遵守一定的教学原则,教学过程应该在教师的正确引导和学生的积极参与下共同完成,这就要求教师在教学过程中运用自觉性和积极性原则。他还强调,学生获取知识应该是一个循序渐进的过程,教学时应遵循系统性原则。乌申斯基认为,"儿童的天性显然需要直观性"③。因此,他要求教师在教学过程中根据学生的身心特点,遵循直观性原则进行教学。此外,乌申斯基还强调了巩固性原则,认为学生在获得牢固性知识过程中复习和练习起着重要的作用。

在乌申斯基的教育理论中,还对师资培养问题进行了专门的研究和论述,并对师范教育及其发展表现出了积极的关注。他主张师范学校的设立应该远离喧嚣的城市,并且实行校内住宿制。师范生不仅要拥有高尚的职业修养,还要掌握如俄语、教育学、心理学、分科教学法等相关学科领域的知

---

① 赵祥麟.外国教育家评传(第二卷)[M].上海:上海教育出版社,1992:301.
② 同上注,305-306.
③ 同上注,319.

识。乌申斯基的教育计划曾被俄国教育当局采纳,其教育理论和教育实践,为俄国师范教育制度的建立和发展奠定了基础。

乌申斯基长期从事教育理论研究,从教育的民族性出发,对道德教育、教学论和师范教育等方面都进行了深入的探讨,还曾长期参加学校的教育实践,对学校的生活制度与教育和教学的改革也多有见地和创意。乌申斯基的教育体系在俄国的影响很大,是俄国国民学校的奠基者。

(十五) 福泽谕吉

福泽谕吉(1835—1901)是日本明治维新时期杰出的教育家和启蒙思想家,毕生致力于著述和教育活动。福泽谕吉在其著作中强烈地批判了日本传统的封建意识形态,提出了开民智和传播西方近代资本主义的观点,其思想主张对日本资本主义的发展产生了重要的鼓舞和推动作用,有"日本伏尔泰"[1]之称。他的代表作有《劝学篇》和《文明论概略》等。

福泽谕吉在学习西方文化的过程中,在肯定遗传和环境因素的作用的前提下,非常强调教育在人的发展中的作用。他在《教育的力量》这篇论文中指出:"人的能力中,天赋遗传的因素是有限的,决不能超过其限度","人,学则智,不学则愚,人的智慧取决于教育如何"。[2] 针对当时日本落后的现状,他认为,只有通过传授知识才可以开发人的智力,培养人们对于是非对错的判断力。福泽谕吉认为教育,特别是学校教育的目标就是挖掘和培养人们身心中蕴藏的各种能力。

从上述立场出发,福泽谕吉对道德和智慧的含义作出了独特的阐述。他认为,道德就是内心的准则,也就是指一个人内心真诚,即使在没有他人的情况下,也不做昧于良心的事。智就是智慧,"就是指思考事物、分析事物、理解事物的能力"[3]。并且强调二者无轻重之分,都应该得到全面的发展。在德育方面,福泽谕吉反对把道德的主要内容定义为封建的伦理道德,主张培养公民的独立意识,倡导在生活中营造氛围,在耳濡目染中塑造独立的意识。在德育的实施途径中,他认为只靠学校教育是不行的,要由家庭、

---

[1] 赵祥麟.外国教育家评传(第二卷)[M].上海:上海教育出版社,1992:393.
[2] 同上注,423.
[3] 同上注,427.

社会、学校三方面共同努力才足以完成德育的任务。在智育方面,福泽谕吉反对儒家只重道德而轻智慧的观点,提倡以西方文明为目标,主张向学生传授与现实生活相联系的实用性知识。

福泽谕吉除了重视德育和智育之外,还非常重视体育在健全国民体魄和发展国民精神中的重要作用。他说:"活泼的精神寓于健康的身体,生来身体虚弱多病绝不会有超人的智慧和判断力,即便有,也难以应用。"①福泽谕吉强调,国家和社会都应该端正对体育的态度。他认为,身心健康才是立业、立家和立事之本。他在论著中多次提到,教育不应只重视智育,体育也是非常重要的内容之一。但是,他并不赞成单纯为了发展体力而进行活动,而应在进行体育活动的过程中培养学生在面对困难时善于独立应对的能力,并能够使人获得独立生活的自由。

福泽谕吉认为,人的一生就是不断学习的过程,因而教育不应仅局限于学校教育,还应包括家庭教育和社会教育。他认识到,在婴幼儿时期,深受家庭环境的影响,父母是孩子的第一任教师,家庭环境的好坏直接影响到了孩子未来的性格和习惯的养成。他特别强调良好的家风是给孩子的最好教育。福泽谕吉视社会为大课堂,是增加知识和学习道德的学校。他说:"社会教育的方式灵活多样,没有固定的教师和教科书,主要靠自己观察和探索来掌握各种知识,例如,听百家之言,以察一年之丰歉,闻车夫之叹息,可观商界之境况。"②

福泽谕吉是一位百科全书式的启蒙思想家。他的教育思想对日本及其国民的影响非常深刻,他的著作被当时的政府官员广泛阅读,其中几部还被当时日本文部省列为教科书。在日本明治维新时期,福泽谕吉作为新兴资产阶级的代表,批判了封建主义的意识形态及其教育,主张日本借鉴西方的经验来改革教育,对日本近代教育的发展起到了积极的作用。

(十六) 爱伦·凯

爱伦·凯(Ellen Key, 1849—1926),原名卡罗琳娜·索菲亚·凯(Karolina Sofia Key),是19世纪末20世纪初瑞典著名的作家、妇女运动活动家和

---

① 赵祥麟.外国教育家评传(第二卷)[M].上海:上海教育出版社,1992:429.
② 同上注,418.

教育家,同时也是欧洲"新教育运动"代表人物之一。她在其教育著作《儿童的世纪》一书中明确提出"20世纪将成为儿童的世纪"的著名论断。她的教育思想对许多国家的教育产生了深远的影响。

作为欧洲新教育运动早期的教育思想家,爱伦·凯的自由教育理论,吸取了心理学的研究成果,强调教育要尊重儿童的个性,儿童在教育中有选择的自由。爱伦·凯认为,20世纪的主要任务是用新的方法培育在身体和精神两方面都健全发展的个人,其中儿童时期的教育在整个人的教育发展过程中占有重要的位置,并将《儿童的世纪》这部著作献给了"希望在新世纪里塑造新人的一切父母"。①

爱伦·凯十分重视家庭教育在儿童成长中的重要作用,尤其强调母亲在教育中起举足轻重的作用。她认为只有在充满和谐和温暖的气氛中成长,才能更有利于儿童的发展,儿童良好的教育主要在良好的家庭气氛中获得。在爱伦·凯看来,"家庭是儿童身心发展的场所。家庭不仅是儿童到学校学习的预备室,而且本身也是一所学校。童年受教育的最佳时间,学校只占小部分"②。而且不论何时,在家庭的劳动中或是进行娱乐活动时,孩子都应该成为其中的一员,让他们在家庭中受到良好的熏陶和感染。与此同时,爱伦·凯强调,父母的榜样作用在儿童的人格形成过程中至关重要,如若父母能够洁身自好,积极向上,那将是对孩子的最好的教育。

爱伦·凯除了关注家庭教育,在学校教育方面也提出了很多重要的观点。爱伦·凯认为,学校应该把每一个学生看成是一个个体,而不是把学生作为班级群体来看待,学校应根据每个学生的特点,对其进行教育,在学校课程安排上,既要考虑到少数学习天赋优异的学生,也要考虑到其他大多数学生的情况。爱伦·凯认为,学校的"第一个目标是在年少的儿童之间发现非凡才能,并把这种才能引导去进行专门的研究。第二个目标是为没有显著才能者准备方案,从而使他们的个性也能发展起来,使他们的理智能力也能够增强起来"③。同时,爱伦·凯对教育中存在的问题进行了强烈批判,她认为,使学生提高求知欲望,能够自主获得知识,并对问题有独立的见解才

---

① 赵祥麟.外国教育家评传(第二卷)[M].上海:上海教育出版社,1992:475.
② 同上注,482.
③ 同上注,484.

是教学的目的所在。只依靠教师的讲授,学生在没有理解的情况下死记硬背,是很难获得真正知识的。因此,爱伦·凯主张在教学过程中采用启发式的教学方法,提倡在学习过程中,让学生自己去发现和解决问题,只有在错误是一贯的、严重的特殊情况下,教师才有必要代为更正。

爱伦·凯的自由教育理论推动了理论界对儿童教育问题的研究。她的教育著作引起了当时人们对儿童教育问题的重视,她强调儿童个性的发展和能力的培养,关注儿童的个别需要,她提出重视培养儿童的独创精神,注意教育与实际生活的联系,采用启发式教学方法,培养学生的自学能力,以及重视家庭教育等思想主张,对其后的欧美和其他国家的教育事业的发展都产生了深远的影响。

二、近代重大教育事件

(一)"快乐之家"

15世纪意大利著名教育家、人文主义教师维多利诺(Vittorino da Feltre,1378—1446),于1423年应孟都亚(Mantua)公爵贡扎加(Gonzaga)之邀,为贵族子弟创办了一所富有人文精神的新型学校,名为"快乐之家"(The Pleasant House,亦称孟都亚学校)。这所学校引入了人文主义教育理论,采用了新的教育方法,充分贯彻与体现了维多利诺的教育思想主张,被认为是人文主义学校的发源地。维多利诺则享有"第一个新式学校的教师"之誉。

"快乐之家"设于曼托瓦郊外的湖滨宫,校舍宽敞整洁,教室明亮舒适,墙上饰有美丽的壁画。学校的三面都是宽阔的草坪,校内有林荫道和绿草如茵的操场,与中世纪教会学校阴郁冰冷的环境形成了鲜明的对比,被誉为"第一所实践自然教育理想的学校"[①]。在维多利诺看来,这样的环境与自然融为一体,与人的成长高度和谐,在这样的环境中,才能把学生培养成为具有强健的体魄、丰厚的文化知识、良好的品德和虔诚的宗教信仰的身心全面和谐发展的人。

进入"快乐之家"的学生多属富家子弟,只有极少数具有天赋的贫民儿

---

① 叶澜.中国教师新百科(中学教育卷)[M].北京:中国大百科全书出版社,2003:8.

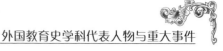

童经维多利诺特许才可进入该校学习。学校实行住宿制,实施有偿教育。学生年龄从6—20岁不等,学制15年,从小学一直到大学程度,实行个别教学与学生自治。

维多利诺崇尚古希腊"使身心和谐发展"的教育理念,奉行"文行并重"之道。在这种教育理念下,"快乐之家"设置了三种不同类型的课程,以培养身心和谐发展的"效忠上帝和国家"的人才。第一类课程是由人文主义发展起来的,以传统古典文化为主要内容,包括拉丁文、希腊文、文法、修辞、文学、历史等;第二类属于神学科目,包括基督教的《圣经》、早期教父的著作以及宗教教义;第三类是有关骑士教育的课程,包括军事、体育以及社交礼仪方面的训练。① 同时,"快乐之家"还开设了自然科学类的课程,如算术、几何、天文学等。根据维多利诺关于道德教育渗透在体育活动的过程中、在传授知识中进行道德教育、教师对学生品德的养成具有潜移默化的影响、音乐可以陶冶学生的心灵等观点,"快乐之家"没有设置具体的德育课程,而是要求教师以身作则,实际示范,并将选择合适的音乐教师和音乐教材作为其道德教育的重要环节。

在"快乐之家"的教学中,维多利诺运用了新式的教学方法,在讲授法的基础上采用了直观教学法、团体游戏、练习法等,注重激发学生学习的积极性和主动性。根据柏拉图自由人不能用强迫的或苛酷的方法施教的观点,维多利诺反对中世纪的严酷体罚,认为教师在教育中不可采用辱骂和冷漠的方法,提出爱和尊重是教育的重要手段。维多利诺认为学校是一个亲密的集体,学生和教师应该在朋友般的和睦气氛中学习,并主张教师率先垂范,以慈爱之心关怀学生,与学生共同生活,因而他也被称为"仁爱之父"。

作为一所新式学校,维多利诺创办的"快乐之家"注重儿童的个性差异,讲求激发儿童的学习兴趣,反对体罚与苛责,提倡学习自然科学知识,反映了新兴资产阶级对教育发展的要求,是文艺复兴时代人文主义教育的典范。尽管维多利诺努力使"快乐之家"摆脱中世纪基督教传统教育的束缚,但它仍带有时代的烙印,所实施的是贵族教育,在教育内容上仍过分强调古典文化,注重文体与修辞的形式,等等,都表现出其有历史局限性的一面。但这

---

① 顾明远.世界教育大事典[M].南京:江苏教育出版社,2000:101.

些并不足以掩盖它的独创性和历史的进步性,以及人文主义学校教育的开创之功。

(二) 本族语学校

本族语学校产生于西方中世纪后期,是以强调使用本族语言对儿童进行教学活动为基本特征的一种学校。它的出现与新兴市民阶层的兴起、本族语文化的发展以及宗教改革运动的推进密切相关。

中世纪后期,随着手工业和商业的发展、市民阶层力量的壮大以及本族语文化的发展,产生了用本族语读写的需求,本族语学校即因应时之需而于中世纪末期得以产生。本族语学校最早出现在中世纪的一些城市和民族聚居地区,例如,德意志地区的德语学校、尼德兰地区的本族语学校、英格兰地区的主妇学校以及法国教会的初级学校等。

这些本族语学校建立伊始,只不过单纯教授本民族语言的阅读和书写,以便学会记录一些工商业往来账目及书写商业文书。后来,随着宗教改革运动的不断深入,宗教教义也逐渐成为这些本族语学校的主要教育内容。此后,本族语学校逐渐沦为宗教教派之间斗争的工具,不同的宗教教派开始灌输自己的宗教教义,教育目的也主要是为了培养本族语教会的追随者,教义的解释成为教学内容的主体。尽管各个地区本族语学校发展情况各不相同,但总体来讲,本族语学校建立初期,学校的状况极为简陋,主要由教士进行管理,招收贫苦儿童,大部分是以慈善为目的,不为政府所承认。

随着文艺复兴及宗教改革运动的推进,这些原本不被官方承认的本族语学校在各国得到了发展。

(三) 文科中学

文科中学(Gymnasium)作为西方近代一类中等教育机构,系由古代文法学校演变而来。古典文科中学旨在培养基督教新教牧师和官吏,学习年限为8年,后增至10年。除宗教课程外,文科中学以教授拉丁语、希腊语等古代语文和古希腊、古罗马的经典著作为主要教学内容。17—18世纪,德国的许多城市设有此类中学。19世纪,欧洲多数国家也设立了这种学校。

中世纪后期,文法学校向文科中学的过渡和转变首先发生在德国,这与德国社会生活和文化深受人文主义和宗教改革的影响不无关系。最早构思文科中学的是德国教育家梅兰克顿(Philipp Melanchthon, 1497—1560年)。他所撰写的《萨克森学校计划》第一次清晰地勾勒出文科中学的三级框架：第一级别是熟练掌握拉丁文的读写，第二级别是阅读拉丁文学，第三级别是阅读更加深奥的拉丁文学作品。鲍尔生曾经评价道："该计划奠定了德国文科中学的雏形，后来逐渐成为日耳曼学校体制中最主要的典范。"①

德国第一所古典文科中学是由路德新教的著名教育家斯图谟(Johann Sturm, 1507—1589)创办的。在此前，德国已有"拉丁学校"和"文法学校"，1538年，斯图谟将斯特拉斯堡的三所拉丁文法学校合而为一并亲任校长，定名为古典文科中学。虽然教学内容仍与过去无异，即以拉丁文和希腊文研究为主，并注重宗教教育，但学校采取了分级教学制度。每个学校分为十个年级，每级按固定的课程、固定的教科书进行教学，儿童6岁入学，15岁毕业。这种文科中学在以后三百多年里成为德国和其他欧洲国家中等学校所效仿的榜样，并演变成欧洲中等学校的主要模式。②

整个19世纪，德国的主要中等教育机构就是文科中学，而且发展变化极为缓慢，还限制女童入学。文科中学基本属于国立学校，学校的建立、经费、教学计划等都由国家进行安排，所以教师也属于国家的公务人员。

随着社会不断进步，古典文科中学的培养目标已不能满足社会的需求。18世纪末，新人文主义政治家、教育家洪堡担任普鲁士公共教育司司长期间，对文科中学进行了改革。改革后的文科中学，在教学内容方面的主要变化表现在两个方面：不仅强调语文、历史和地理，也开设数学和自然科学；把学习古典文学名著作为古典语言的中心，以此来替代当时占统治地位的文法主义。这种变革丰富了文科中学的教学内容，缩减了与社会需求的距离。

第二次世界大战后，德国被分隔为东西两部分，在东部的民主德国，文科中学被纳入综合技术中学类型；而在西部的联邦德国，文科中学仍作为一种独立的学校类型存在。1955年2月联邦德国各州签署了一项为期10年的协定，规定凡能使其毕业生获得进入大学资格的学校统称为中学。这时，文科中学的课程已发生了相当大的变化，古典学科的教学明显削弱，其他学

---

① [德]鲍尔生. 德国教育史[M]. 滕大春, 滕大生, 译. 北京：人民教育出版社, 1986：36-37.
② 单中惠. 外国中小学教育问题史[M]. 济南：山东教育出版社, 2005：37-38.

科的课程逐渐增加，事实上文科中学已失去其原本的意义。

（四）慈善学校

慈善学校（Charity School）是17世纪末由英国宗教团体、慈善团体或慈善家开办和资助的初等学校。

16世纪，英国由于工业革命的影响，爆发了大规模的圈地运动，导致大量农民流离失所，被迫涌入到城市中，大量儿童流浪街头。同时城市的工人也因失业陷入贫困的境地，因而出现了许多贫苦的儿童。为了减少犯罪率，维护社会稳定，广泛传播宗教教义，感化人心，这一时期的英国，开始出现了由教会、私人和慈善团体开办的慈善学校。慈善学校免费招收贫苦儿童入学，并提供书籍，有的甚至供应食宿和衣服。慈善学校类型多样，如"乞儿学校""贫民日校""主日学校""劳动学校""感化学校"等，主要提供初等教育。英国第一所慈善学校于1680年在伦敦的怀特查珀尔区建立。总体来看，这些学校设备条件简陋，师资水平低下。慈善学校主要教儿童一些初步的读、写、算知识，目的是使他们能够独立地学习宗教教义。同时，学校也教授女孩一些缝纫和家务常识，教男孩学习手工和园艺等，试图使贫民儿童通过学习获得初步的谋生技能。

从17世纪后期开始，英国的慈善团体在初等教育方面发挥着越来越重要的作用。在慈善学校的发展过程中，英国的"基督教知识促进会"发挥了重要的作用。到19世纪，慈善学校仍然是英国实施大众初等教育的主要机构。

18世纪时，随着新教徒和英国移民不断涌入美洲大陆，慈善学校之类的形式和机构开始在北美大陆生根发芽。到18世纪末19世纪初，美国也兴起了慈善学校运动。

（五）教师讲习所

16世纪20年代以后，在宗教改革运动的影响下，基督教的不同教派在法国创办了许多初等学校，并率先在贫民教育、本族语教学、男女同校等方面进行了改革和创新。随着初等教育的快速发展，出现了因学校学生人数增加而产生的教师数量不足的问题。为了解决教师短缺的燃眉之急，关注并致力于法国初等教育的基督教兄弟会开始兴办师范教育机构。基督教兄弟会创始人拉萨尔(Jean Baptiste de La Salle,1651—1719)于1684年在法国兰斯(Rheims)创办了"教师讲习所",负责训练初等学校教师,并附设专为实习之用的学校,还制定了相关规则,以引导督促准备成为教师的人养成基督教徒应有的美德,力求克服或避免教师在任教时可能出现的不良行为和问题。这是西方教育史上最早的师资专门培训机构。

1695年,虔信派教士弗兰克(Frank)在哈勒(Halle)开设了"教师讲习所",这是普鲁士第一个教师训练机构。后来,普鲁士教育家赫克(Johann Julius Heoker)大力宣传设立教师讲习所的意义和必要性,并得到腓特烈(Friedrich Wilhelm Ⅱ,1712—1786)大帝的赞许和资助。普鲁士开设的教师讲习所的学习年限为三年,招收小学毕业生,进行有针对性的教师培养和训练。随着国民教育制度的确立,教师讲习所成为德国培养小学教师的专门机构。但由于教师讲习所的学生来自于小学,经过训练再回到小学去任教,因此,其所培养的教师的水平难免稍显偏低。与法国的教师讲习所相比,普鲁士的教师讲习所有得到政府支持的优势条件,因而其影响和名声较大。

作为培养初等学校教师的教师训练机构,教师讲习所在当时的特定历史时期极大地推动了法国和普鲁士初等教育的发展,并成为西方师范教育机构的肇端。但这一时期的教师讲习所尚属西方师范教育机构的萌芽形态,并不是系统化的比较成熟完善的师范教育机构。

(六) 大学现代化运动

大学现代化运动开始于17世纪左右,延续至19世纪末期,首先从欧洲大学开始,而后传播到美国的大学。

近代科学技术的发展诱发和促进了大学现代化运动。近代以来,科学技术在西方发生了翻天覆地的变化,涌现出一大批伟大的科学家,他们在天文学、物理学、数学、化学、力学、医学等自然科学领域取得了令人瞩目的划时代的伟大成就。此外,许多科学仪器诸如显微镜、望远镜、温度计、气压机和钟摆等被发明制造出来,"科学仪器的发明和使用是近代科学的主要特征"①。科学成果和科学研究进入大学学术殿堂,是大学现代化运动的重要内容和特征之一,这反映了当时的社会生产和社会生活对于科学知识及科学研究的殷切需求。近代以前的科学研究以民间开展为主,大学只是作为一个教育机构,延续着中世纪大学以人文学科为主的办学宗旨而存在。置身于这样一个时代,大学这个聚集着知识和社会精英的机构,没有漠视社会的需求,而是积极地应对这些变化,开始调整传统的办学宗旨和发展方向,并增加新的机构设施。

大学现代化运动肇始于德国的哈勒大学,德国的格丁根大学和柏林大学紧随其后,并逐步扩展到欧洲及北美的其他大学。建于1694年的哈勒大学采纳了现代哲学和现代科学,以思想自由和教学自由为基本原则,实现了科学和大学教育的密切结合。建于1734年的哥廷根大学,借鉴了哈勒大学的一些办学理念,在此基础上又有一些独特的创新,如高薪聘请著名教授来学校工作,并赋予教授教学和研究的自由权利,推进教授知识的发展和进行原创性研究,建立从事自然科学和医学研究的专门机构,使科学研究得到切实的推进等。同时,教学方法也发生了变化,研讨法,即习明纳(Seminar)替代了纯粹的课堂讲授,教学开始注重启发学生进行独立的思考和探索。紧接着柏林大学也加入到此行列中。此后,大学现代化开始在德国广泛开展起来。欧洲其他国家和美国的一些大学也以德国的大学为典范,参与到大学现代化运动的洪流之中。美国仿效德国的研究生教育模式,于1876年建立了约翰·霍普金斯大学,成为美国大学现代化运动的标志性事件。

总体来讲,大学现代化运动表现出一些共同的特征,如办学理念的转变,教学与科研并重;教学方法的调整,开始引入实验、讲座等新式教学法;开始招聘优秀的教师,学术自由成为公认的原则,大力发展研究生教育;等等。大学现代化运动对西方大学的发展意义深远,它不仅拓展了大学的功能,促进了自然科学的发展,还使大学真正转变为探索真理的场所。

(七) 实科中学

实科中学是德国近代主要传授自然科学和实用知识的中等学校,属于

---

① 〔英〕亚·沃尔夫.十六、十七世纪科学、技术和哲学史(上)[M].周昌忠,等译.北京:商务印书馆,1997:14.

第五章 外国教育史学科代表人物与重大事件

兼具普通教育性质和职业教育性质的新型学校。它使部分劳动阶级子弟和资产阶级子弟获得了同贵族子弟一起接受中等教育的机会。

18 世纪的德国,中等教育基本被文科中学垄断,尽管文科中学为适应时代的发展曾做过一些调整,但改革力度不大,依旧只为少数人升入大学服务,以传授拉丁语、宗教教义及少量的自然科学知识为主。这种状况越来越不能满足社会的需要。随着资本主义工商业的发展,社会迫切需要具有一定实际技能的工商业人才和职业技术工人。因此这种具有职业与实用取向的实科中学就应运而生了。

德国第一所实科中学由基督教虔信派的代表人物弗兰克(August Francke,1663—1727)于 1702 年建立,是一所招收高年级学生的寄宿学校。该校把旧的古典学科与现代语和现代科学有机地结合起来,是德国中等学校从古典主义教育过渡到现代教育的一个最早的实例。1706 年,德国虔信派教徒席姆勒(Zemmler)在哈勒创办了"数学、力学、经济学实科中学"。1747 年,赫克(Hecker)在柏林又开办了一所"经济学、数学实科中学"。随后,一些传授实科知识的实科中学,如建筑学校、采矿学校、林业学校、技术学院和农业学院等相继在德国的许多城市出现。实科中学重视近代科学知识和实用知识的传播。如席姆勒创办的实科中学,除了数学、力学、经济学,还开设物理学、自然、天文学、地理、法律等实用知识课程,同时辅以绘画、制图等。此外,一些实科中学还增设建筑、商品制造、贸易、经济等学科。实科中学的产生推动了德国工商业的发展,其毕业生也受到工商业界的欢迎。但是,由于德国素有重视文科中学的历史传统,使得实科中学难以获得与文科中学同等的社会地位,学生毕业不能升入大学或在政府机关就职。直到 1901 年改革以后,德国政府才确认实科中学毕业生具有与文科中学毕业生同等进入大学学习的权利。

实科中学的出现显然是社会进步的一种表现。但由于西方文化传统的影响,致使实科中学在很长一段时间里不能与文科中学相比肩,并由此引发了西方中等教育发展史上的文实之争。尽管后来实科中学获得了与文科中学同等的政治地位,但其间的矛盾仍无法调和。有鉴于此,1918 年,美国率先建立了"综合中学"。20 世纪 50 年代以后,西方各国先后开始设立"综合中学",分取文科中学与实科中学之长,并使之融于一体,以解决升学与就业的矛盾,由此引发了中等教育综合化运动。

(八) 普鲁士义务教育法

普鲁士义务教育法是18世纪普鲁士王国为实施和推进国民普及义务教育而专门制定的法律。

普鲁士是欧洲的历史地名,位于德意志北部,民族国家形成之后,通常指1701—1871年间的普鲁士王国,是德意志境内最为强大的邦国。16世纪末,受路德宗教改革和兴办学校教育运动的影响,德意志境内的各小邦国为恢复政治经济实力,都极其重视初等教育的普及工作。1619年,威玛公国颁布了学校章程,规定6—12岁的儿童都要到学校读书,确立了初等教育强迫入学的原则,被看作是普及义务教育的开端。

普鲁士王国国王腓特烈·威廉一世(Frederick Wilhelm Ⅰ,1688—1740)是推行强迫教育的第一人。他于1717年颁布了普鲁士第一部义务教育法令——《普鲁士义务教育法》。该法规定:凡为父母者,须送4—12岁子女入学,学习宗教、阅读、计算及"一切足以增进他们幸福和福利"的课程,违者对父母予以"严厉惩罚"。[1] 在西方教育史上,《普鲁士义务教育法》被认为是第一部真正意义上的义务教育法令,腓特烈·威廉一世本人则被誉为"普鲁士初等学校之父"。他的儿子腓特烈大帝继位之后,继续贯彻普及义务教育的基本国策,于1763年8月12日签署了《普通学校章程》。该章程作出了更为详细的规定:强迫教育最迟应自儿童5岁开始,最后至13或14岁为止,"他们不仅须精通基础教育的主要教义,读写能力娴熟,还须能回答教学手册中所规定学习的知识"。儿童缺席的罚款应作为学校的基金。学校上课时间规定为每日自上午8时至11时,下午除星期三、六两日外,均自1时至4时。学校和教师宿舍的维修费由教区负责;教师工资由学校收取学费支付。凡入启蒙班的学生每星期交费四分之三便士,入读书班交费一便士,入读写班者交费三个半便士;夏季收费减为原定数额的三分之二。遇有特别需款时,则由教会捐拨,或由教区基金支付。僧侣和教会主管人员负责监督学校的责任,教会主管人员每年视察学校一次,僧侣每周视察学校两次,他

---

[1] 尹奎杰.人权法论[M].长春:吉林人民出版社,2004:173.

们须同教师交换意见,并须给学生上课。①

在西方初等教育发展史上,《普鲁士义务教育法》是世界上首次由世俗政府颁布的教育法令,初等教育从宗教事务成为国家事务,初等教育的宗教性逐渐被世俗性和国民性取代。《普鲁士义务教育法》与《普通学校章程》以及其他教育法令的颁布与实施,使德国成为世界上最早以教育立法形式实施义务教育的国家,为推进国民初等教育树立了楷模,开启了国家依法治教的历史。

(九) 欧洲第一所幼儿学校

欧洲第一所幼儿学校是由法国慈善家、教育家约翰·弗里德里希·奥柏林(Johann Friedrich Oberlin,1740—1826)创立。1767 年,奥柏林担任施泰因塔尔地区的牧师,致力于改变当地社会和经济条件,发展公共慈善事业。出于照管和指导教区内学前儿童的目的,1769 年奥柏林建立了欧洲第一所幼儿学校。该校采用了能够引发儿童乐趣的游戏等新颖方法对儿童给予引导、影响和教养。由于这所学校对年纪稍大的儿童教以手工编织,故有"编织学校"之称。后世认为这所学校是现代儿童日常托儿所和幼儿园的雏形,奥柏林则被誉为"幼儿学校的创始人""学前教育的杰出先驱者"②。

奥柏林十分重视学前教育,指出"在童年时期,儿童的心灵是脆弱的和具有可塑性的;我们在这些年里所播下的将不再被抹掉",因此,需对儿童进行必要的照管和正确的教育。该幼儿学校的设立至少有六大优点:(1) 年幼儿童可以结束到处游荡的生活;(2) 年幼儿童可以逐渐养成劳动的习惯;(3) 年幼儿童可以得到很好的照管和监护;(4) 年幼儿童可以学习法语,这对他们尤为重要;(5) 年幼儿童可以学到一些文化知识;(6) 年龄稍大的儿童可以学习编织的方法挣一些钱,尽管钱并不多。③

幼儿学校主要招收 2—6 岁的儿童,一周开放两次,没有固定的课程表,主要学习标准法语、宗教赞美诗、唱歌、讲童话和格言、采集和观察植物、地图知识、游戏以及手工编织方法等内容,采用训导与游戏相结合的教学方

---

① 〔德〕鲍尔生. 德国教育史[M]. 滕大春,滕大生,译. 北京:人民教育出版社,1986:94.
② 单中惠,刘传德. 外国幼儿教育史[M]. 上海:上海教育出版社,1997:127.
③ 单中惠. 西方教育问题史[M]. 北京:人民教育出版社,2011:16.

式。在教学过程中,学校还十分注重对儿童进行尊重师长、富有爱心、礼貌诚实等道德品质的培养。学校的教师主要由奥柏林的夫人、女编织工莎拉·班泽特(Sarah Banzet)、奥柏林家的女仆路易斯·舍普勒(Louise Schepler)担任。在教学中,教师还会挑选年纪稍大的女孩作为"助手"。

以这所幼儿学校为模板,奥柏林在所在教区的每一个村庄都设立了同类学校,聘请当地有编织技能的妇女作为幼儿学校的指导员。为了做好照管和指导年幼儿童的工作,奥柏林还对这些女指导员进行教学内容和方法方面的训练,并定期组织经验交流会。

奥柏林创办的幼儿学校注重对儿童的保育,要求对儿童进行初步的知识训练,因而具有学前教育机构的基本属性和特点。尽管在组织结构和教育体系上,奥柏林的幼儿学校还不够健全完善,但它唤起了社会公众对幼儿教育的关注与兴趣,开启了欧洲幼儿教育实践的先河。

(十)导生制

导生制(Monitorial System)是英国国教会牧师贝尔(Dr Andrew Bell, 1753—1832)和公谊会教士兰卡斯特(Joseph Lancaster, 1778—1838)所开创的一种教学组织形式,亦称为"贝尔—兰卡斯特制"(Bell-Lancaster system),是英国最早的为解决教师资源匮乏而采取的初等教育师资变通方式。

18世纪70年代,英国工业革命的发展对英国初等教育的普及提出了迫切需求,但由于师资匮乏及经费短缺而进展缓慢。为了解决师资不足的燃眉之急,必须寻求一种既经济可行又简便有效的教学组织形式。

1791年,贝尔在印度的马德拉斯士兵孤儿学校创立了以学生充当教师的教学方式来开展教学活动。他选择了一些高年级的学生帮助教师教育其他低年级的学生,并在随后出版的《教育实验》一书中对这种尝试予以论述和总结。该书着重介绍了这种权宜性的变通方式的指导思想以及具体教学方法,并将其作为进行贫民初等教育的一种有效的、经济的方法加以宣传和推广,但该书在当时没有引起太大的反响。1798年,兰卡斯特的办学理念在一定程度上借鉴贝尔的一些教学法,在英国也创办过一所类似的学校,由于学校资源匮乏,没有经济能力聘请教师,加上面临学生人数众多等问题,兰卡斯特就让教师将知识先教授给学习较好的学生,再由这些学生传授给其

第五章 外国教育史学科代表人物与重大事件

他同学。后来随着相关理论的成熟,兰卡斯特出版了《教育改良》一书。该书介绍了实施导生制的构想和方式方法,引起极大反响。

在实施导生制时,通常的做法是教师在一个大教室中借助导生完成对几百名学生的教学。具体做法是:教师把学生分成若干小组;再从每组学生中各选择一名年纪较长且学习成绩较好的学生担任导生;导生每天先于其他学生到校,教师先向导生们进行教学;然后导生再将从教师那里学到的教学内容传授给本组的其他学生,并对这些学生进行检查和考试。导生分为几种类型,除了负责学习的导生,还有负责作业本的导生、报告学生出席或缺席的导生、调查缺席原因的导生以及负责升降级的导生等。上述导生的选拔都经过严格的考察,并证明其能够胜任该项工作。导生制最大的特点是经济易行。通过这种办法,一名教师可以教授几百名学生,极大地提高了教学效率。

经过贝尔和兰卡斯特的共同努力,在所在教会团体的支持下,导生制引起了英国社会各界的广泛重视,发展成为全国性的运动,并很快传播到美国、法国、瑞士、比利时、意大利、俄国等国。但随着时间的推移,导生制也暴露出一些问题,如教学内容简单、方法机械、教育质量不高等。因此,随着近代师范教育的发展,导生制逐渐退出了历史的舞台。

(十一) 达特茅斯学院案

"达特茅斯学院理事会诉伍德沃德案",简称达特茅斯学院案。达特茅斯学院坐落于美国东北部的新罕布什尔州(New Hampshire),成立于1769年,是北美殖民地时期最早建立的九所学院之一。由埃里佐·维罗克(Eleazar Wheelock)牧师为教育当地年轻印第安人和年轻白人、培养神职和公职人员而创办。该校成立之时获得了英国国王乔治三世(George Ⅲ,1738—1820)签署的特许状,特许状规定:学院成立董事会作为全校的最高权力机构,享有永久的管辖权,具有自行选择继任董事、管理学校财产的权利;校长可以选择继任的校长,并亲自负责学校的日常行政管理工作。埃里佐·维罗克受学院董事会的委托任首任院长,管理学院的日常工作。1779 年,维罗克校长临终前指定他 25 岁的儿子约翰·维罗克(John Wheelock)继任院长。军人出身的约翰·维罗克,由于年轻,而且缺少必要的学术背景,并非是院长的最佳人选,但考虑到达特茅斯学院的后续发展还需依靠维罗克家族的资助,学院董事会最终还是接受了这一决定。

上任初期,约翰·维罗克工作兢兢业业,为学院的发展做出了无私的奉献,但他性格中的那种独断专行和任人唯亲的做法招致董事会成员的反对。因此新任校长约翰·维罗克和学院董事会之间产生了一些摩擦和冲突;约翰·维罗克坚持认为他实际上有权不受董事会的控制而管理学院,而董事们则以解除他的职务来显示权威。① 为此,约翰·维罗克遂向新罕布什尔州议会提起诉讼,提出董事会的专横阻碍了学院的发展,并向本州居民散发介绍达特茅斯学院董事会专权情况的宣传单。鉴于此,达特茅斯学院董事会决定免去约翰·维罗克的院长、教授及董事职务,同时推选布朗为新任院长。

此案之前,美国私立学院的私立性质并不明确,在很长一段时期内这些私立学院仍可以从州政府获得资助。新罕布什尔州议会就达特茅斯学院问题做出以下决议:改达特茅斯学院为达特茅斯大学;增加达特茅斯学院董事会名额,由原来的12人增至24人,新增名额由州及州议会指定;另设监督者董事会,由社会名流及各阶层政治领袖组成,由监督者董事会认定或否决达特茅斯大学董事会所做出的有关学校发展的重大事务的决议;校长每年五月向州长就校务问题提交报告;被免去院长职务的约翰·维罗克受聘为达特茅斯大学的校长。② 达特茅斯学院董事会不服此判决,于1817年2月向新罕布什尔州地方法院上诉,认为州议会就达特茅斯学院所做出的决议超越了州议会的权限,学院是一种私人组合,自己有权力处理学院的一切事务。

达特茅斯学院是一种私人契约关系,还是一种公立机构成为双方争论的焦点。1817年11月,新罕布什尔州法院做出判决,达特茅斯学院为一公立组合性质的机构,应接受州议会的监督,1816年新罕布什尔州议会就达特茅斯学院所做出的决议没有违反美国宪法。

达特茅斯学院董事会不服此判决,遂向美国联邦最高法院提起上诉,由

---

① 〔美〕丹尼尔·J.布尔斯廷.美国人——建国的历程[M].谢延光,等译.上海:上海译文出版社,1997:249.
② 王保星.美国现代高等教育制度的确立[M].石家庄:河北教育出版社,2005:63.

第五章 外国教育史学科代表人物与重大事件

其校友丹尼尔·韦伯斯特(Denial Webster)作为辩护律师。1819年最高法院撤销了新罕布什尔州议会的判决,认为达特茅斯学院是特许成立的私人机构,特许状具有契约的性质,其中所规定的权利应受宪法"契约条款"的保护,议会无权加以剥夺,州议会的法令是违背宪法的,因此无效。美国联邦最高法院就"达特茅斯学院案"所做出的判决,一方面赋予了"文化机构以稳定性和不可侵犯性"①,明确了美国私立大学和慈善机构不容变更的存在地位,政府无权将其改为公立院校;另一方面结束了政府试图控制高等学校的尝试,并以法律的形式为公立和私立高等学校划定了明确的界线,成为美国高等教育发展史的一个重要里程碑,对此后美国高等教育的整体发展产生了意义深远的影响。

(十二) 新大学运动

新大学运动是指在19世纪中期,为在牛津大学和剑桥大学之外建立一批理工、经济、工商类大学来满足社会发展的需要,而改革和发展英国高等教育的一场运动。

18世纪中后期,工业革命使英国经济飞速发展,工商业的迅速发展需要大量的技术人才和管理人才。但强大的宗教势力对大学的影响较为深刻,英国大学在相当长的时间内并没有对蓬勃发展的英国经济提供足够的智力支持。英国大学素以培养牧师、国家官吏及政府职员为目标,"多尼思想"②一直占主导地位。当时的英国大学,尤其是牛津和剑桥等著名大学仍然恪守古典教育的传统,教学内容以古典文科和神学为主,轻视科学研究,毕业生与工商业鲜有联系。此外,英国中等学校毕业生人数激增,中等教育的发展急需扩大高等教育的规模。随着自然科学的发展,功利主义思潮的勃兴推动了高等教育改革,创办新大学以满足中产阶级对实用高等教育的需求迫在眉睫。于是,英国一些学者和资产阶级开明人士提出建立新兴大学、教授世俗的学科知识的要求。1828年,著名诗人汤玛斯·凯普贝尔(Thomas Campbell,1771—1844)通过募捐在伦敦建立起了为富裕的中层阶

---

① 陈学飞.美国高等教育发展史[M].成都:四川大学出版社,1989:44.
② 作为一种传统大学办学理念,"多尼思想"过分强调学院派的学术研究,鄙视工商业的需求,因此又被贬称为"学究思想"。

级子弟设立的非寄宿制的、有专业分科的、具有民主主义和自由主义精神的"伦敦大学学院",拉开了新大学运动的序幕。1836年,经英国王室批准,"伦敦大学学院"与1829年在伦敦设立的秉承"一般教育"的"国王学院"合并成为伦敦大学。

19世纪下半期,在伦敦大学的带动下,新兴大学相继成立,包括曼彻斯特欧文斯学院(Owens College,1851)、哈特利学院(Hartley College,1862)、纽卡斯尔学院(Newcastle College,1871)、约克郡科学学院(York Science College,1874)、伯明翰梅森科学学院(Mason Science College,1875)、布里斯托尔大学学院(University College of Bristol,1876)、谢菲尔德学院(Sheffield College,1879)、利物浦大学学院(University College of Liverpool,1881)、威尔士大学(The University of Wales,1893)。这些新大学的特点是:均属由民众办理的私立学校,重视科学、数学和商业科目,不问教派,男女学生均可入校,采取寄宿和走读两种制度,学生多为工商业资产阶级子弟等。新大学的办学经费并不依靠英国政府,而是来源于社会较大的财团和民间的捐款。新大学在本质上是对英国传统大学的反叛,其最重要的变化是把科学研究职能引入大学,但在新大学推广过程中,为获得大学的地位和社会的广泛认可,新大学也开设了人文课程。

新大学运动的兴起从整体上扩大了英国高等教育职能,也促进了古老的牛津、剑桥等大学的改革,拓展了大学的课程,加强了理工科的教育,打破了等级观念及宗教教派的界限。以伦敦大学为代表的新大学开创的英国高等教育史上的新范例,对世界其他国家高等教育改革也产生了重要的影响。

(十三) 大学推广运动

大学推广运动在19世纪后半期的英国兴起,它是英国传统大学参与社会,为工人阶级提供高等教育的一种形式,是为民众开放高等教育、拓展大学教育功能的一场运动。

19世纪中期,随着工业革命的发展,仅仅依靠熟练工人已经不能适应社会经济发展的需要,英国社会需要更多的有文化、懂技术的劳动者,但英国高等教育极为推崇"象牙塔"式的办学模式,注重学院模式的学术研究,一些古老大学脱离社会现实,无视工商业需求,这就造成了高等教育与社会需求

第五章　外国教育史学科代表人物与重大事件

的严重脱节。在这样的社会背景下,作为这场运动的发起者,詹姆斯·斯图尔特(James Stuart)于1873年以"流动大学"的形式拉开了大学推广运动的序幕,并得到了其他大学的积极响应。

大学推广运动首先兴起于英国的传统大学,剑桥大学圣三一学院教师詹姆斯·斯图尔特功不可没。19世纪60年代,詹姆斯·斯图尔特应邀为"北英格兰妇女高等教育促进会"的女性学生开设讲座,在这个过程中,他萌生了为了让更多人受益,大学教授在各大城市巡回讲座,推广高等教育,建立"流动大学"的构想。他的想法得到了剑桥大学委员会的认可并被付诸实施。1873年,剑桥大学在诺丁汉开设了第一门正式的大学推广课程,其后的类似课程也相继出现,大学推广运动由此开始兴起。1875年,詹姆斯·斯图尔特组织召开了大学推广教育会议,对大学推广的课程又进行了进一步的讨论和修改,并成立了数个推广教育中心。到1876年,推广教育中心的数量从1873年的3个增加到30个,大学推广课程也由原来的数十门增加到了近百门。1875—1876年,剑桥大学推广课程的参加者超过1万人。① 1876年,伦敦大学建立了伦敦大学推广教学协会,先后组织了61门推广课程,到1886年时,该协会的注册成员已经达到了5000多人。② 1878年,牛津大学也加入了大学推广运动,建立了功能类似的专门机构。其后,各大学纷纷加入到大学推广运动的队伍中来,并形成了由剑桥大学、牛津大学、新维多利亚大学以及伦敦推广委员会分别负责不同区域的管理和组织格局。

大学推广运动既面向男性成年人,也面向女性成年人;开设的课程范围广泛,包括自然科学、政治、历史、经济、文学、艺术以及建筑等领域,分日课和夜课两种,授课时间较短但内容分量很重,学习者经由考试合格后可被授予相应证书。

作为一种非正规的高等教育,英国在19世纪六七十年代兴起的大学推广运动,到90年代已经成为一种全国性的运动。大学推广运动促进了大学职能的转变,扩大了普通民众接受高等教育的机会,推动了成人教育的发展,也使一批独立函授的高等院校应运而生,对英国开放大学的创立及英国

---

① 刘兆宇.19世纪英格兰高等教育变革研究[M].合肥:中国科学技术大学出版社,2008:140.
② Harte & Negley. The University of London:1836—1986[M]. London:The Athlone Press, 1986:149.

正规高等教育的发展都产生了深远的影响。

(十四) 赠地学院运动

南北战争期间,美国南部废除了奴隶制度,为资本主义在美国的发展开辟了道路,直接导致了美国南部的工业革命。由于当时生产力极其低下,美国工农业发展远远落后于西欧各国,随着美国西部大开发运动的深入发展,美国耕地面积不断扩大,农业劳动力严重匮乏,急需大量的工农业专业技术人才来推动美国经济发展。但建国后美国高等教育长期受欧洲特别是英国传统大学的影响,大学教育与社会现实需求脱节,忽视对实用人才的培养,造成美国工农业长期发展缓慢、效率低下,这种状况引起了社会各阶层的不满。于是改革美国高等教育,创建新型的高等教育机构,成为适应美国社会经济发展的迫切事务。美国政府虽缺乏资金来支持教育的发展,但其拥有数量庞大的国有土地,因而联邦政府决定通过捐赠土地的方式来发展高等教育。1862 年,美国国会颁布了《莫里尔法案》(*Morrill Act*),也被称为《赠地法》。

《莫里尔法案》规定:(1) 联邦政府在每州至少资助一所学院从事农业和机械技术教育;(2) 根据1860年各州议员的名额,每位议员可以获得3万英亩的公共土地或相等的土地期票(下拨的公共土地面积总计1743万英亩);(3) 出售公共土地获得的资金,除了10%可以用于购买校址用地,其余将设立为捐赠基金,用于农业和机械技术学院的教育;(4) 这笔资金如果在5年之内未能用完,全部退还联邦政府。

根据该法案,美国半数以上的州在联邦政府支持下迅速建立了以农科和机械为特色的学院,即"赠地学院"(Land-Grant College),掀起了赠地兴学的高潮。赠地学院注意满足当地广大受教育者的需求,为社会经济发展提供智力和人力方面的有力支持。赠地学院一般规模较大,面积广阔,而且校园环境优美,招生较多。这些大学普遍设立农业系、机械系,开展相应的农业与工艺教育;在教育内容上,赠地学院以农业教育与工艺机械教育为核心;按照《莫里尔法案》的规定,赠地学院还实施军事训练,开展家政教育。此外,赠地学院与州政府关系密切,科技成果转化力度大,在各州的高等院校中发挥着引领作用。但赠地学院在其发展过程中,也出现了经费短缺等各种问题。为了解决这些问题,美国联邦政府又相继出台了一系列资助和加强赠地学院发展的法律,其中包括1890年的《第二莫里尔法案》。该法案规定了联邦政府每年向赠地学院拨款,大大刺激了农工学院和工科高等教育的发展。

《莫里尔法案》的颁布和实施打破了美国联邦政府不问教育的传统,开创了联邦政府以法律手段调控高等教育的范例。赠地学院运动的兴起,在美国高等教育发展史上意义重大。它使高等教育的目标发生了重大转折,同时也使美国高等教育的内容和教学方法发生了重大改变,加速了美国高等教育世俗化、大众化的进程。美国的赠地学院运动极大地推动了美国高等教育和经济的发展,使美国高等教育成功地走上了与社会经济发展相互促进的具有美国特色的道路。

第三节　现代重要的教育思想家与重大教育事件

在外国现代教育发展阶段,西方主要国家的教育事业发展迅猛,基本实现了基础教育的普及化,一些国家的高等教育也进入大众化阶段,个别国家的高等教育甚至已经达到了普及化的程度。很多国家在学校类型、教育政策法规、教育变革更新等方面都多有创新和独特举措,其影响也远远超越了本国本土的范围,同时也涌现了一大批教育思想家和实践家,提出了许多新的教育理念和实践构想,并在一定的范围内得到实施和检验。

一、现代重要的教育思想家

(一)凯兴斯泰纳

杰奥格·凯兴斯泰纳(Georg Kerschensteiner,1854—1932),19世纪后期德国著名的教育理论家和教育改革家,欧美劳作教育思潮的主要代表人物和推动者。他1881年毕业于慕尼黑大学并获哲学博士学位,此后一生从事教育活动,曾在中小学任教十余年,积累了丰富的教育经验,1895年出任慕尼黑市教育局长,在长达25年的任职期间,致力于对该市国民学校和补习学校的改革事业,在理论研究方面也取得了显著的成就,其主要教育著作有

《德国青年的公民教育》《公民教育要义》《劳作学校要义》以及《教育原理》等。

凯兴斯泰纳教育思想体系中的核心问题是公民教育。基于对国家职能的特殊认识和理解,他认为一切教育措施都应该为公民教育服务,"国家公立学校的目的——也就是一切教育的目的——是教育有用的国家公民"[①],他强调教育应该为国家目的服务,把每个公民陶冶成为对国家有用的公民。他认为"有用的国家公民"需要满足三个基本条件:一是具有关于国家性质和职责的知识,了解国家的任务;二是具有从事某种职业的能力,能够按照个人的特长在国家系统中充分发挥作用;三是具备公民的品德,热爱祖国,愿为国家服务。凯兴斯泰纳在论述公民教育目标时,还引申出"世界公民"这一重要概念,认为一个公民既要有"国家意识",又要有"人类意识",具有"人类意识"的公民自然就是"世界公民"。公民教育在培养教育好的"国家公民"的同时,也就意味着正在实施"世界公民"的教育。

在如何有效地实施公民教育方面,凯兴斯泰纳认为应该为学生走上社会成为一个有用的公民做好职业的、职业道德的和社会道德的准备。因此,他认为国家教育部门的工作"首先应该是通过正确的建校、建立学校各种学生联合组织、劳动场所和采取正确的劳作方法,教育学生为集体服务,习惯于尽义务,在自愿参与、服从、相互关照以及自愿奉献和重视道德勇气的情况下,从道义上促进这一集体的发展"[②]。为此,凯兴斯泰纳还专门为学校制订了公民教育计划,规定在课程系统中开设"公民教育课",并要求在一些学科教学中包含公民教育的内容。

劳作教育也是凯兴斯泰纳十分关注的重要问题,他在自己的创造性研究工作的基础上,建构了以性格陶冶为主要目的的劳作教育体系。作为劳作教育思潮的主要推动者,凯兴斯泰纳将德国传统的国民学校由"书本学校"改造成新兴的"劳作学校"。他为劳作学校规定了三项基本任务,即"职业陶冶""职业陶冶的伦理化"以及"团体的伦理化",并对其基本含义进行了概括和阐释:"职业陶冶"是指为国民个人将来的职业做预备;"职业陶冶

---

① 赵祥麟.外国教育家评传(第二卷)[M].上海:上海教育出版社,1992:594.
② [德]乔治·凯兴斯泰纳.凯兴斯泰纳教育论著选[M].郑惠卿,译.北京:人民教育出版社,1993:240.

的伦理化"是使学生将所任的职业看作郑重的公事,将个人工作与社会进步、职业陶冶与性格陶冶联系起来;"团体的伦理化"是使学生具有在团体工作中团结互爱的精神。关于劳作学校的组织和实施,凯兴斯泰纳认为开设独立的劳作科目是"劳作学校"区别于"书本学校"的主要标志,为了加强劳作教学,他主张要把劳作教学设定为一项"独立科目",专门聘请受过技术训练、有一定实践操作技能的教师进行具体指导。此外,凯兴斯泰纳认为传统的书本教学在进行职业训练的劳作学校已不适用,劳作学校应更为珍惜重视来自个人经验所得的知识,要引导和鼓励学生躬行实践、亲身观察和体验,以便有效地培养学生的适应能力、工作兴趣和实践本领,更好地承担国家公民的责任和义务。此外,针对19世纪德国"公共教育"的缺陷,凯兴斯泰纳还提出应当为超过义务教育年龄而未满20周岁的青年开办各种类型的补习学校,延长公民教育的年限,对这类人群提供必要的职业能力训练及公民训练。

凯兴斯泰纳的公民教育理论是当时德国"国家主义教育"政策的产物。作为劳作教育思潮的重要代表,凯兴斯泰纳的教育理论的影响已超越国界。"劳作学校"的办学模式也一度为欧洲许多国家,如瑞士、英国、法国和苏联所纷纷效仿。其《劳作学校要义》一书曾被译成多种文字在世界广为流传。

(二) 杜威

约翰·杜威(John Dewey,1859—1952),20世纪美国著名实用主义哲学家、教育家和心理学家,教育哲学的奠基人。他把教育问题置于社会背景中进行讨论,发现了教育新内涵,还曾创立芝加哥实验学校作为他教育理论的实验基地。杜威著作成果颇丰,代表作有《教育中的道德原理》《我们怎样思维》《明日之学校》《民主主义与教育》《经验与教育》《今日之教育》等。

杜威的教育思想在教育领域引起了一场革命。他对教育内涵进行了重新定义,提出了著名的"教育即生活""教育即生长""教育即经验的改造"等命题。他深刻地批判了传统教育中学校教育与社会生活和儿童心理脱节的弊端,认为教育就是儿童生活的过程,而不是将来生活的预备。教育就是要使人类与生俱来的能力得以生长。基于工业社会的现实,学校应是社会生活中的一部分,所以他又提出"学校即社会"的概念。要满足儿童将来适应社会发展的需要,就要建立一种存在于学校中的雏形社会。在此基础上,杜威又提出了"教育即生长"的命题。在他看来,生长是指人类在参与社会生活的过程中,自身不断得到发展。教育应该遵循儿童身心发展的过程。杜威提出的"教育即经验的改造"的观点为其教学理念建立了理论基础。他指出,"所有这种持续不断的经验或活动是有教育作用的,一切教育存在于这种经验之中"①。他认为,学生认识的获得要建立在不断地改造或改组原有经验的基础之上。

基于对教育的上述认识,杜威反对为任何教育活动确立一个外在的、固定的和终极的目的。因为外在目的不能满足儿童身心发展的需要,不能适应外界社会环境的瞬息万变。他明确指出:"教育的过程,在它自身以外没有目的,它就是它自己的目的。"②在课程方面,杜威对传统教育的教师中心、书本中心、课堂中心进行了猛烈的抨击,并提出了新的"三中心",即儿童中心、作业中心、活动中心。从这一原则出发,杜威提出了"从做中学"这个基本原则,即儿童从自身的活动和经验中学习。这使得学校里知识的获得与生活过程中的活动联系了起来,这样儿童就能从那些真正有教育意义和有兴趣的活动中进行学习。

杜威的教育理念与其政治理念存在一定内在的联系,杜威指出:"民主主义不仅是一种政府的形式;它首先是一种联合生活的方式,是一种共同交流经验的方式。"③民主主义教育的目的就是为了造就一个尊重个人尊严、尊重个人价值的社会。作为实现民主主义理想的工具,道德教育在杜威的教育思想体系中占有重要地位。杜威认为,道德的目的是各科教学首要和共同的目的,学校德育的目的应该是使儿童和青少年获得"道德的观念",从而使他们融入民主与进步的社会生活之中。在他看来,道德教育的根本目的就是建立一个民主的、平等的社会,因此他极为重视道德教育的社会价值,强调培养学生的社会精神。

在西方哲学史和现代教育领域,杜威都占有极其重要的地位。他批判了以赫尔巴特为代表的传统教育,从实用主义哲学观出发,探讨了教育的新

---

① 任钟印.世界教育名著通览[M].武汉:湖北教育出版社,1994:1102.
② [美]杜威.民主主义与教育[M].王承绪,译.北京:人民教育出版社,2001:58.
③ 同上注,97.

内涵,重新阐释了教育的目的,同时,还为学校教育设计了新的课程和教材体系,并提出了独具特色的教学理论。杜威的教育思想对美国及世界的教育发展产生了深刻的影响。

(三)蒙台梭利

玛利亚·蒙台梭利(Maria Montessori,1870—1952)是20世纪意大利著名的幼儿教育家。她最重要的教育业绩是创办了举世闻名的"儿童之家"(Casa dei Bambini),创立了科学的幼儿教育方法。她在幼儿教育方面的卓越成就,极大地推动了新教育和幼儿教育的发展,被称为"幼儿园的改革家"[1]。她的代表作主要有《蒙台梭利方法》等。

蒙台梭利激烈地批评了以成人为中心的教育观点,强调儿童先天具有内在潜力,正是这种生命力的本能,驱使个体不断地发展。她认为:"无论是物种或个体,发展的起因都置于自身之中,儿童并不会由于养育、由于呼吸、由于被置于适宜的温度之下而生长。他的生长是由于内在生命潜力的发展,使生命力呈现出来,他的生命力就是按照遗传确定的生物学的规律发展起来的。"[2]教育只是个人自然实现的一个创造过程,教育应鼓励儿童探索自己感兴趣的领域。

蒙台梭利主张对儿童进行感官教育。基于学前阶段儿童的感觉是非常敏感的事实,她认为如若这个时期不加以培养,儿童的敏感性就会逐步消退,而且没有机会挽回。在"儿童之家",蒙台梭利根据敏感期的理论,对学前阶段儿童进行了各种有针对性的感官训练。蒙台梭利强调,之所以要针对学前儿童进行感官教育,原因在于感觉是人与环境交往的唯一通道,并且是观察力的组成部分。她认为"高级的心理能力,例如分析、比较和判断,都有赖于观察。在观察的基础上进一步分析、比较和判断,是科学的研究方法"[3]。为了使学前儿童能够更好地掌握科学的研究方法,蒙台梭利设计了在操作中能够控制错误的感官教具,儿童可以根据教具的提示进行自我修正,从而产生自我教育的效果。她一再强调:"人之所以成为人,不是因为教

---

[1] 赵祥麟.外国教育家评传(第二卷)[M].上海:上海教育出版社,1992:551.
[2] [意]玛利亚·蒙台梭利.蒙台梭利方法[M].江雪,译.天津:天津人民出版社,2003:105.
[3] 赵祥麟.外国教育家评传(第二卷)[M].上海:上海教育出版社,1992:572.

师的教,而是因为他自己的做。"①

蒙台梭利主张,教育中的自由就是由儿童自身的内在冲动引发的活动。她对传统教育中压抑儿童自发性冲动的做法进行了猛烈抨击。她强调:"在这样的学校里,儿童像被钉子固定的蝴蝶标本,每个人被束缚在一个地方——课桌椅上。"真正的教育应给予儿童自由,让他们能够遵照自然的本性发展。外界强加的纪律,是不可取的。自由活动是蒙台梭利学说最基本的特征之一。关于纪律问题,蒙台梭利认为:"自由和纪律是同一事物不可分离的两个部分——就像一枚铜币的两面一样。"②给予儿童自由,并不代表着儿童可以随心所欲、任意妄为。在集体生活中,粗暴和不文明行为是不被允许的,按照固定的程序来使用教具也是必需的,除此之外的活动,儿童可以自行其是。因为蒙台梭利认为,自由活动也是达到良好纪律的一种方式,并且有助于有效地将自由和纪律协调起来。

蒙台梭利毕生致力于儿童研究和教育实践,其教育思想对20世纪以来的幼儿教育产生了深远的影响,极大地推动了现代幼儿教育的改革和发展。她的教育方法简明,学习材料规范,目的及结果明确,能够给幼儿教师以可靠的指导。蒙台梭利以其在幼儿教育领域取得的卓越成就,成为自福禄培尔以来影响最大的学前教育思想家和实践家。

(四) 科南特

詹姆斯·布赖恩特·科南特(James Bryant Conant,1893—1978)是美国著名的科学家和教育家,曾于1933年出任哈佛大学校长,任职达20年之久,并在20世纪中叶,针对美国教育中存在的问题,提出加强普通基础知识教育、推行天才教育、改革中小学课程、重视学术科目、改进师资培训等重要主张,对当时的美国教育改革产生了重大的影响。科南特一生著述甚丰,教育方面的主要著作有《分裂世界的教育》《今日美国中学》《美国师范教育》等多部。

科南特作为资产阶级民主制度的维护者,极力主张机会均等,反对等级制度和世袭特权,推崇精英治国。在担任哈佛大学校长期间,他始终把追求

---

① [意]玛利亚·蒙台梭利.蒙台梭利方法[M].江雪,译.天津:天津人民出版社,2003:172.
② 赵祥麟.外国教育家评传(第二卷)[M].上海:上海教育出版社,1992:566.

卓越作为哈佛大学的办学方针,并确立了以才识为唯一标准的奖学金制度和师资聘任制度,还制定了教师"非升即迁"的政策。

科南特主张"教育是一个社会过程",认为教育总是与一定的政治、经济、社会和文化因素相联系,为一定的社会条件所制约,同时也对社会产生无以替代的作用。早在20世纪30年代,科南特就开始关心美国公共教育,他把美国的公共教育比作民主政体的巨大发动机,坚信公立学校系统是维护和改进美国民主制度的主要工具。由于私立学校的发展势必危害公共教育,因此,他反对利用税收直接或间接支持私立学校,反对扩大私立学校的人数和规模。

科南特重视普通教育。针对美国的普通学校在进步主义教育思想的影响下,长期偏重实用知识和能力,忽略系统科学文化和传统的价值观及道德品质的培养等倾向,他一再提醒人们,普通教育的根本目标在于使年轻一代深刻理解并继承西方包括制度文化在内的丰富文化成果,促进学生的理智发展,为自由社会培养造就合格公民。为了加强和改进美国学校的普通教育,科南特还就各门学科的教学提出建议,要求采取必要且有针对性的措施,加强读写等基本技能的训练,注重传承文化传统、充实学生的精神世界、培养科学的态度和民主的精神。

科南特极力提倡天才教育,要求公立学校鉴别甄选学术英才,为其提供优越的学术教育,为国家培养优秀的人力资源,增加国家实力。科南特推崇综合中学,提倡综合中学开设多样化的课程,使每个学生都有一个适合自身条件和发展方向的个别化的修业计划,为学生提供多种机会和多次机会。科南特关于综合中学的思想在美国广泛传播,并引起了热烈的讨论。他的《今日美国中学》出版后,美国中学的分轨课程明显减少,毕业生水准得到提高,学术性科目的教学普遍受到重视和加强。

为了提高基础教育的质量,师资培训必须先行。为此,科南特要求改革美国的师范教育。科南特主张加强师范教育的学术性。他认为,欲提高师范教育的质量,加强师范教育的学术性,首先要改进领导体制,由培养师资的高等院校决定师范教育专业的课程设置,同时要求高校为师资培养承担最大限度的责任。此外,科南特还主张提高师资培养的规格和学术标准,以及学科任教的能力,改善教师的职前培养,加强教师的职后进修,对教学实习尤为提倡和重视,并建议由来自大学或学院的教授和基础教育的优秀教师组成的"临床教授"负责指导和评价师范生的教学实习。

科南特的教育思想带有鲜明的美国特色,是美国社会与教育的独特产物,适合美国的国情和实际需求,因而在美国得到广泛传播,对美国的教育产生了深远的影响。当然他对普通教育的理解存在某些片面性,对师范教育的一些改革建议有些脱离实际,带有理想化的色彩,难以落实。

(五) 布鲁纳

杰罗姆·西摩·布鲁纳(Jerome Seymour Bruner,1915—2016)是美国著名的心理学家和教育家,"学科结构运动"的重要倡导者。他学术兴趣广泛,兼涉心理学与教育学两大学术领域,在前一领域作为认知心理学的主要代表人物为学界熟知,在后一领域因结构主义教育理论的总结概括者而著称,并因为他推出《教育过程》一书而声名远扬。其代表作除了《教育过程》,还有《思维的研究》《教育过程再探》以及《教学理论的探讨》等。

布鲁纳阐述了认知、发展和教育三者之间相互制约、相互影响的关系,提出了认知、发展和教育统一的教育观。在历经长期的实证研究和理论分析之后,布鲁纳得出了一个著名结论,即"没有教育学理论的发展的心理是无的放矢的,忽视儿童成长本质的教育学理论也将一无所得"[1]。

布鲁纳于1963年连续撰写了以《需要:一门教学理论》《教学理论的原理》《教学理论注解》为题目的三篇论文,较为系统地阐述了教学理论的性质和特点、研究主题和教学的原理及原则,并以他的教学实验成果加以论证。在他看来,教学理论属于规范性的应用学科,其核心的任务在于阐明有效地获得知识和技能的最佳方案、程序和法则,既要确立评判各种教学途径和方式方法的准绳,也要提供教学的理想化标准及实施策略和基本条件。以此为出发点,布鲁纳就构成教学理论基本内容的学习心理倾向、知识结构、教学程序、学习反馈这四大研究主题展开了详细的阐述和严谨的论证,努力在认知心理学实证研究的基础上,构建用以直接指导教学实践的规范性教学理论,廓清了教学理论的整体框架,明确了研究的方向和应该重点研究的问

---

[1] 赵祥麟.外国教育家评传(第三卷)[M].上海:上海教育出版社,1992:251.

题,因而对现代教学理论的发展产生了深远影响。

布鲁纳还研究探讨了学科结构问题,创立了学科课程结构论,着重探讨了三大问题,即学科的基本结构问题、学习准备观念的转变问题和螺旋式的课程组织问题。这些研究成果在《教育过程》这部名著中得到了比较系统的分析阐释。

此外,布鲁纳还提出了有颇多新义的发现学习法,作为落实其教学理论的具体方法手段。

(六) 沛西·能

托马斯·沛西·能(Thomas Percy Nunn,1870—1944)是英国杰出的教育家、哲学家和科学家,其代表作《教育原理》一书被誉为英国进步主义教育运动的"圣经"[1],成为第二次世界大战期间英国中小学教师必读的教科书。因其本人在英国中学理科教育、高等师范教育以及教育理论等几个领域的突出业绩和显赫声名,沛西·能于1930年被敕封为爵士。

沛西·能博学多才,兼涉物理学、数学、哲学、教育学等学科领域,在担任中学和大学教师、从事教学工作的同时,参与中学师资的培训教材和教学方法的研究和改革,并长期坚持在中学为学员开展示范教学,树立了密切联系实际和身体力行的典范。为了提高中学理科的教学质量,沛西·能密切关注物理和数学等学科的最新进展,努力把前沿科学家的理论研究成果同关心理论应用的一线教师联系起来,亲自撰写有关相对论等重大科学进展的科普著作。沛西·能还结合中学教学的实际对物理和数学进行研究,改进了中学物理和数学等学科的教学,极大地提高了这些学科课程的教学质量。

沛西·能参与和领导了英国高等师范教育的建设,把伦敦大学教育学院逐渐建设成为特色鲜明的英国师资培养和教育研究中心。

沛西·能在英国新教育运动中也发挥了重要的作用。19世纪末到20世纪20年代,英国一批教育改革家建立新的学校和教育机构,试验新的教育教学方法,组织新的教育团体。其中,英国女教育家苏珊·埃塞克斯(Susan

---

[1] 单中惠,杨汉麟.西方教育学名著提要[M].南昌:江西人民出版社,2000:358.

Isaacs)于1924年在剑桥创办的马尔廷豪斯幼儿园(Malting House),试验了新教育方法:"自我实现",艺术、手工艺、音乐,是幼儿园的重要活动,重视儿童的创造性想象,采用"发现"的方法而不是"讲授"的方法,注意儿童的"兴趣"和"需要",给予儿童"自由"。① 沛西·能对这种办学方式非常赞赏和支持,还特邀苏珊·埃塞克斯担任了伦敦大学教育学院儿童发展系主任。

沛西·能教育思想的核心是把发展个性看作最高的教育目的,以此为据,他坚信个人人格的无限价值,坚持每个人对自己命运的终极责任,②认为学生的自我表现能力得到了充分发挥,他的个性也就发展得最充分。对沛西·能来说,表现性完全是一种个人主义的理想,追求的是一个人个性的外化及其特定形式的获得。因此,他非常重视创造性艺术在学校中的地位,强调对学生自我表现能力的培养。他主要根据生物学和心理学的事实来论证他的教育目的在于个性最充分的发展这一中心命题,把人类,特别是学生看作主要是生物学意义上的人,强调人和动物世界的连续性。所以,他认为教育者在促进学生个性发展时,处于自然的仆从地位,充其量是崇高的自然进化事业的合作者。

尽管追求发展个性的教育命题和相应的教育实践具有历史的进步性和现实的导向意义,但把这种观点推向极端,甚至视教育为生物学现象,不惜借助生物学的事例来论证其合理性,显然缺乏说服力。

(七) 马卡连柯

安东·谢苗诺维奇·马卡连柯(1888—1939)是苏联著名教育家,在从事对流浪儿童和少年违法者的教育改造工作中,创立了一套新的教育方法和体系,对苏联学校教育革新工作产生了很大的影响,相关论著收录于《马卡连柯教育文集》。

马卡连柯倡导教育目的服从于政治目的,基于无产阶级革命的目的、任务以及苏维埃政体下的社会要求,他提出苏维埃学校教育的目的是"把青年培养成为真正有教养的苏维埃人、劳动者,一个有用的、有技术的、有学识的、有政治修养和高尚品德的身心健全的公民,他能够自觉地、有毅力地并

---

① 冯克诚.进步主义教育思想与《教育原理》选读[M].北京:中国环境科学出版社,2006:12.
② [英]沛西·能.教育原理[M].王承绪,等译.北京:人民教育出版社,2005:5.

且有成效地参加社会主义建设,捍卫无产阶级革命事业"①,也就是全面发展的社会主义新人。他认为,要完成社会主义教育目的,需通过集体教育、劳动教育和自觉纪律教育等基本过程。

马卡连柯认为苏维埃学校教育的任务就是培养集体主义者,通过组织健全、合理的集体教育学生是培养社会主义新人的主要方法。他提出了"在集体中,通过集体和为了集体而进行教育"的教育方法,并总结出集体主义教育的一系列重要原则,其中主要有以下三条原则:(1) 平行影响原则,即在以集体为教育对象、通过集体来教育个人的形式中,教育者对集体和集体中的每一个成员的影响是同时的、平行的;(2) "前景"教育原则,即在组织集体生活时,要不断提出较高的新任务,使学生永远有前进的目标和努力的方向;(3) 集体继承原则,即要培养集体的优良作风和传统,并将集体的优良传统、作风与荣誉保持和发扬下去。

在马卡连柯的教育理论体系中,纪律教育是与集体教育紧密相关的。他认为,纪律是达到集体的目的的最好方式,也是良好的教育集体的外部表现形式。纪律首先是集体教育的结果,然后才能成为一种手段。社会主义社会的纪律是"永远应该是自觉的纪律""应当伴随着自觉"②"所谓有纪律,正是一个人能够愉快地去做自己不喜欢的事情"③。在培养学生自觉纪律方面,马卡连柯认为应该使纪律的自觉性与正确的纪律形式相结合,适当使用奖励和惩罚的方式,同时要求教育者以身作则。

重视劳动教育是马卡连柯教育思想体系的一大特点。他认为,在社会主义社会里,劳动既具有道德范畴的意义,又是一种主要的教育手段。儿童爱好劳动和有劳动能力并非天赋,必须通过教育,只有在参与集体生产劳动的过程中,人的真正性格才能够成长起来。在倡导劳动与教育并行原则的同时,马卡连柯还较为详细地论述了劳动教育的原则和方法,提出要使教学与生产劳动有机结合;要使学生的生产劳动服从于学校的教育目的;劳动教育不能单纯强调体力劳动;要培养学生创造性地劳动;劳动任务要具有量力

---

① 吴式颖.外国教育史教程[M].北京:人民教育出版社,1999:612-613.
② 〔苏〕安·谢·马卡连柯.论共产主义教育[M].北京:人民教育出版社,1981:255-256.
③ 吴式颖.马卡连柯教育文集(上卷)[M].北京:人民教育出版社,2005:128.

性、长期性、复杂性和多样性。①

马卡连柯关于集体教育、劳动教育、纪律教育以及教师集体和家庭集体建设的理论,对当时苏联学校教育的革新和教育科学的发展产生了积极影响。但也应该承认,他的教育理论是在特定的历史条件下和有限的个人教育实践的产物,必然存在历史和文化意义上的局限性。正如他所说:"我很清楚,我的思想是由我的教育经验来决定的;我很清楚,另外的一种经验也是可能有的,如果我体验到了那种经验的话,也许,我就会有另外的一种想法了。"②

(八) 皮亚杰

让·皮亚杰(Jean Piaget,1896—1980),瑞士心理学家,发生认识论的创立者和主要代表人物,因开展儿童认知发展的开创性研究而在教育学界赢得显赫声名。皮亚杰著述甚丰,代表作主要有《儿童智慧的起源》《儿童对现实的构造》《儿童的游戏、梦和模仿》《发生认识论原理》和《结构主义》等。

皮亚杰承袭了西方自然主义教育的基本理念,深受卢梭、裴斯泰洛齐、蒙台梭利和杜威教育思想的影响,主张儿童教育必须遵循儿童身心发展的内在规律和进程,不可匆忙提前,也不必人为地加速;学习绝不只是知识的输入,感知运动协调及在此基础上的反省和思考尤为重要,仔细组织和系统加工的感觉经验与实际动作应该成为儿童教育的基础和起点。皮亚杰提出了儿童发展的最佳期,以及发展阶段的过渡状态的新观点。

作为心理学家的皮亚杰对教育的贡献首先体现在提高教育学的科学性方面。他有感于20世纪30—60年代数十年间教育发展及教育学"缺乏任何基本的革新"的状况,提出了"教育应当成为一门科学"的命题,并指出,要使教育成为一门科学就必须将教育奠定在儿童心理学的基础之上,以某种深刻的心理学理论和科学的发生认识论机制作为教育学立论及采取教育干预措施的依据。

皮亚杰根据他所创立的发生认识论的基本原理,对学习过程进行了系统深入的分析,认为学习是个体内部的一个建构过程和一种发展机能,其作

---

① 赵祥麟.外国教育家评传(第三卷)[M].上海:上海教育出版社,1992:603.
② 吴式颖.马卡连柯教育文集(上卷)[M].北京:人民教育出版社,2005:128.

用在于实现主体与客体、已知与未知、现有发展水平与期待中的发展水平等方面的平衡。在这种意义上理解学习的前提下,皮亚杰力主教学必须贯彻"准备性"原则,他的看法可以概括为以下三大要点:一是不应该向儿童勉强教授明显超出其认知发展阶段的材料或内容;二是必须努力避免试图从外部人为地加速儿童对某些问题的认知过程,不能把学生学习的速度作为学生学习优劣好坏的唯一指标;三是应该尽可能按照儿童认知过程的自然顺序向其传授新知识和新概念。

皮亚杰总结概括出颇具特色的四种教学方法,其中活动法是其教学方法论的核心,其他方法在某种意义上都是从活动法派生出来的。第一,活动法。皮亚杰认为思维产生于动作,儿童学习的最根本的途径就是他自己的活动,活动是联结主客体的桥梁和认知发展的最直接的源泉,所以他强调儿童要"高度活动",通过感知运动为逻辑运算做好准备。第二,自我发现法。皮亚杰认为,只有儿童自我发现的东西,才能被儿童积极地予以同化并产生深刻的理解,因此,教育者企望儿童学习的内容不宜以灌输的方式施与,只有通过儿童自身积极的活动,才会被儿童"发现"并接受,进而达到理解的程度。第三,冲突法。又称"新颖法",系指引导儿童学习那些与主体已有知识存在差异而显得新颖的新事物的教学方法。冲突法以皮亚杰的认知发展平衡化思想为理论基础,其作用也在于使儿童的认知过程由不平衡达至平衡,从而促进认知水平的提升。第四,同伴影响法。皮亚杰素来重视儿童之间互教互学,认为儿童之间的相互合作与儿童和成人之间的合作同样重要,也是儿童认知发展的重要源泉,因此他主张教学过程要创设儿童相互合作、相互影响的情境和机会,以便促进他们的认知和人格的发展。

(九) 凯洛夫

伊·安·凯洛夫(1893—1978)是苏联著名的教育家,20世纪40—50年代苏联教育学界的重要代表人物。凯洛夫一生著述颇丰,其主编的《教育学》(1948年版和1956年版)着重探讨教育的本质与作用,共产主义教育的目的、任务,教学理论等教育学的基本问题,在一定程度上反映出社会主义教育学的特点。

根据恩格斯关于人类起源于劳动、劳动创造了人本身的理论,凯洛夫明确提出教育起源于劳动的主张,从理论上与既往的资产阶级教育学把教育起源归结为无意识的本能模仿的主张划清了界限。根据教育存在于整个社会历史时期及教育内容、方法和组织形式随时代与生活的变化而变化的规律,凯洛夫认为"教育是一个永恒的范畴""又是一种历史的现象"①。关于教育的阶级性问题,凯洛夫认为教育是与政治相联系的,"在阶级社会中,统治阶级为了自己的目的利用教育来巩固它的阶级统治"②。关于教育的作用问题,凯洛夫从教育影响社会的发展和人的发展这两方面进行了系统的论述,认为教育永远是社会生活的重要机能,并在人的发展中起主导作用。

根据马克思、恩格斯关于人的全面发展学说和列宁关于培养共产主义一代新人的理论,凯洛夫提出苏维埃学校应该进行共产主义教育,教育的基本目的是"培养全面发展的人,培养共产主义社会的积极建设者"③。为了达到这一目的,凯洛夫将教育的基本任务规定为:智育、综合技术教育、德育或共产主义道德教育、体育、美育和劳动教育。

教学理论是凯洛夫主编《教育学》一书的精髓所在,也是凯洛夫教育思想的重要组成部分。他认为教学作为一种特殊的认识过程必须遵循人类认识的基本程序和一般规律,即列宁所说的"从生动的直观到抽象的思维,并从抽象的思维到实践"④。基于这种认识,凯洛夫将教学过程分为六个环节,即感知、理解、概括、巩固、熟练和测验。同时他也指出,教育过程有其自身的特征,不能与科学认识过程完全一致,强调上课是教学的基本组织形式、教科书是学生获取知识的主要来源之一、教师在教育和教学中起主导作用,并认为教学计划、教学大纲和教科书应成为国家的法定文件。他还系统地论述了他所提出的六项教学原则,依次为学生自觉性和积极性原则,教学的直观性原则和教学的理论联系实际原则,教学的系统性和连贯性原则,学生掌握知识的巩固性原则,教学的可接受性原则,教学上对学生进行个别指导原则。⑤

凯洛夫主编的《教育学》是第一部试图以马克思列宁主义的观点系统阐

---

① 〔苏〕凯洛夫.教育学[M].陈侠,等译.北京:人民教育出版社,1957:2.
② 同上注.
③ 同上注,21.
④ 同上注,132.
⑤ 同上注,148-149.

述社会主义教育学理论的专著,开创了马克思列宁主义教育学的先河,并且对中国、朝鲜等社会主义国家的教育事业产生了持续性的影响。

(十) 赞科夫

列·符·赞科夫(1901—1977)是苏联教育家、心理学家,以实验教育学体系著称于世。20世纪50—60年代,赞科夫针对苏联传统教学体系的弊端,进行了"教学与发展"的教育实验研究,提出了发展性教学理论。《教学与发展》一书是其对教学与发展的关系问题所进行的全部教育实验研究成果的总结。

教学与发展问题是赞科夫教育理论的核心所在,其发展性教学理论的根本在于"以尽可能大的教学效果来促进学生的一般发展"[1],认为一般发展不同于"特殊发展"(数学、语文、音乐等某一方面的发展)、"全面发展"和"智力发展","它指的是学生个性的所有方面(包含道德感、观察力、思维、记忆、言语、意志)的进步。一般发展包括整个个性"[2]。赞科夫的一般发展实质上是一种"整体发展观"。

在借鉴吸收苏联心理学家维果茨基的"最近发展区"理论的基础上,赞科夫提出"最近发展区"并不是教学时对儿童发展施加影响的唯一渠道和表现形式,教学对学生发展施加影响的途径各种各样。通过实验研究,赞科夫揭示了教学结构和学生心理发展进程之间客观的必然联系,提出"教学结构是学生一般发展的一定过程发生的原因"[3],但只是学生发展的外部条件,并不是学生发展的源泉,教学和发展之间存在着复杂的依存关系。

针对传统教学论中倾向于教材编写从易、教学进度宜缓等问题,赞科夫提出,要促进学生的一般发展,就必须建立一种能够为学生发展带来更大效果的教学论体系。在长期的实验研究和教学实践中,赞科夫总结出了一套完整的实验体系的教学论原则,即以高难度进行教学的原则,理论知识在小学教学中起主导作用的原则,在学习大纲教材时高速度前进的原则,使学生理解学习过程的原则,使班上所有的学生(包括最差的学生)都得到一般发

---

[1] 〔苏〕赞科夫.教学与发展[M].杜殿坤,等译.北京:文化教育出版社,1980:21.
[2] 〔苏〕赞科夫.新教学体系及其讨论[M].羽翔辉,等译.北京:教育科学出版社,1984:45-46.
[3] 〔苏〕赞科夫.教学与发展[M].杜殿坤,等译.北京:文化教育出版社,1980:20.

展的原则。① 同时他强调这五项原则是相互联系的整体,但各自的作用和职能互不相同。在贯彻这五项原则时,"为了尽量开拓学生发展的可能性,为他们的发展创造有利条件,我们认为必须给个性以发挥的余地"②。

教学方法是赞科夫发展性教学理论的重要组成部分,他以小学教学实践为基础,从中归纳概括出实验教学论体系中的教学方法和方式:重视学习的内在诱因,调动学生学习的积极性、自觉性;重视学习的"情绪生活",建立融洽的师生关系;注意学习的直接法和间接法两条途径,并使二者密切配合;讲清基本概念,精心安排练习;不单纯用分数作为督促学生学习的手段。③

赞科夫所领导的"教学与发展"问题的实验,以及在此基础上建立起来的实验教学论体系具有重要的价值,开创了理论与实践相结合进行教育科学研究的范例,所提出的"一般发展"概念,丰富了"智能"发展和人的发展的内涵。④ 同时应该看到赞科夫的研究工作和理论成果也存在明显的局限性,主要表现在他的研究范畴、研究方法和理论总结等几个方面,苏联教育界也曾就此展开持久的争论。此外,他对传统教学理论全盘否定的态度也有失客观和公允。

(十一) 苏霍姆林斯基

瓦·阿·苏霍姆林斯基(1918—1970),苏联最杰出的教育实践家和教育理论家。他长期从事苏联农村的教育教学工作,一生出版论著四十余部、论文百篇以上,主要收录于《苏霍姆林斯基选集》中。苏霍姆林斯基的教育论著涉及学校教育教学的许多方面,被誉为"学校生活的百科全书"与"活的教育学"。

根据马克思主义关于人的全面发展的理论,苏霍姆林斯基提出了"全面和谐发展"的教育思想,并将培养学生的全面和谐发展作为学校教育的理想和任务。他指出,"全面和谐的发展,意味着劳动与人在各类活动中的丰富

---

① [苏]赞科夫.教学与发展[M].杜殿坤,等译.北京:文化教育出版社,1980:43-49.
② 同上注,51.
③ 俞国良.当代青少年心理与教育大辞典[M].太原:山西人民出版社,1999:441.
④ 同上注.

精神的统一,意味着人在品行上以及同他人相互关系上的道德纯洁,意味着体魄的完美、审美需求和趣味的丰富及社会和个人兴趣的多样"①。在学校教育中,"要实现全面发展,就要使智育、体育、德育、劳动教育和审美教育深入地相互渗透和相互交织,使这几个方面的教育呈现为一个统一完整的过程"②。他强调在教育体系中,没有先后、主次之分,无论忽略了哪一方面都无法完成任何其他任务。在实施"个性全面和谐发展"的教育时,苏霍姆林斯基提出要将学校教育与家庭教育相结合、体力劳动与智力活动相结合、课堂教学与课外活动相结合、教育与自我教育相结合的基本原则。

立足于智育的基本任务,苏霍姆林斯基认为教学过程中存在两对矛盾即教学—教育、教学—发展的双重矛盾。在此基础上,苏霍姆林斯基提出了教学的教育性原则,主张世界观教育、道德教育必须在科学知识的教学过程中进行,反对教育和教养相互隔绝。他强调师生通过教学有效地传授和获取知识,坚决反对只给知识、不重视发展智力的教学。苏霍姆林斯基还就其所提出的"两套教学大纲"展开论述,要求教师在教给学生教学大纲规定的知识的同时,应设立促进学生智力和劳动发展与提高方面的"第二套教学大纲",即非必学知识的大纲。他指出,一位优秀教师懂得的东西应比"大纲"规定的内容多许多倍,课程对他来说只不过是这门学科的起码知识。教师高深的学识是吸引学生热爱学习,获取知识的必要条件。③

基于长期的教育实践,苏霍姆林斯基还阐释了学校管理和领导艺术的问题,认为优秀的校长必须是一个良好的组织者,并且注重集体领导,善于运用集体智慧。他非常重视发挥由教师代表、学校各部门负责人、家长委员会代表等人员组成的校务会议的作用,视之为学校决策的最高权力机构。同时他还强调校长"领导学校,首先是教育思想上的领导,其次才是行政上的领导"④,要求校长要了解各年级的教科书,从运用知识的角度分析学生的学习,并领导教师集体确立最基本的共同教育信念,鼓舞教师的教育教学工作。在教师管理上,他倡导校长要尽量关爱教师、减轻教师的负担,同时,督

---

① [苏]苏霍姆林斯基.帕夫雷什中学[M].赵玮,等译.北京:教育科学出版社,1983:9.
② 同上注.
③ 张运卉.点击苏霍姆林斯基[M].天津:天津教育出版社,2008:53.
④ [苏]苏霍姆林斯基.和青年校长的谈话[M].赵玮,等译.北京:教育科学出版社,2009:34.

促教师不断提高教育素养,提高教学质量。

苏霍姆林斯基将毕生的精力都献给了苏联的农村教育。在平凡的工作岗位上和繁杂的工作过程中,苏霍姆林斯基以无私奉献和探索求新的精神,创造了非凡的业绩。他所领导的帕夫雷什中学成为当时世界上著名的实验学校之一,其许多教育论著被译成多国文字,其全面和谐发展教育理论和所倡导的"爱的教育"广为流传、润泽人间,成为世界教育史上的宝贵财富。

二、现代重大教育事件

(一)初级学院运动

初级学院运动是指19世纪末20世纪初美国为调整高等教育结构而兴起的一场以建立两年制初级学院为内容的高等教育改革运动。

南北战争后到20世纪初期,美国的人口较之以往增加了一倍,高等教育的入学人数也随之激增,这种状况给大学带来了压力。事实上,并非每一个进入大学的人都有较好的学业水平,其中一部分人将来也未必都能够成为出色的专门人才。这种现象促使许多大学领导人和教育家重新考虑大学最初两年的基本教育目的问题。真正把初级学院的设想付诸实施并对初级学院的兴起发挥了重大影响的是芝加哥大学校长威廉·哈珀(William Harper)。他于1892年把芝加哥大学分为"基础学院"(academic college)和大学学院(university college)两部分。1896年又改称为"初级学院"(junior college)和"高级学院"(senior college),这是"初级学院"一词首次在美国教育史上出现。[1] 与此同时,加利福尼亚大学首先实施"初级证书"制度,把大学四年分成两个阶段,即一、二年级和三、四年级,并要求学生在第一阶段取得"初级证书"后方可进入第二阶段进行学习。1900年,芝加哥大学授予初级学院毕业生以"副学士学位",从而在学位体制上把初级学院正式纳入高等教育的范畴。1907年,加利福尼亚州颁布了美国第一部关于初级学院的法案,允许州内各中等教育委员会提供大学最初两年的教育,并授权州内各地方学区建立地方性的初级学院。

---

[1] Eells, Walter C. The Junior College[M]. Boston: Houghton Mifflin Company,1931:50.

美国初级学院的创办形式有五种：一是把四年制的大学分成两部分，一、二年级部分称为初级学院。二是取消四年制学院中的三、四年级，把四年制学院办成两年制的初级学院。三是在中学里增设大学一、二年级的课程，成为附属于中学的初级学院。四是由师范学校和其他职业、技术学校发展而成的初级学院。五是单独创办新的初级学院。①

早期初级学院的性质和办学目标较为单一，仅具备"转学功能"，即面向高中毕业生提供大学一、二年级的课程，以便把他们送入高级学院继续深造。第一次世界大战以后，美国初级学院发展表现出强劲的势头。一方面，由于公立中学运动的蓬勃发展对美国高等教育提出了挑战，扩大高等教育规模的呼声越来越高，初级学院恰逢其时并参与其事。另一方面，联邦政府和各州政府对初级学院发展的积极介入也促进了初级学院的发展。1920年，"全美初级学院协会"（The American Association of Junior Colleges）的成立，为初级学院的发展提供了机构保证。各州政府也纷纷以立法的形式支持初级学院的发展，此后初级学院和学生数量迅速增加，从初级学院建立初期的 8 所到 1946 年的 648 所，平均每年增长近 10 所。到 20 世纪 40 年代末，美国初级学院从最初单一的"转学职能"，发展到具备四种职能，即转学、职业教育、普通教育和社区服务。

初级学院运动促使美国高等院校内部结构进行了调整和重组，形成了多层次及相互补充的高等教育体系，提升了高层次专门人才的培养质量，对高等教育结构的完善具有深远的影响和意义。

（二）新教育运动

新教育运动是 19 世纪末至 20 世纪初在欧洲出现的资产阶级教育改革运动。它始于英国，而后扩展到德国、法国、瑞士、比利时、奥地利和荷兰等许多国家，至 20 世纪初，影响遍及整个欧洲大陆。这场运动的主要内容是建立与旧式传统学校在教育目的、内容、方法等方面完全不同的新学校，因此也被称为"新学校运动"。

19 世纪末，资本主义进入垄断时期，新的经济与政治形态急需具有首创

---

① 单中惠.外国大学教育问题史[M].济南:山东教育出版社,2006:89.

精神和创新能力、勇于开拓资本主义事业的新型人才,那种只注重书本知识、严重脱离社会现实、纵容滋生骄奢怠惰的贵族式学校教育已不足以适应时代需求,学校教育的改革已不可避免。在这种社会背景下,英国的雷迪(C. Reddie,1858—1932)于1889年在英格兰的德比郡创办了欧洲第一所新式乡村寄宿学校,即阿博茨霍尔姆学校,以此为开端,揭开了新教育运动的帷幕。作为欧洲新教育运动的典范学校,该校除了对学生进行手工活动、体力、艺术等训练,还开设了像文学、社会教育和宗教等课程。1898年,德国教育家利茨受雷迪的办学思想的启发和影响,在哈尔茨山区的伊尔森堡创办了德国第一所乡村教育之家,招收6—12岁的儿童,其特色主要表现为注重培养民主、自由的家庭氛围,尤其重视赋予学生勇敢、独立的探索精神。随后德国先后成立了许多类似的新学校,形成了以利茨为代表的"乡村之家运动"。其后法国教育家德摩林在法国建立了第一所名为罗歇斯学校(Ecoles des Roches)的新式学校,该校尤其重视为学生提供体育运动的机会,被称为"运动学校"。瑞士教育家费利耶尔(Adolee Ferriere,1879—1966)还在日内瓦建立了专门的新教育组织机构"国际新学校局",作为欧洲各国新教育运动学校的联络中心。1921年,来自40个国家的100多人在法国的加莱市成立新教育联谊会,出版了《新时代教育》杂志,宣传新教育理论。1922年,该联谊会正式颁布协会章程,提出新教育的7项原则,推行儿童中心的教育目标,成为新教育运动的国际宣言。1929年,因经济危机以及德意法西斯主义猖獗泛滥等因素,新教育联谊会修订了自己的目标。1937年及其后,欧、亚、非三洲的一些国家成立了新教育联谊会的分会。1966年,新教育联谊会更名为"世界教育联谊会"(World Education Fellowship,简称WEF),这也标志着新教育运动的结束。

新教育运动在批判传统教育、引起人们深刻反思的同时,关注社会现实的需要和儿童个性的发展,其主要教育理论可分为以下几个方面:(1)反对传统教育中的主知主义,倡导和鼓励儿童用科学的方法来独立解决问题,使儿童获得个性的自由;(2)主张学校开设反映现实需要的课程,号召儿童积极参加社会活动;(3)重视教学,主张学校应成为社会变革的先导,提倡有教育实践经验的教师执掌教学活动。

这场始于英国尔后遍及整个欧洲甚至远涉亚非的新教育运动,是20世纪前半叶欧美教育改革的重要组成部分，也是20世纪西方教育发展的重要开端。它对世界教育理论的形成、发展和实践的变革产生了深远影响，其重要意义就在于引起了世界各国对传统教育的重新审视和深刻反省，以及对革新教育的重视，使为数众多的思想巨人对新教育实践予以关注与思考，形成了各具特色的新教育思想与理论，推动了各国之间的教育交流。

（三）威斯康星理念

"威斯康星理念"，亦称"威斯康星思想"（Wisconsin Idea）。美国威斯康星大学在自身发展和办学过程中逐步认识到，大学的成长和生存发展必须与社会进步紧密联系起来；大学只有在服务于社会各种需要的基础上，自身才有可能走向繁荣兴盛。

大学为社会服务的理念起源于美国的赠地学院运动，1862年颁布的《莫里尔法案》主要是设立学院进行农业及工业教育，培养农工专业技术人才，开启了大学直接为社会发展服务的先河。1904年，极为推崇实用主义的范·海斯（Van Hise）出任威斯康星大学校长，他提出："教学、科研和服务都是大学的主要职能。更为重要的是，作为一所州立大学，它必须考虑每一项社会职能的实际价值。换句话说，它的教学、科研、服务都应当考虑到周围的实际需要。大学为社会，州立大学要为州的经济发展服务。"[1]为此，他本着社会服务应成为大学的重要职能的理念，对威斯康星大学进行了改革。在教学和科研的基础上，范·海斯主张威斯康星大学应该通过培养人才和输送知识这两条渠道，打破大学的封闭状态，努力发挥大学为全州的社会和经济发展服务的职能。范·海斯大力发展知识、技术的推广和应用事业，在威斯康星大学建立了一个影响遍及本州的知识推广部，开设和组织了几百种课程和各种各样的教育普及活动，并为州政府提供专家咨询服务，使大学和州政府建立了更加紧密的伙伴关系。威斯康星大学通过推广技术和知识、专家服务，推动了威斯康星州的发展，同时也使大学自身从中受益，使学校的畜牧、生物和细菌学等学科迅速处于全美领先地位，在较短的时间内从一所普通的州立大学成长为美国最有影响力的大学之一。1912年，查尔

---

[1] 康健."威斯康星思想"与高等教育的社会职能[J].中国高教研究,1989(1):40.

斯·麦卡锡(Charles McCarthy)在其专著《威斯康星理念》中明确提出了"威斯康星理念"一词。这一理念最初出自查尔斯·麦卡锡对威斯康星大学20世纪初办学理念和实践经验的总结,发展到后来则成为威斯康星大学影响世界高等教育界的"大学为社会服务"这一办学新理念的代名词。

威斯康星大学在努力为地方社会经济发展服务的过程中取得了可观成就,被各州立大学纷纷效仿。"威斯康星理念"创造性地提出了大学的第三项职能,即大学为社会服务的功能。至此,大学走出了"象牙塔",与社会生产、生活实际更加紧密地联系在一起,大学不再仅仅是教学与科研机构,还应该是服务机构。威斯康星理念拓展了大学职能,成为主导高等教育改革的一种潮流,对全世界的高等教育产生了重要影响。

(四) 综合中学

综合中学(Comprehensive School)这一概念最早出现在20世纪20年代的美国,是教育民主化思潮的产物。20世纪50年代以后,西方主要国家为协调中等教育升学和就业的功能、克服中等教育多轨制所带来的弊端,对中等教育结构进行调整,原有培养目标各异的中等教育机构被取消或合并,在此基础上,设立面向所有学生并兼顾升学与就业功能的综合中学,目的在于真正实现教育机会均等。

综合中学最早产生于20世纪初的美国。此前美国的公立学校在升学与就业两大功能之间一直摇摆不定,而事实上中学的升学功能更受重视,对为就业做准备的目标有所忽视。进入20世纪以后,美国中学的入学人数增多,生源也更为多样化,建立一种能整合双重教育目标和彰显现代社会民主思想的新型中学已成为当务之急。1918年美国中等教育改组委员会发表《中等教育的基本原则》报告,首次提出并阐述了"综合中学"的概念,特别强调综合中学不应是一个选择机构,也不是大学的附属机构,而是面向所有学生并为社会服务的学校,它将所有课程包容在一个统一的组织之中,是美国中等学校的标准类型。[①] 此后这种兼顾升学与就业、文化知识与职业技能并重的综合中学开始蓬勃发展,并成为20世纪20年代后美国中等教育机构的主

---

① 瞿葆奎.美国教育改革[M].北京:人民教育出版社,1990:33.

要类型。继美国之后,综合中学的办学模式被西欧各国追随效仿,由此掀起了持续多年的中等教育综合化运动。

20世纪50年代,科技革命引发了产业结构和就业结构的变化,以传授普通文化知识见长的中等学校已不合时宜,于是许多国家纷纷对中等教育进行方向调整和结构改革,基本一致的取向是将职业教育纳入中等教育体系。综合中学的建立还与教育民主化浪潮的推助有关,这一浪潮的重要诉求之一就是取消或重组带有等级色彩的多轨制中等教育体制,综合中学因而被视作最佳的替代模式。由于上述因素的影响,法国、英国、德国、瑞典、澳大利亚、意大利等西方国家都步入了建立综合中学的进程。

综合中学的出现对20世纪以来世界范围内的基础教育结构变革产生了重要影响,在协调中等教育升学和就业的两个功能方面发挥了兼顾和平衡的作用。但由于国情的殊异,各国所选取的方式和途径各有不同,其办学效果也有差异、不尽理想,因此,综合中学的模式也难免受到各种质疑和批评。

(五)统一学校运动

统一学校运动,是1919年法国"新大学同志会"在批判双轨制教育的斗争中提出的建立统一学校的主张,主要诉求是建立一轨制学校,以实现教育的民主化。

19世纪末20世纪初,法国的教育制度以双轨制教育制度为主要特征。一轨是:母育学校—初等学校—高等学校或职业学校。这些学校的学生主要是来自工人阶级的家庭,以培养具有一定劳动能力和职业技能的劳动者为主。另一轨是:幼儿园或中学教育预备班(家庭教育)—中等学校(国立或者市立中学)—大学专门学校或高等技术学校。[1] 这些学校的教育对象主要是富足的资产阶级贵族子弟,以培养脑力劳动者和管理人员为主。这种双轨制教育制度具有明显的不平等的色彩。20世纪上半叶,出于对教育平等的渴求,法国人民对双轨制教育制度抨击的呼声越来越高,教育制度亟待改革。1919年,法国一些具有自由民主精神的社会进步人士和激进向上的团体开始出现在人们的视线中,这支具有资产阶级独立民主色彩的队伍就是

---

[1] 瞿葆奎,张人杰.教育学文集·法国教育改革[M].北京:人民教育出版社,1994:11.

"新大学同志会"。① "新大学同志会"在批判双轨制教育的斗争中提出了建立统一学校的主张,并强调统一学校需要解决两个主要问题:一是提倡民主教育,二是根据儿童的智力水平择优录取。民主教育是废除双轨制而实施统一的学校教育,即让所有儿童毫无区别地在统一开设的小学中接受同样的基础教育,直至14岁(后降低到13岁)。择优录取是在学生接受初等教育之后,根据儿童智力状况,让不同的儿童进入不同的中学。"新大学同志会"的这种主张,反映了欧洲新教育运动对法国教育产生了具体的影响。

以"新大学同志会"的活动为先导,法国很快掀起了"统一学校运动"。在这一运动中,"新大学同志会"的改革主张引起了法国社会的广泛关注,并导致了一系列的教育改革。1923年法国政府对小学的课程进行了修改,并规定不论是公立小学还是中学预备班,都必须遵循同样的教学大纲,开设同样的课程;所有6—13岁的儿童,不管在何种学校里读书,原则上都能接受同样的教育。1925年初步实行了小学阶段的统一学校运动;1930年国立、市立学校教育一律免费。1933年,法国政府颁布了设立中学入学统一考试的命令,进一步加强了初等学校的统一性质。直至20世纪30年代末,统一学校在初等教育领域获得了明显的进展。到1936年,法国政府规定小学毕业生统一参加入学考试,合格者升入中学学习。1937年,法国教育部正式发布"方向指导班"作为学制改革的开始,②使统一学校运动从初等教育领域延伸到中等教育。其后不久,此项改革终止于第二次世界大战的爆发,统一学校运动结束。

统一学校运动强烈地冲击了法国的双轨制教育,对法国的阶级不平等的教育进行了强烈的抨击,扩大了广大劳动人民阶层的子女接受中等教育的比例,推动了教育民主化的进程,对法国教育的发展产生了积极的影响。统一学校运动提出的一些建议为法国战后1947年的教育改革所采纳。

(六) 国防教育法

美国1958年颁布的《国防教育法》(*National Defense Education Act*),从战略高度上把教育发展与国家安危紧密地联系起来,是战后美国的一个重

---

① [澳]康内尔.二十一世纪教育史[M].北京:人民教育出版社,1990:372.
② 瞿葆奎,张人杰.教育学文集·法国教育改革[M].北京:人民教育出版社,1994:146-148.

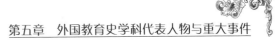

要立法,影响深远。

"二战"结束后,世界进入两极对峙的"冷战"状态,美苏之间展开了全面的对抗和竞争。1957年10月,苏联成功发射了世界上第一颗人造地球卫星,而同年12月,美国发射一颗小卫星却没有成功。这意味着美国在空间技术领域的竞争败北。苏联人造卫星的发射,使美国朝野上下为之震惊。美国人将这一失败归罪于教育,纷纷指责美国学校教育水平落后,指责美国学校是美国整个防御战略中最薄弱的环节。① 他们认为科技落后是由于美国教育失败造成的,美国哈佛大学前校长詹姆斯·科南特和主管国防科研工作的前海军中将海曼·里科夫率先发起批判主导美国教育长达半个世纪之久的实用主义教育浪潮,认为美国因受杜威实用主义的长期影响,忽视了对学生基础知识的教育,这导致了美国的教育落后于苏联和西欧。最后联邦政府以非常时期的决策方式通过了不仅涉及教育,而且对整个社会都产生了深远影响的《国防教育法》,并特别指出:"这是一个紧急措施""要通过法律大大加强我们美国的教育制度,使之能满足国家基本安全所提出的要求。"②

《国防教育法》分为十章,第一章为总则,阐述了美国教育的调查研究结果和相关政策声明,其他章节则分别规定了联邦政府拨款及采取各种方式对州和地方以及个人提供援助等事项和措施。其重点内容包括:(1) 改革各级学校的教学、自然科学、现代外国语,充实各级学校理科教学的实验设备,采取选拔培养"天才生"的措施;(2) 设立了全国性的奖学金,高中学生成绩优秀者,可得奖学金,免费升入大学;(3) 为各高校中学习成绩优异的未来的中小学教师提供低息贷款,为在理科、数学和外语方面有才能的学生提供贷款;(4) 组织科学家和教育家编写新的数学、物理学、化学、生物学等科目的教材;(5) 设立国防特别研究费,设立语言教育中心,举办短期或定期的语言讲习会;(6) 改革师范教育,对从事中小学现代外语教育的人员进行培训,加强师资的培养和提高;(7) 充分利用视听电化教学设备,制订地区性职业教育计划,对青年、成年及老年人进行职业训练;(8) 对州教育统计工作进行援

---

① 张维平,马立武.美国教育法研究[M].北京:中国法制出版社,2004:36.
② 熊明安,等.教育学名词浅释[M].西宁:青海人民出版社,1982:194.

助。①

《国防教育法》颁布后,美国又多次对法案进行修改和完善。1964年,美国国会通过了《国防教育法修正案》,就国防教育法的延长与扩展作出了新的规定,扩大了其适用范围,并对历史、地理、英语等科目和课程作了改进性的相关规定,并进一步增加对教育的拨款,力图通过这些举措进一步提高关键学科的教学质量,以应对其他发达国家在科学、技术等领域的挑战。《国防教育法》被视为美国教育立法的一大里程碑。

(七) 开放大学

开放大学(Open University)是20世纪60年代由英国皇家特许批准创立的一个面向社会各类人群的独立、自治并且拥有学士学位授予权的新型高等教育机构。

"二战"后至20世纪60年代,现代信息技术的兴起及迅速发展和电力的普遍应用,使大量视听技术媒体被移用到英国的教育实践领域,逐渐改变着英国传统教育模式,其高等教育结构和模式也随之发生了变化。中等教育发展速度迅猛,导致其高等教育机构无法满足中等教育毕业生的入学需求。于是,能够为更多的人提供接受高等教育机会的开放大学应运而生。1963年,由英国工党领袖哈罗德(Wilson Harold,1916—1994)提出"空中大学"(又称"广播电视大学")的构想,希望通过使用电视和广播作为高等教育的重要手段,学生通过居家学习的模式完成大学的学业,这就是最初的开放大学。这种新型的高等教育机构是一种通过广播电视等先进视听手段,主要针对在家庭或工作场所进行学习的成人而设的大学,其办学的主要目标是为那些因各种原因而不能接受高等教育的人提供修读本科或研究生课程的机会,使他们可以在日常生活和工作过程中接受高等教育。1964年,哈罗德将"空中大学"的设想付诸实践。1966年,英国教育咨询委员会在一份大学规划白皮书中,启用了"开放大学"的称谓,以取代"空中大学"。

开放大学的教育对象没有职业、年龄和学历的限制,学生无须参加入学考试。开放大学的教学途径和方式主要是电视、广播、函授和面授,家庭是

---

① 张念宏.中国教育百科全书[M].北京:海洋出版社,1991:1256.

主要的学习场所,甚至有许多实验都是用学校寄来的"家用实验仪器"完成的。只有在暑假期间,学校才为学生提供正规的设备,以弥补因场所和设施条件上可能产生的学习不足之处。

开放大学是英国最早采用学分制的高等教育机构之一。课程设置分为进修、本科生和研究生三种类型,提供多达140门的课程任学生自由选择,根据学分授予学位、颁发结业证书或课程修满证明。

开放大学的教材由教材编写组统编,编写组成员除了教师和跨系教师外,还包括英国广播电视公司的节目编排工作者、教材编写研究人员和专职教务人员等。

开放大学的师资队伍因来源多元化、甄选严格而堪称雄厚,可能仅次于牛津大学和剑桥大学。教师们在教学能力、专业技能和教育心理学素养等方面都具有较高的水平,并具有较高的教学组织能力和奉献精神。

英国开放大学作为高等教育的一种全新模式,是信息技术发展和高等教育大众化的产物,标志着20世纪后半期世界高等教育发展的重大突破。

(八) 瑞吉欧教育范式

瑞吉欧教育范式(The Reggio Approach)诞生于20世纪60年代,其发源地在意大利北部一个名为瑞吉欧·艾米里亚(Reggio Emilia)的小城,由当地杰出人文主义教育家洛利斯·马拉古兹(Loris Malaguzzi)发起并领导,在市政府和社区民众的全力支持、合作与参与下,经过教师和教研员等专业人士持续数十年的理论探寻和实践摸索,被视为继蒙台梭利之后,又一个颇具特色、足以产生世界性影响的幼儿教育模式或体系。

"二战"以后,幼儿教育引起了世界各国政府和民众的高度重视和关注。在杜威、蒙台梭利和维果茨基等人的教育理论影响下,欧洲著名教育家马拉古兹创立的瑞吉欧教育范式,标志着幼儿教育在理论和实践上取得了重大进展。随着时间的推移,瑞吉欧教育范式得到了地方政府的多方支持,依照其教育模式和理念,相继创办了13个婴幼儿学校和21个学前学校。1975年后,通过巡回展览,瑞吉欧教育范式开始在意大利产生广泛的影响,并在创办者马拉古兹和一些幼儿教育专家的倡导下成立了全国学前教育研究团体。

瑞吉欧教育范式的创办者马拉古兹相信儿童是有力量的且是完美的,是充满了热切的期望和需要的。① 马拉古兹的这种儿童观,是其创办瑞吉欧教育范式的教育理论基础,其要意有三:一是儿童拥有与生俱来的天赋才能和主动学习的愿望,儿童的潜能具有无限的创造性;二是儿童应该拥有自己的权利去反省自己,他们自己应具有随机应变的能力;三是教师应该尊重儿童的个体差异,有注意幼儿之间差异性的责任和作用,谨慎地考虑对儿童应施以怎样的教育。

瑞吉欧教育范式非常注重教育环境的作用,主张必须为儿童、家长和教师创造一个能够一起工作的特殊的教育环境,以确保幼儿拥有幸福感以及归属感,并更能促进教职员工与儿童之间的密切关系与互动。因而,瑞吉欧式学校的教育环境应该是一个真诚的、充满生机活力的、令人愉快的环境:教师、儿童和家长之间充满了信任,学校有能力为学生提供交往和游戏的广场等。

从教学模式上来看,瑞吉欧教育范式提倡的是项目教学(Project Teaching),即需要儿童自由地去发挥想象和创造力的教学。因而,在瑞吉欧学校中,树立了许多自然景观的雕像,以充当或丰富项目教学的素材,用以激发学生对自然现象的智慧,引起孩子们的思考。教师运用图像创作的教学方式,引发学生对自然界万事万物的认识,让儿童投入自己所有的智慧去观察和感知。教师要与儿童多交流讨论,进行心灵沟通,并通过"记录"帮助他们更好地了解儿童所知所想。教师作为伙伴与向导,他的职责不仅仅是"教",还要观察学生、倾听儿童的心声,选择适合儿童个体的教学方法,建立相对合理的儿童教学模式。

(九)《博洛尼亚宣言》

《博洛尼亚宣言》(Bologna Declaration)是1999年由欧洲的29个国家在意大利博洛尼亚提出的关于欧洲高等教育改革的计划。该计划是整合欧盟

---

① 〔美〕亨德里克.学习瑞吉欧方法的第一步[M].李季湄,等译.北京:北京师范大学出版社,2002:130.

的高等教育资源,打通相关国家的教育体制,进一步协调欧洲高等教育体系,建立面向21世纪新型大学的文件。

随着欧洲政治、经济一体化和可持续发展进程的不断推进,历史最为悠久的欧洲高等教育当前正面临着多重挑战。一方面,在全球化加速的背景下运行的欧洲大学,在国际高等教育市场上越来越缺乏竞争力。另一方面,欧洲各国大学在适应变化的社会环境下面临着共同的困难和需求:(1)欧洲国家的教育计划和教育机构类型复杂多样,质量参差不齐,严重影响了学位的透明度和流动性;(2)统一的欧洲劳动力市场要求各国协调高等教育体制,建立统一的质量保证标准,对学位、学历进行衡量,促进学生就业和人员流动。因而,为了寻求欧洲重新崛起之路,采取一致行动,加强交流与合作,充分利用各国教育资源,提高质量和竞争力,就成了欧洲各国政府的政策选择。《博洛尼亚宣言》就是欧洲一体化和高等教育国际化的产物。其发起者希望到2010年欧洲29个国家的大学毕业生可以自由地在任意签约国家申请学习硕士阶段的课程或者就业,签约国中的任何一个国家的大学毕业生的毕业证书和成绩,都能够获得其他签约国家的认可。

自《博洛尼亚宣言》发表以来,欧洲高等教育一体化进程明显加快,各国纷纷着手实施高等教育改革。2000年3月,欧洲理事会提出于2010年前将欧洲建设成为世界上最有活力和竞争力的知识经济体。2001年5月,欧洲各国的高等教育部长齐聚布拉格,签署了《布拉格宣言》,这标志着博洛尼亚进程迈开了第一步。随后,来自欧洲33个国家的高等教育部长再聚柏林,拟定了《柏林公告》,内容主要包括:(1)促进高等教育的国际流动;(2)建立学分体制;(3)提倡终生学习;(4)促进欧洲高等教育的多维度发展。柏林会议进一步促进了欧洲高等教育一体化进程,成为博洛尼亚进程的转折点。2005年5月,两年一度的博洛尼亚部长会议在挪威卑尔根(Bergen)召开。会议认为博洛尼亚进程给欧洲高等教育带来了深刻变化,并取得了成功。"博洛尼亚进程"已拥有45个成员国。这标志着欧洲高等教育区已初步形成。此后,该进程对所有愿意加盟的欧洲国家开放。

博洛尼亚宣言引发了自 1968 年以来欧洲最重要、涉及范围最广的一场高等教育改革,对欧洲高等教育产生了深远影响。博洛尼亚进程实现了欧洲高等教育和科技一体化,为欧洲一体化的发展提供了强劲的推动力,并使欧洲在国际市场上的竞争实力有所增强。目前,博洛尼亚进程已经赢得了欧洲多数国家的广泛认同,它所提出的目标成为欧洲各国改革高等教育的参照标准。

第六章　外国教育史主要研究方法

研究方法(method)是指从事一项研究所采取的手段和行为方式。研究方法具有实践性和可操作性的特征。若通俗地讲,研究方法就是要解决如何做研究的问题。这在很大程度上区别于方法论(methodology),后者是在多种方法基础上建立起来的一套系统的理论体系。就从事一项历史研究的程序来说,通常包含以下几个步骤:提出问题、搜集资料、分析资料、形成结论、撰写报告。在所有这些程序中,都会有相应的历史学研究方法运用其中。不过,所谓"法无定法",很多历史学家都会形成具有鲜明个人风格的研究方法,而并无某种按部就班的固定程式。从这个角度来说,历史学的研究方法更像是一种匠人的灵活"手艺"(craft)。历史研究的方法贯穿在做研究的整个过程当中,具体表现为研究者如何有效地搜集资料、如何辨别材料真伪、如何做研究笔记、如何叙事、如何提出假设等。

第一节　外国教育史研究资料

从研究使用的材料角度来说,教育史研究的一个重要特点在于史料的搜集、考订与分析。这一点在很大程度上区别于教育学的其他二级学科,比如教育哲学的研究偏向于理念的思辨,教育社会学与教育人类学研究则更多借助田野的实证调查。更为重要的是,教育史从学科属性角度来说是历史学分支的专门史之一,其研究方法跟一般的历史学研究并无二致,只是研究的对象和内容聚焦于学校或其他教育机构有关的人、组织或事件。历史学关注的是过去的事实,接近历史事实往往需要借助当事者留下的证据资料以及后世者的研究性文献。因此,搜集和处理资料的功夫可以说是外国教育史研究者的基本能力和素养,也是从事严格学术研究的基础和前提,其重要性不言而喻。

一、外国教育史研究资料概述

一般来说,历史学研究的资料分为一手资料(primary source)和二手资料(secondary source)。一手资料又被称作史料或者原始材料,是指"人类在过去活动中遗留下来的各种证据"①。二手资料则是在一手资料的基础上对某个历史问题进行讨论或研究的材料。

尽管在后现代史学的冲击下,历史学研究当中所谓"历史真相"的面貌已经变得模糊和不确定,然而历史学研究对于事实的追求仍始终需要借助多样化的丰富资料。由于一手资料通常是历史事件发生之时当事者的一些记录,在提供证据、揭示事实方面的价值往往要比二手资料更为重要。很多卓越的历史学家也都曾指出,历史学的基础在于史料。比如,英国历史学家杰弗里·埃尔顿(Geoffrey Elton)指出:"历史学家必须清楚他可以获得的原始资料的范围和类型。"②梁启超更为形象地指出:"史料为史之组织细胞,史料不具或不确,则无复史之可言。"③以"史学即史料学"的观点闻名于中国近代史学界的傅斯年倡导"上穷碧落下黄泉,动手动脚找东西"④。但凡从事真正历史学研究的学者大多都有所谓的"史料癖",时常为了全面搜集史料殚精竭虑,到了下笔的时候更要严守"有一分证据,说一分话"的学术规范。

尽管任何严肃的历史学研究无不强调史料的价值,但这并不意味着一手资料所揭示的信息就一定是真实可靠的。首先,由于大部分的史料都是人为的产物,因此它们都会或多或少地带上亲历者主观的态度与倾向。这可能导致人们对于某个历史事件的看法发生改变甚至扭曲。例如,日记和回忆录在历史学研究中通常都被作为重要的史料来采用,但是一些作者热心于自我装点,或者经历了一些具有争议性的事件,他们自己的记述往往也可能有失偏颇。康有为的自编年谱《我史》即是一个典型的例证。由于康有为是公车上书和戊戌变法中最重要的领导者之一,他的自述当然是十分宝贵的一手资料,但是其中却充斥了许多个人的派系偏见,甚至还故意作伪。

---

① [英]约翰·托什.史学导论[M].吴英,译.北京:北京大学出版社,2007:50.
② [英]G. R. 埃尔顿.历史学的实践[M].刘耀辉,译.北京:北京大学出版社,2008:56.
③ 梁启超.中国历史研究法[M].上海:上海古籍出版社,1998:40.
④ 傅斯年.历史语言研究所工作之旨趣[M]//傅斯年.史学方法导论.上海:上海古籍出版社,2011:143.

第六章　外国教育史主要研究方法

如何使用这份史料就成为后来的历史学者必须面对的重大难题。这也是茅海建教授之所以需要在多年研究的基础上采取逐字逐行的鉴注形式对《我史》做严密考订的根本原因。[①] 其次,由于个体的背景、视野、角度和能力都是有限的,在对某些事件或人物的记叙过程中难免存在"盲人摸象"的不足与缺憾。法国历史学家马克·布洛赫(Marc Bloch)就此打了一个比方,认为每个人"只能看到大挂毯的小小一角"[②]。正是因为以上原因,历史学研究在重视搜集整理史料的同时,亦十分强调对资料的考证,这也构成了史料学最为重要的内容。

从研究的具体开展过程来说,历史学研究中的一手资料与二手资料都具有独特的价值,二者是相辅相成的关系。历史研究者必须尽可能搜集一手资料,以便将逻辑与结论建立在可靠的基础上。同时,研究者也有必要对二手资料做详尽的学术史考察,有时候还需要完成翔实的文献综述,以便能够对某个主题已有的研究方法、途径与结论有充分的把握和了解。这样方能检验和提炼研究问题,汇聚和调整研究方向,并且有可能在此基础上促进学术的积累与进步。此外,一些在一手文献的搜集与使用方面都很严谨的二手文献本身也具备一定的史料价值。在获取一手文献存在困难的情况下,部分二手文献也可为研究提供证据。再者,对于历史学研究的新手而言,多读一些二手资料,尤其是一些经典的、有代表性的研究文献,进而熟悉并掌握有关某个领域或者问题的基本概念、事实与评价,这对于形成敏感的问题意识,找寻恰当的研究切入点都具有十分有益的作用。

此外,一手资料与二手资料的概念边界并不是泾渭分明的,二者都是相对的概念。在有的情况下,同一份文献在不同研究问题的关照下,其资料的类型可能发生变化。比如,美国教育史学家劳伦斯·克雷明的三卷本《美国教育》是研究美国学校教育史的经典著作。对于一位研究美国教育史某个具体问题的学者来说,克雷明的《美国教育》提供了一种阐释和观点。在这种情况下,《美国教育》就是一份二手研究资料。然而,如果将克雷明的著作

[①] 参看:茅海建.从甲午到戊戌:康有为《我史》鉴注[M].北京:生活·读书·新知三联书店,2009.

[②] 〔法〕马克·布洛赫.历史学家的技艺[M].张和声,程郁,译.上海:上海社会科学院出版社,1992:41.

置于美国教育史学的脉络中,它们则代表和体现了20世纪中期美国教育史学界的一种新的史观。周采教授在《美国教育史学:嬗变与超越》中正是将研究主题确定为梳理美国教育史学从确立到20世纪80年代的发展历程。[①] 在这项研究当中,《美国教育》就成为一手资料。研究者需要对克雷明在这部著作中对史料的选取情况和依据、具体的历史观点等问题进行比较分析,以便确定克雷明在美国教育史学谱系当中的地位和贡献。

根据不同的分类标准,一手资料可以进一步划分出多种不同的类型。以资料载体的不同,一手资料,即史料分为文字史料、实物史料、口碑史料、声像史料和数字化史料。[②] 在传统的历史学研究中,文字史料是被利用得最多的一手资料。后来随着考古学的发展,以及数字信息技术的飞速进步,一些过往不被纳入史料范畴的资料也开始在新史观的视野下成为历史学家采用的新材料。以下将结合外国教育史研究的内容对上述不同类型的史料做举例说明。

文字史料的范围比较宽泛,主要包括行政命令、法令、国会记录等政府文件;各级各类学校管理与运作过程中的各种记录;个人的书信、日记、自传、回忆录等传述材料;具有史料价值的图书、报纸、杂志、小册子、明信片、海报等出版物与印刷品。例如,如果有学者研究在美国高等教育历史上具有重要地位的《莫里尔法案》,那对他来说最重要的史料无疑就是分别在1862年和1890年通过的美国国会的两份法案。此外,《莫里尔法案》的提出、论辩与通过的过程,及其它们的影响与后果都需要借助一系列的史料来重构阐释。这可能涉及诸如政治活动家乔纳森·特纳(Jonathan B. Turner)、国会议员贾斯汀·莫里尔(Justin S. Morrill)等支持者有关联邦资助高等教育问题的通信手稿,以及发表在报纸、杂志等出版物上的文章与演讲稿,还有他们撰写与提出的一些计划和议案等。另外,1862年《莫里尔法案》通过之时正值美国内战,南部多个州已经宣布退出联邦。此前该法案虽经提议,但是却未能获得通过,其阻力主要就来自于主张州权的南部各州议员。因此,美国第37届国会(1861—1863)本身就是一届具有特殊构成与意义的国会,其有关《莫里尔法案》的讨论记录也应当成为重要的研究史料。

[①] 参看:周采.美国教育史学:嬗变与超越[M].北京:人民教育出版社,2006.
[②] 李剑鸣.历史学家的修养和技艺[M].上海:上海三联书店,2007:243.

实物史料是指保存至今的历史遗迹,主要包括遗址、遗物、建筑、雕像、碑刻、绘画等。与文字史料相比,实物史料在留存历史事实方面更为直接。我国近代著名的世界中古史学家齐思和先生在谈到实物史料与文字史料区别时说:"夫目睹先民之遗泽,则思古之幽情,自然流露,印象之深刻,绝非从书本得来之知识所可比拟者也。"①任何到过雅典或者罗马城旅行的人无不为其建筑之宏伟所折服,由此而触发的历史感可谓油然而生。对于一项有关古希腊学校教育的研究课题来说,实地探访留存下来的校舍遗址,查看一些有关教育主题的大理石雕像,或者描绘有学校教育场景的陶器,这无疑都会有助于提升研究的深度。此外,欧美一些国家的学校校舍采用砖石结构,不仅在外观的美学意义上具有恢宏的风格,而且还能保留相当长的时间。例如,英国的牛津大学和剑桥大学都建于中世纪时期,大量古典风格的建筑本身就可以成为一项值得探讨的教育史课题。

口碑史料又被称作口述史料,是指通过口头陈述方式留存下来的史料。在文字记录与印刷技术不太发达的时代,通过口耳相传形成的口碑史料曾经是史学著作中主要采用的史料。然而,随着信息化时代的到来,人们开始采用录音、录像设备进行采访和记录。这在很大程度上推动了口碑史料的采集和利用,也在根本上促进了口述史作为一个专门研究领域在20世纪中期以后迅速发展成为历史学发展的一个热点。尤其是将社会史与新文化史的史观与口述史研究方法结合起来,搜集和研究那些社会底层或者边缘人物的历史,俨然已经成为西方史学界最近几十年经常采用的一种研究路径。举例来说,在教育史研究领域,加布瑞勒·莫里斯(Gabrielle S. Morris)所著《拔尖生:有关非裔美国人在高等教育中取得成就及其他的口述史》对曾于20世纪20年代至60年代就读于加州大学伯克利校区的部分非裔美国学生进行了口述史研究,记录和讨论了他们在种族隔离政策下如何在以白人为主的大学校园中生活与学习的情况。②

声像史料和数字化史料可以说是现代科学技术的产物,主要包括照片、录音、录像、纪录片、电影、史料数据库等。声像史料往往都是在历史现场的

---

① 齐思和. 史学概论讲义[M]. 天津:天津古籍出版社,2007:104.
② 参看:Morris, G. Head of Class: An Oral History of African-American Achievement in Higher Education and Beyond [M]. New York: Twayne Publisher, 1995.

记录,能够直观地反映事件发生与进展的状况。数字化史料一般是将一些文字史料和实物史料电子化,大多能够在计算机上进行在线检索和查看,为历史研究提供极大的便利。随着信息与数字化技术的迅速发展,可以预见的是,将来会有越来越多的史料被电子化,并且能够通过互联网便捷地查阅。这将为我国的外国教育史研究提供相当多的机会,甚至有可能带来研究方式的彻底转变。试举一例,有关20世纪60年代美国大学校园的学生反叛运动,美国同行已经整理出了相当多有关的声像史料和数字化史料。纪录片《六十年代的伯克利》(*Berkeley in the Sixties*,1990)将大量历史影像与对十几位学生领袖的采访结合起来,生动地重现了那个年代美国大学生发起的反种族歧视静坐示威、自由言论运动(Free Speech Movement)、反战运动、女权运动等校园事件。

  除了按照资料的载体进行分类,历史学界还经常将一手资料分为公开出版的史料和未公开出版的史料。前者通常包括各种文件或档案汇编、个人文集或专著、书信集、通信集、自传等资料,后者则一般是以手稿或实物的形式保存在档案馆里。对于目前我国的外国教育史研究者来说,国外已经公开出版的史料相对来说更加容易获得。这些资料可以通过图书馆借阅、自行购买、在线阅览或下载电子书等方式得到。但是,对于未公开出版的史料,大多要求研究者亲自前往查档,其可获取的便利性程度远不及已出版的史料。不过,近几十年来国外一些档案馆很重视对馆藏档案进行影像化或电子化,制作了相当数量的微缩胶卷或在线档案库,这对于身处国内的研究者来说可谓一大福音。

  历史学研究的二手资料是有关某个问题的研究性文献,大多是各种类型的文字出版物。按照类型进行分类,二手资料一般包括学术著作、期刊论文、会议论文、学位论文等。这些材料主要可以通过图书馆获取纸质本,或者也可以在电子数据库里检索下载电子文档。对于有的研究来说,相关二手文献的数量会比较多,尤其是一些关于著名教育思想家或重大教育改革的研究。在这种情况下,研究者往往能够在图书馆或电子数据库的检索系统里查找到大量相关材料。这就要求研究者对各种类型的二手文献进行分类,区别哪些是与研究问题密切相关的核心文献,哪些是次重要的文献或者是背景性的资料。一般来说,一项合格的历史学研究需要在充分搜集二手文献的基础上有所侧重和取舍。与研究问题关系紧密的权威二手文献应尽量搜集齐全,并进行详细的批判性阅读。一些不那么紧要的文献则可以简单浏览即可,甚至不必费力搜集。

二、当前我国外国教育史学科面临的资料困境及其应对

在相当长的一段历史时期里,我国学术界曾经以这样或那样的一些政治意识形态为指导来从事整个研究工作。对于历史研究来说,这样做无疑便是预设了某种从事研究的角度与路径,甚至可以说也已经设定了结论,然后再对资料进行审查、筛选和拼接。改革开放以来,我国教育史学界在有关学科建设问题的讨论中曾就史论关系作了一些探讨。总体而言,学界在观念意识方面基本上已经达成共识,即认为一项优秀的教育史研究应当做到论从史出、史论结合,扎实可靠的研究必须建立在充分搜集和分析资料,尤其是一手资料的基础上。

然而,外国教育史学科的性质与特点在客观上决定了资料的搜集与利用容易遇到多重的困难,这也在很大程度上制约了学科的发展。首先,作为历史学的一个分支学科,外国教育史的研究对象是过去的人或事。这就在时间维度上为当下的研究增加了一道屏障。其次,外国教育史关注的是世界上其他国家或区域的教育发展历程,而非研究者的母国历史。这又在空间维度上设置了另一道屏障。再者,一个国家的社会与教育往往都有其特定的文化背景,需要置于相应的语境中方能深入洞悉。再加之,从事外国教育史研究一般要求研究者具备比较良好的外语阅读与理解能力。这些问题都是由外国教育史的学科属性自然衍生出来的,是外国教育史研究者面临的具有普遍性的问题,当然也会为外国教育史研究的资料搜集和分析增添难度。

另一方面,就资料本身的情况来看,目前国内的研究环境和条件还远达不到支持外国教育史研究进行全面搜集资料的水平。整体而言,国内大多数图书馆在外文图书采购方面的经费还相当有限,采购的途径也比较单一,且采购新书相对容易,购买一些具有经典价值的古籍善本则比较困难。而且,外国教育史作为一个专门的学域,所需用的外文资料具有比较强的专业性。这就需要外国教育史的研究者与图书馆密切合作,以便能够将有限的

经费和途径有针对性地用在采购急需或有重大价值的图书上。但是，就目前的情况来看，这个合作的机制显然还未常态化和制度化地建立起来。另外，尤为关键的是，国内图书馆收藏的外文图书、期刊、报纸等大多都是外国教育史研究的二手资料，在史料收集方面相对来说十分欠缺。再者，虽然近年来国内学界的国际交流越来越频繁，但是即便外国教育史研究者到了国外，从所访问的大学图书馆搜集一些二手的研究性文献相对比较容易，如何高效地、系统地获取一手文献却依然是一个难题。

就外国教育史学科史料建设的实际情况来看，国内学界曾在20世纪90年代先后出版了几种史料选编。其中主要包括华中师范大学任宝祥、任钟印先生牵头翻译的美国教育史家克伯雷的《外国教育史料》，华东师范大学赵荣昌、单中惠先生主编的《外国教育史教学参考资料》，北京师范大学夏之莲先生组织选编的《外国教育发展史料选粹》。① 此外，人民教育出版社在20世纪八九十年代与国内的外国教育史学界合作翻译出版了"外国教育名著丛书"，共计38种44册，涵盖了从古希腊到20世纪初西方重要教育思想家的名著名篇。然而，上述史料建设工作的一个重要目标在于服务我国高等师范院校所开设的"外国教育史"课程教学，其史料的选取基本上是以外国著名教育思想家和重大教育变革为线索，编辑的体例也基本上是在配合外国教育史教材。这种史料建设的路径对于辅助外国教育史的课程教学，促进有关部分教育思想家的研究有着毋庸置疑的推动作用。但是，在当前外国教育史学科"从单纯的教学科目向同时作为教学科目和研究领域"②转变的背景下，上述以服务课程教学为导向的史料建设成果显然不能满足深入、具体的学术研究的需要。

对于外国教育史学科所面临的资料搜集的困难，尤其是史料缺乏对于学科发展所造成的局限，国内学界一直以来就有比较清醒的认识。张斌贤教授在《全面危机中的外国教育史学科研究》中认为："在今后一个时期内，

---

① 参看：[美]克伯雷.外国教育史料[M].任宝祥,任钟印,主译.武汉：华中师范大学出版社,1991；赵荣昌,单中惠.外国教育史教学参考资料[M].上海：华东师范大学出版社,1991；夏之莲.外国教育发展史料选粹[M].北京：北京师范大学出版社,1999.

② 张斌贤.教育史学科的双重起源与外国教育史课程建设的"新思维"[J].河北大学学报：哲学社会科学版,2008(1):16.

史料危机将是外国教育史学科研究中的最大危机。"①诚如张斌贤教授所指出的,不少外国教育史的研究成果实际上是在没有任何原始史料的情况下,借助二手、三手资料从事着"既述且作"的工作。若从严格意义上来讲,这显然不符合历史学学术规范的标准。贺国庆教授也指出:"多年来,史料建设一直是我国外国教育史研究的薄弱环节,它也是制约外国教育史学科发展的障碍之一。解决了史料问题,外国教育史研究才可能生存发展。"②对于一些外国教育史研究者并不懂得对第一手与第二手资料进行区分的现象,郭法奇教授也很直接地指出,外国教育史研究中的外文资料并非都是第一手资料。③

不过,从实践层面来看,外国教育史学科所面临的资料问题在最近十几年的时间里并未得到缓解,甚至还进一步陷入困顿的境地。我们至少可以从以下两个方面看到这种状况的具体表现。其一,国内的外国教育史学界在近十几年几乎没有新编译的史料著作出版。这既与前一个阶段基于外国教育史课程教学所做的系统的史料建设工作告一段落有关系,同时还与当前我国外国教育史学科在教学和研究两个方面都进入转型和重整阶段有关系。其二,虽然近十几年来我国的外国教育史学科培养了数量十分可观的硕士生与博士生,出版的外国教育史领域的学术专著也为数不少,但是在数量"繁荣"的背后,若认真翻看相关的硕博论文和学术专著,很容易发现国内的外国教育史研究成果无论是在史料意识,还是具体的史料搜集技术与分析解读方面都存在明显的缺陷。举例来说,外国教育史方向的硕博论文和专著的参考文献基本上都是按照中文和外文标准进行一级分类,然后再按照著作、期刊论文、学位论文等为标准进行二级分类。若加以横向的比较,中国教育史或者中国的世界史的研究成果一般都会按照一手资料和二手资料进行一级分类,然后再对以上两种资料做进一步的具体分类。虽然外国教育史学科的一些成果也会在行文中引用一手资料,但是对于一项严谨的历史学研究来说,上述情况却暴露出了在资料方面的学术规范问题。这种

---

① 张斌贤.全面危机中的外国教育史学科研究[J].高等师范教育研究,2000(4):42.
② 贺国庆.外国教育史学科发展的世纪回顾与断想[J].河北师范大学学报:教育科学版,2001(3):26.
③ 郭法奇.什么是教育史研究?——以外国教育史研究为例[J].教育学报,2005(3):93.

问题的出现固然与外国教育史学科长期以来形成的研究与著述的传统模式有关，更与当下研究者的史料意识不够突出、史料功夫不够扎实有密切关联。

客观而言，20世纪八九十年代的外国教育史学者大多凭借国内图书馆馆藏的专著和期刊从事研究，很多基本的外文文献都不易获得。在这种情况下，很多研究者只能依靠有限的二手资料从事研究，甚至可以说如果能够尽可能地搜集并利用国内各图书馆收藏的外文二手资料已属难能可贵。这种无奈的情况在特定的历史条件下自然是可以理解的。进入21世纪以来，外国教育史学科的研究条件已经逐渐发生了改变。首先，国家图书馆、上海图书馆以及国内部分高校的图书馆在外文资源建设方面有了长足的进步，很多外文(尤其是英文)的专著和期刊都能在国内查找到。其次，更令人可喜的是，国内很多高校近年来纷纷购买引进国外的学术电子数据库，如Pro-Quest、Jstor、EBSCO等。这些数据库能够全面回溯并及时跟踪国外学界的研究成果，而且一些史料性质的数据库更是能够为国内的研究者提供电子版的一手资料。再者，随着信息技术及互联网的发展，研究者可以在国内通过互联网直接访问一些国外的在线开放档案资料库。

总之，尽管目前在国内从事外国教育史研究的资料条件还远说不上完备，但是在目前已有相对较好的条件下，如果继续沿袭传统的研究方式，过分依靠外文的二手文献从事研究，那外国教育史学科就很难有摆脱困境、走出危机的途径与希望，更遑论学术研究的原创性与创新性。从这个角度来说，对于当下国内的外国教育史研究者而言，十分有必要加强资料方面的学术训练，以便能够充分地利用国内各图书馆的馆藏资源，娴熟地使用各种电子数据库和互联网资源寻找与自己研究密切相关的一手和二手资料。另外，学界也十分有必要回归历史学研究的本位，将资料——尤其是一手资料的搜集和利用情况作为评价外国教育史研究成果的基本标准。只有这样方能推动外国教育史学科的人才培养，提高科研水平。

三、外国教育史研究一手资料的搜集方法

外国教育史研究的一手资料包含多种类型，而且在实际的研究过程中，研究者往往需要根据具体的论题来搜集相应的资料，因此很难说外国教

第六章 外国教育史主要研究方法

史研究的一手资料有固定的搜集套路和途径。此外,由于外国教育史研究的对象涉及世界上许多不同的国家,这些国家的政府和学校等文化教育机构在整理和出版史料方面存在很大的差异,寻获一手资料的难度也可能会因为对象国的不同而产生很大的差异。鉴于此,下文将主要选取美国教育史为案例,对研究者经常可能会用到的一些搜集一手资料的途径做初步讨论,其中将着重介绍一些可以利用的史料电子数据库和开放的在线资料库。

对于国内的外国教育史研究者来说,一些公开出版的史料汇编可以成为研究的基础性材料。例如,在美国初等教育史方面,著名教育史学家埃尔伍德·库伯莱在1934年出版的《美国公共教育读本》收录了一些基本的历史文献。[1] 索尔·科恩(Sol Cohen)编辑的五卷本《美国教育文献史》详尽地整理了大量历史文献,是研究者可以参考的重要史料文献集。[2] 纽约大学教育史教授詹姆斯·弗雷泽(James W. Fraser)编辑的《美国学校:一部文献史》第三版收录了从北美殖民地时期到21世纪初的《不让一个孩子掉队法案》等一些基本的教育文献。[3] 对于研究美国高等教育史的学者来说,理查德·霍夫斯塔特(Richard Hofstadter)与威尔逊·史密斯(Wilson Smith)合编的《美国高等教育文献史》以及威尔逊·史密斯与托马斯·本德(Thomas Bender)合编的《美国高等教育的转变,1940—2005》都应当是案头必备的一手资料集。[4] 这两本文献汇编正好可以在历史时间段上相互衔接:前者涵盖了从1633年在马萨诸塞殖民地建立学院的方案到20世纪40年代美国大学的一些改革议题;后者则以1945年哈佛委员会发布的《自由社会中的通识教育》(即《哈佛通识教育红皮书》)为起点,一直延伸到21世纪初的一些文献。此外,托尼·约翰逊(Tony W. Johnson)和罗纳德·里德(Ronald F. Reed)编辑的《美国教育历史文献》也辑录了美国教育史上与一些重大教育

---

[1] Cubberley, E. Readings in Public Education in the United States: A Collection of Sources and Readings to Illustrate the History of Educational Practice and Progress in the United States [M]. Boston: Houghton Mifflin Company, 1934.

[2] Cohen, S. Education in the United States: A Documentary History [M]. New York: Random House, 1973.

[3] Fraser, J. The School in the United States: A Documentary History [M]. 3rd edition. New York: Routledge, 2014.

[4] 参看:Hofstadter, R. & Smith, W. American Higher Education: A Documentary History [M]. Chicago: The University of Chicago Press, 1961; Smith, W. & Bender, T. American Higher Education Transformed: Documenting the National Discourse [M]. Baltimore: Johns Hopkins University Press, 2008.

变革相关的文献资料。① 除了专门的教育史料汇编,一些美国通史或者政治史、法律史、少数族裔史、女性史等专题史的史料汇编当中也会包含部分有关教育的材料。这些史料汇编大多能够在国内的部分图书馆获取,利用起来比较便利。

一些有关教育的行政命令、立法和法院的判例往往能够比较深刻地对教育产生影响,这些材料也都相应地成为外国教育史研究的一手资料。一些国家的政府文件由专门的机构保存和整理,并向公众提供查询和研究服务,一些文件还被汇编成册印刷出版,还有的文件可以在一些电子数据库中检索查询。以美国联邦政府的文件为例,这些文件由国家档案与记录管理署(National Archives and Records Administration, NARA)负责保管,并由美国政府出版署(The United States Government Publishing Office)负责出版。有关美国联邦政府的文件汇编连续出版物包括:《美国总统公开文件》(*Public Papers of the Presidents of the United States*)、《美国国会系列文件》(*United States Congressional Serial Set*)、《美国外交文件》(*Papers Relating to the Foreign Relations of the United States*)等。这些出版物一般可以在国家图书馆等国内部分有馆藏的图书馆等查看。此外,已经公开出版的美国政府文件基本上都能够在一些数据库中检索、浏览或下载电子版。例如,Hein Online、Lexis Nexis、Readex(Newsbank 数据库的子库之一)这三个电子数据库都收录了有关美国国会、总统及最高联邦法院的大量政府文件;ProQuest Congressional 数据库也能提供丰富的有关美国国会的档案。这些数据库目前已经被国内一些高校和科研单位购买,应当能够为有关美国政治与教育的研究课题提供充实的一手资料。除了上面提到的需要用户名登录的电子数据库,还有一些互联网上的开放资源可供研究者利用。例如,美国的国家档案与记录管理署以及美国政府出版署目前都致力于将一部分政府文件电子化,并在其网站上提供数据库检索和浏览服务;美国国会图书馆的"美国记忆"可以在线提供部分美国政府文件②;加州大学圣巴巴拉校区图书馆的"美

---

① Johnson, T. & Reed, R. Historical Documents in American Education [M]. Boston: Allyn and Bacon, 2002.
② American Memory, http://memory.loc.gov [DB/OL]. 2014-08-07.

国总统项目"能够为研究者提供有关美国总统的丰富研究文献①;威斯康星大学图书馆的电子文献网站收录了1861年至1960年的《美国外交文件》电子版②。

在如今这个数字化时代里,美国的一些学院和大学十分重视将其官方文件、学生及校友出版物,甚至部分馆藏手稿和一些具有重要历史价值的特藏档案电子化,并在互联网上提供给公众和研究者开放浏览。显然,这些材料都为我国的外国教育史学者从事有关美国大学的校史或其他有关院校组织制度、课程、教授或学生群体等方面的研究提供了获取一手资料的便利条件。学院与大学的官方文件包括董事会的会议记录和年度报告、校长的年度报告、学校的财务报告、学校一览(catalogue)、校报、校友名录等。学生与校友出版物包括校友杂志、学生文学刊物等。以哈佛大学的电子资源为例,该校档案馆整理了大量有关校史的各种资料并将其电子化,其中包括:哈佛学院的特许状(1650)、历任校长报告(1825—1995)、早期校长档案(1640—1804)、财务报告(1830—1995)、大学一览(1819—1923)、历史影像、学生报纸《哈佛深红》(Harvard Crimson,1873年至今)、不同时期的教师与学生名录、一些学生的个人档案与日记等。③ 此外,哈佛大学档案馆还以专题形式汇编了部分史料供大家查阅,比如"哈佛与美国革命""17与18世纪的哈佛""哈佛与军事"等。虽然这些档案资料只是哈佛大学在近四百年历史中遗留下来的一小部分资料,但是却对我国的研究者深入了解这所知名大学的运作与校园生活有着极大的帮助。在哈佛大学以外,美国其他很多大学也都从事着类似的档案电子化工作。诸如耶鲁大学、康奈尔大学、威斯康星大学、密歇根大学、芝加哥大学等高等学校在这方面的工作都十分出色,此处不一一赘述。我国的一些研究者已经注意到美国大学档案电子化的情况,并有意识地凭借这种便利条件开展研究,例如崔高鹏在博士论文《董事会权力变迁与密歇根大学转型研究》中便搜集并引用了密歇根大学的董事会纪要和校长年度报告,此外还引用了密歇根州议会和州督学报告等一手

---

① The American Presidency Project, http://www.presidency.ucsb.edu [DB/OL]. 2014-08-07.
② Foreign Relations of the United States, University of Wisconsin Digital Collection, http://digital.library.wisc.edu/1711.dl/FRUS [DB/OL], 2014-08-07.
③ Harvard/Radcliffe Online Historical Reference Shelf, http://hul.harvard.edu/lib/archives/refshelf [EB/OL], 2014-08-07.

资料。①

在有关人物或思潮的研究中,公开出版物往往都是十分重要的史料。一些知名教育思想家的著作、回忆录、自传、日记、通信集等资料一般都可以在图书馆馆藏中查找。这与搜集有关某个主题的研究性资料,即二手资料有相似之处,下面进行具体介绍。

在外国教育史研究中,古籍善本往往能够为考察某个时代的社会状况与观念提供证据。很多图书因已过版权期,可以在一些数据库或在线开放资源库里查阅或下载。例如,Readex 数据库的子库之一"美国早期印刷品"(Early American Imprints)提供自 17 世纪英属北美殖民地时期至 19 世纪早期的大量出版物和其他文字资料。该数据库的另一个子库"美国小册子系列"(American Pamphlets, Series 1, 1820—1922: From the New-York Historical Society)则是考察 19 世纪 20 年代至 20 世纪 20 年代一百年间美国社会观念与思想的重要资源。Gale 数据库的子库之一"18 世纪文献在线"(Eighteenth Century Collections Online)则包括了几十万份在英国和美国出版的历史文献。ProQuest 数据库的子库之一"早期英文图书在线"(Early English Books Online)也收录了十几万份自 1473 年至 1700 年的英文图书电子资源。上述几个数据库目前已经被国家图书馆及一些高校图书馆购买,国内的研究者可以比较容易地利用。此外,HathiTrust Digital Library 数据库目前也收录了超过 1700 万份的电子书及其他出版物。②

报纸能够提供关于事件的即时新闻报道以及社会的发展状况,有的新闻报道还包含了当事人的采访和时人的评论,因此报纸在历史学研究中向来被作为重要的一手资料使用。美国的报业十分发达,不仅有诸如《纽约时报》(New York Times)、《华盛顿邮报》(Washington Post)一类的全国性大报,也有很多扎根城市或乡镇的地方性小报。美国的许多报纸都已经电子化,且基本上都能够提供回溯至创刊的电子文档,因此很容易在一些数据库或在线开放资源库中检索和浏览。具体而言,ProQuest Historical Newspapers 提供美国一些全国性大报的检索和全文下载,其中包括《纽约时报》《华盛顿邮

---

① 崔高鹏.董事会权力变迁与密歇根大学转型研究[D].北京:北京师范大学博士学位论文,2011.

② HathiTrust Digital Library, http://www.hathitrust.org [DB/OL]. 2021-05-10.

报》《波士顿环球报》(*Boston Globe*)、《洛杉矶时报》(*Los Angeles Times*)、华尔街时报(*The Wall Street Journal*)等重要报纸资源。Readex 的子库"美国早期报纸"(*Early American Newspapers*)收录了从 1690 年至 20 世纪的海量报纸资源,其中不乏一些早已停止出版的报纸。此外,EBSCO、Gale 等数据库也都能提供许多美国报纸的电子资源。上述几个数据库都需要用户名登录,部分数据库国内尚未购买引进。因此,我国的外国教育史研究者不妨使用一些开放的报纸资源库。例如,美国国会图书馆的"美国纪事:美国历史上的报纸"收录了自 1690 年以来的大量报纸。① 一些综合性质的报纸在线档案索引网站也可以为研究者提供很大的便利,其中包括:美国国会图书馆的"报纸档案索引与库存"②;宾夕法尼亚大学图书馆的"美国历史上的报纸在线"等。研究者可以在这些索引网站直接点击报纸名称,然后链接进入外部的在线报纸网页。另外,《纽约时报》在其网站上提供全文检索和部分时间段报纸文章的免费下载服务。《芝加哥论坛报》(*The Chicago Tribune*)亦可在密歇根州立大学图书馆的"珍妮特·金斯伯格《芝加哥论坛报》资料库"在线查阅。③

杂志的时效性虽不及日报,但是却在报道与采写方面更有深度,加之装帧精美,往往受到广大民众的喜爱。对于历史学研究者来说,杂志亦是常用的一手资料之一。在近几十年来历史学研究社会转向及文化转向的背景下,一些美国的历史学家尤为重视利用杂志来对公众的集体观念与意识进行研究。在教育史领域,丹尼尔·克拉克(Daniel A. Clark)所著《创造学院男生:美国流行杂志与中产阶层的男性气概,1890—1915》便利用了 19 世纪末至 20 世纪初的一些杂志,如《时尚》(*Cosmopolitan*)、《芒西》(*Munsey's Magazine*)、《星期六晚邮报》(*Saturday Evening Post*)等。④ 其他一些杂志,如《时代周刊》(*Time*)、《生活》(*Life*)、哈珀斯(*Harper's Magazine*)、《纽约客》

---

① Chronicling America:Historic American Newspapers, Library of Congress, http://chroniclingamerica. loc. gov [DB/OL]. 2014-08-09.

② Newspaper Archives, Index & Morgues, Library of Congress, http://www. loc. gov/rr/news/oltitles. html [EB/OL]. 2014-08-09.

③ The Janet A. Ginsburg Chicago Tribune Collection, http://tomcat. lib. msu. edu/branches/dmc/tribune/index. jsp [DB/OL]. 2014-08-09.

④ Clark, D. Creating the College Man:American Mass Magazine and Middle-Class Manhood, 1890—1915 [M]. Madison:The University of Wisconsin Press, 2010.

(*The New Yorker*)、《读者文摘》(*Reader's Digest*)等都是深受美国民众喜爱的杂志。研究者一方面可以在图书馆馆藏中查阅上述杂志的纸质版[最好结合索引(index)进行查阅],另一方面也可以在电子数据库中检索浏览。例如,ProQuest 数据库的子库"杂志档案在线"(*Periodicals Archive Online*)以及"美国期刊系列在线"(*American Periodicals Series Online*)都收录了大量杂志和期刊。EBSCO 数据库也可提供上百种美国历史上流行杂志的电子版浏览与下载服务。上述几个数据库目前也已经被国内一些高校和科研单位的图书馆购买引进。另外,部分杂志也可以在一些开放的互联网资源库中查找到,例如《纽约客》《麦克卢尔》(*McClure's Magazine*)、《新共和》(*The New Republic*)等 200 多种杂志可以在 unz.org 网站上免费浏览下载。①

在一些有关教育事业进展情况的研究中,统计数据往往具有令人信服的效果。美国社会发展的统计数据主要是由美国人口调查局(United States Census Data Bureau)负责整理和发布。该部门出版的 5 卷本《美国历史统计数据》中既包含了大量有关美国历史发展的一般性统计数据,也涉及一些有关教育发展的历史数据。② 国内的研究者既可以在国家图书馆等馆藏资源中查看这部分统计资料,也可以在剑桥大学出版社提供的网络版本中检索和查看。③ 另外,美国教育统计中心(National Center for Education Statistics)专门负责有关教育事业的各项统计数据。该组织的一些出版物是教育史研究者经常利用的事实数值查询途径。④ 例如,《美国教育 120 年:一项统计数据的描述》⑤便是以简要的数据形式呈现了美国教育从 19 世纪末到 20 世纪末的一百多年间的变化情况;每年出版一份的《教育统计摘要》(*Digest of Education Statistics*)则更加详细和丰富。再者,美国联邦教育署在很长一段历史时期里都只是一个权力十分有限的联邦政府机构,其一项主要职责便是

---

① http://www.unz.org [DB/OL]. 2014-08-10.
② Carter, S. Historical Statistics of the United States: Earliest Times to the Present [M]. New York: Cambridge University Press, 2006.
③ Historical Statistics of the United States: Millennial Edition Online, Cambridge University Press, http://hsus.cambridge.org/HSUSWeb [DB/OL]. 2014-08-10.
④ National Center for Education Statistic, http://nces.ed.gov [EB/OL]. 2014-08-10.
⑤ Snyder T. 120 Years of American Education: A Statistical Portrait [M]. Washington D. C.: National Center for Education Statistics, 1993. 该书可从美国教育统计中心官网下载,链接如下:http://nces.ed.gov/pubsearch/pubsinfo.asp?pubid=93442 [EB/OL]. 2014-08-10.

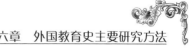

搜集和提供有关美国教育发展的统计数据。因此,《联邦教育署长报告》(Report of the Commissioner of Education)中也包含了大量统计数据。这份年度报告可以在国内部分图书馆查找到个别年份的纸本,同时也可以在诸如Google Books和Internet Archive等开放电子资源库中检索到不少免费的电子版。

从以上有关外国教育史,尤其是美国教育史研究中一手资料搜集途径的列举情况来看,国内的研究者目前已经完全有可能借助图书馆馆藏资源、电子数据库和一些开放的网络资源查找到数量十分可观的一手资料。在这种条件下,外国教育史研究者在研究过程中有必要尽可能地搜集多种类型的一手资料,并将研究假设、推理与结论建立在可靠的资料基础上。另外,我们也必须看到,在国内获取有关外国教育史研究一手资料总是会有一些难以克服的困难。近年来,国内不少外国教育史学者和学生获得到国外进行访问研究的机会。访问学者有必要利用在外研究的机会,走进图书馆和档案馆,学习开展有效的图书馆和档案研究,实地搜集和阅览诸如手稿与善本等国内难以寻获的一手资料,此外还应该积极借助一些比国内有更大使用权限的电子数据库查找资料。

四、外国教育史研究二手资料的搜集方法

外国教育史研究的二手资料主要是一些研究性文献,包括学术著作、期刊论文、会议论文、学位论文等多种类型。中文的二手资料相对来说容易获得,基本上都可以通过图书馆的馆藏资源查阅,期刊论文和学位论文等亦能够通过中国知网、万方、维普等数据库检索电子文档。与中文的二手资料相比,外文二手资料则不那么容易获得,而且研究者在使用方面也存在误区。由于目前国内外国教育史学界的史料意识并不明确,相当多的研究者并不注意区分一手资料和二手资料,这导致一些研究者将能够搜集到的外文二手资料都当作一手资料来使用。鉴于此,下文将仍以美国教育史研究为例,侧重数字化资源,简要介绍一些可以在国内开展的搜集外文二手资料的途径。

历史学研究者在搜集研究资料的过程中,通常都借助一些文献目录(bibliography)。有的文献目录是单独成册的,有的则附在一些权威著作的

后面。文献目录有助于后来的研究者尽快了解某个领域已有的成果,在搜集资料的过程中可以事半功倍。以美国教育史为例,威斯康星大学教育史教授于尔根·赫布斯特(Jurgen Herbst)分别整理了有关美国教育史(Bibliography of the History of American Education)和美国高等教育史(Higher Education in the United States: A Bibliography)的文献目录,并将其发布在互联网上。此外,研究者也可参考弗兰西斯科·卡达斯科(Francesco Cordasco)与威廉·布里克曼(William Brickman)合编的《美国教育史文献目录》[1];亚瑟·杨(Arthur Young)编辑的《美国生活中的高等教育,1636—1986》[2]。布里克曼所著《教育史学:传统、理论和方法》一书中也收录了有关美国教育史的几百条书目。[3] 研究者不妨翻看一些权威著作的文献目录或注释,藉此可以按图索骥、顺藤摸瓜地整理出一份有关自己研究题目的文献目录来。

除了文献目录,一些学术史研究成果也能够为国内的外国教育史研究者提供指引。学术史是有关某个学术领域历史与现状的研究,可以视为学术研究领域的"地图",往往能够对该领域内不同学者或学术成果的地位与关系做类似谱系图一般的归类。例如,威廉·瑞斯(William Reese)与约翰·鲁瑞(John Rury)合编的《反思美国教育史》[4]选取多个具体的领域,分别对美国教育史学界近几十年的研究状况做了归纳,可以说是国内的外国教育史研究者了解美国同行研究现状的一个重要途径。此外,有一些学术专著的作者抛弃简单罗列式的文献目录编辑方法,转而采取撰写一篇文献述评的方式对所涉及的资料进行归纳与点评。从某种角度来说,文献述评是学术史研究的一种形式。通过一些权威学者的点评,其他研究者——尤其是初入某个领域的国内研究者,可以更为清晰地把握有关某个领域已有的研究状况,同时还能通过权威学者的点评确定哪些文献更有价值。例如,弗雷德里克·鲁道夫(Frederick Rudolph)与约翰·塞林(John Thelin)分别在其有

---

[1] Cordasco, F. & Brickman, W. A Bibliography of American Educational History: An Annotated and Classified Guide [M]. New York: AMS Press, 1975.

[2] Young, A. Higher Education in American Life, 1636—1986: A Bibliography of dissertations and Theses [M]. New York: Greenwood Press, 1988.

[3] [美]威廉·布里克曼.教育史学:传统、理论和方法[M].许建美,译.济南:山东教育出版社,2013.

[4] Reese, W. & Rury, J. Rethinking the History of American Education [M]. New York: Palgrave MacMillan, 2008.

关美国高等教育史的通史著作中撰写了详细的文献述评。① 对于美国高等教育史的研究者来说，这两份文献述评无疑都是了解相关学术史的重要资源。

外国学者辑录的文献汇编能够简要地反映某一个领域的研究状况，也可以为国内的外国教育史学者提供有价值的二手资料。例如，哈罗德·威彻斯勒（Harold Wechsler）、莱斯特·古德柴尔德（Lester Goodchild）和琳达·艾森曼（Linda Eisenmann）三位学者合编的高等教育研究学会（ASHE）读本《美国高等教育史》第三版收录了几代美国教育史学者有关历史上一些重大高等教育问题的研究成果。② 该书可以作为国内研究者认识美国高等教育史的入门读本，也可以作为一本二手资料汇编供引用参考。英国学者罗伊·劳（Roy Lowe）主编的五卷本《教育史重大主题》收录了20世纪70年代以来英美两国学者有关教育史学理论及主要教育史问题的研究成果，亦可作为国内研究者把握英美教育史同行研究近况的门径。③ 类似的研究文献汇编还有很多，基本都以著作形式出版，比较容易在国内图书馆查阅到。

传统的外国教育史研究利用得最多的大概当属各种外文学术著作，一般是由研究问题对象国的学者所撰写。国内的研究者过去主要依靠图书馆搜集外文书籍，在无法寻获的情况下，有时也会委托他人在外地甚至国外搜集，其艰难程度可想而知。国内一些图书馆的外文图书馆藏在最近十几年有了很大进步，一些国外出版的比较新的学术著作差不多都能在国内查找到。国家图书馆、上海图书馆、北京大学图书馆和北京师范大学图书馆等都有比较丰富的馆藏。研究者可以自行前往图书馆现场借阅图书，或者充分利用诸如北京地区高等教育文献保障系统（BALIS）的馆际互借平台等途径实现文献传递。有时候一些重要二手资料实在无法在国内寻获，研究者此时亦可在国外的购书网站上购买新书或者旧书。美国常用的购书网站包括Amazon、AbeBooks、alibris等，国内的研究者使用信用卡支付书费和国际邮费

---

① Rudolph, F. The American Colleges and Universities: A History [M]. Athens: University of Georgia Press, 1990; Thelin, J. A History of American Higher Education [M]. Baltimore: The Johns Hopkins University Press, 2011.〔美〕约翰·塞林. 美国高等教育史[M]. 孙益，等译. 北京：北京大学出版社，2014.

② Wechsler, H. Goodchild, L. & Eisenmann, L. The History of Higher Education [M]. Boston: Pearson Custom Publishing, 2007.

③ Lowe, R. History of Education: Major Theme [M]. London: Routledge Falmer, 2000.

即可。

  在纸质图书以外,数字化的电子图书也是外国教育史研究者可以利用的重要资料。近年来,国外很多出版机构都很重视图书的数字化,建立了一些收录十分丰富的电子图书数据库。举例来说,截至 2021 年年初,ProQuest Ebook Central 数据库收录了超过 100 万册电子书;Myilibrary 数据库中有超过 75 万册的电子书;Jstor 数据库中有超过 9 万册电子书;ACLS Humanities E-book 数据库有 5000 多册电子书资源。

  学术期刊论文亦是国内的外国教育史研究者最为重视的参考资料之一。研究者不仅可以在图书馆的外国期刊阅览室翻阅部分刊物,还可以通过电子数据库在线浏览和下载期刊论文。从目前我国的外国教育史研究情况来看,通过电子数据库查找期刊论文已经是研究者惯常采用的方法。多种电子数据库收录学术期刊相当完备,基本上囊括了国际学术界的主要刊物。利用电子数据库进行检索、浏览与下载都很便利,可以高效地查找和筛选与研究主题相关的期刊论文。收录教育类期刊的数据库比较多,其中比较有代表性的包括 ProQuest、Jstor、EBSCO、SAGE、Wiley、Project Muse、Springer、Emerald 等。研究者除了可以在这些电子数据中检索、浏览和下载与自己研究课题有关的期刊文章,还可以定期关注部分刊物,以便能够跟踪和把握国外教育史学界的研究前沿。比如,截至 2021 年年初,美国教育史学会的会刊《教育史季刊》(*History of Education Quarterly*)就可以在 Jstor 数据库中查阅和下载到自 1949 年创刊至 2015 年的全文,此外还能在 Cambridge Journal Online 数据库中查阅和下载 2011 年至 2021 年最新一期的全文,在 Wiley Online Library All Journals 数据库可以查询并下载 2001 年至 2016 年的全文,在 EBSCO 数据库中查找到 2006 年至 2019 年的电子版全文。英国教育史学会的会刊《教育史》(*History of Education*)则可以在 Taylor Francis Online 数据库中查阅和下载该刊自 1972 年创刊至最新一期的全文。国内已订阅该刊纸质版的高校或科研单位均享有在数据库中查阅其电子版的权限。此外,研究者亦可在 EBSCO 数据库中查阅《教育史》从 1993 年到距最新一期一年半以前的电子版全文。再及,国际教育史常设会议(International Standing Conference for History of Education, ISCHE)的会刊《教育史》(*Paedagogica Historica*)的情况与英国教育史学会的《教育史》类似,也能在 Taylor Francis Online

上查阅创刊至今每一期文章的电子版全文。

国外大学的学位论文也是国内研究者经常参考的二手资料之一。ProQuest 的学位论文数据库(ProQuest Dissertation and Theses, PQDT)收录了欧美国家近 2000 所高校的近 300 万篇学位论文,是目前世界上最大和最广泛的学位论文数据库。很多国内的高校与研究单位都引进了该数据库。外国教育史研究者可以在该数据库中检索与自己研究兴趣有关的学位论文,大部分的论文都可以预览前 24 页,小部分论文则可以直接下载全文。对于该数据库中没有电子版全文的学位论文,国内的研究者可以通过图书馆自行付费订购,或者推荐图书馆集中采购。另外,PQDT 数据库还提供部分完全开放的学位论文,研究者无须通过身份认证,即可在公众网上直接登录 PQDT Open,检索、浏览或下载电子版全文数据库。[①] 再者,我国国家图书馆的微缩文献阅览室已经订购了美国 UMI 公司的博士学位论文的微缩胶卷,且每年都在增订。该公司与 PQDT 数据库收录的学位论文实际上是同一个来源。因此,国内的研究者也可在国家图书馆的馆藏目录中检索,并可前往调阅有微缩胶卷馆藏的博士学位论文。

综上所述,可以说在当前信息化时代背景下,外国教育史研究二手资料的搜集困境已经得到了很大程度的缓解。较之以往的一些研究"无米下炊"的境况,现在只要研究者用心尽力,且掌握恰当的方法,与自己研究课题密切相关的二手文献基本上都有办法获取。不过,资料的搜集只是外国教育史研究的基础而已。研究者需要将二手资料与一手资料结合起来,在尽可能全面搜集资料的基础上,加强对资料的考订、分析与解读。也只有这样才能得出可靠和高质量的研究成果,并进而突破学科危机,提升外国教育史的学科地位。

第二节　外国教育史研究的选题与文献综述

一般而言,历史学研究的程序包括以下几个步骤:提出问题;了解研究现状,确定研究起点;搜集资料;提炼思想,形成学术观点;选择研究方法;完

---

① PQDT Open, http://pqdtopen.proquest.com [DB/OL]. 2014-08-15.

成论题写作。① 研究者在具体开展研究时通常会根据实际情况安排进展步骤,不同步骤之间的顺序和用力程度也会有所不同。在一项历史学研究开始之初,研究者一般都会提出一个研究问题,然后再围绕此问题搜集已有的研究成果,通过阅读其他学者已有的研究,进而对选题做出适当的调整,使其具有可操作性和研究价值。鉴于此,本节将以外国教育史研究初始阶段的选题与文献综述两个相互关联的程序为对象,讨论相关的研究方法和注意事项。

一、外国教育史研究选题的来源

一项好的学术研究往往是从好的选题开始的。选题在很大程度上确定了研究的对象、范围和方法,自始至终都会对研究的进行产生指导性作用。然而,一个好的选题并不是偶然产生的。外国教育史的研究者如果想要获得一个好的选题,需要带着问题意识在平时的学习、研究和生活经历中发现适合自己着手研究的问题;还要阅读大量相关的二手资料,了解和把握学界对该问题已有研究的状况;初步搜集和确定可以掌握的一手资料;此外还需要不断地对选题进行修改和调整,以便达到最终的研究目的。从这个角度来说,选题并不是一件容易的事情。对于外国教育史研究而言,由于研究的对象往往是其他国家的教育历史,研究者需要克服时间、空间以及文化等多方面的隔阂,故此寻获一个好的选题甚至可以说是外国教育史研究中最难的环节之一。选题的来源途径多种多样,以下就几个主要的来源进行阐发。

首先,好的选题往往是从研究者的兴趣当中产生出来的。研究者只有对某个问题具有好奇心和探求的渴望,才有可能持之以恒地钻研下去,这样才能做出有价值的学术成果。如果研究者从事的是缺乏兴趣的研究课题,有可能就会演变成被动地完成一项任务,甚至成为负担,最终只能敷衍了事。对于外国教育史研究来说,研究者的兴趣一般可以按照几个不同的维度进行定位。例如,从地域或者国别来看,有的研究者倾心于作为西方文明源头之一的古希腊,有的研究者则对英国、美国、德国、日本或者其他一些现代民族国家的教育历史感兴趣;从教育的层级来看,有的研究者倾向于研究

---

① 杨玉圣,张保生.学术规范导论[M].北京:高等教育出版社,2004:115-121.

高等教育,有的则对学前教育或初等教育感兴趣。研究兴趣可以是比较宽泛的,落实到研究课题的时候则应当在这个兴趣范围内寻找有抓手的具体问题。

对于一些外国教育史学科的初级研究者来说,他们由于缺乏对基本史实以及学术史的了解,经常会遭遇到一种无从下手的茫然境况。在这种情况下,一些指导教师会要求初级研究者阅读一些基本的文献,或者修读一些相关的课程。在这个过程中,研究者往往能够逐渐发现能够让自己感兴趣的研究问题。初级研究者一开始提出来的选题通常都会比较宽泛,要么缺乏研究价值,要么不具备操作性。这时候需要研究者阅读一些相关的文献,或者与熟悉这个课题方向的教师交谈,这样会有助于研究者提炼和改进研究课题。此外,如果学生在选题过程中实在没有主意,导师通常会通过与其交谈,了解其大致可取的研究范围,并协助确定一些方向,最终引导学生寻找到具体的研究题目。

其次,好的选题一般都根源于研究者的困惑。长久以来,学术界流行一句话:要有问题意识。所谓"问题意识"正是一种怀疑的精神。它是贯穿整个治学过程的质疑和批判精神,也是研究者产生困惑的酵母。古人有云:"尽信书,则不如无书。"然而,在外国教育史研究中,研究者时常陷入读谁的书便信谁的观点的境况。这当然与过往外文参考资料不易获取,读书不够深入,对国外学界的学术研究谱系缺乏了解等因素有关。不论如何,我们要倡导外国教育史的研究者尽可能地全面搜集有关资料,在阅读各种中外文文献的过程中,务必带着不迷信和不盲从的意识去读书。当然这种质疑也不是毫无根据和随意产生的,研究者最好能够围绕某一个研究课题多了解一些不同的学说,这样便可以在不同观点的比较当中产生一些有价值的疑问,此外亦可以直接阅读一手资料来考察其他研究者的逻辑和结论是否存在问题。此外,除了通过阅读来激发困惑,研究者个人的经验和反思当然也是困惑的重要来源。例如,一个研究者通过媒体知晓当前国际大学排名中美国大学时常占据前列的状况,由此引发对大学评价体系及其标准的困惑,或者产生对美国高等教育如何在历史中走向卓越的问题。这些问题都有可能进一步提炼成为可以操作的学术研究的课题。

最后,对于外国教育史研究来说,研究者的现实关怀也时常成为一项好的选题的出发点。由于外国教育史关注的是中国以外其他国家的教育历史,这就在研究的对象与内容上拉开了与研究者自身的距离。中国的学者相对来说往往更熟悉与中国有关联的问题,很多问题又确实能够与外国的历史与现实产生关联。在这种情况下,一些研究者会将目光投向作为"他者"的外国,将其作为参照系,以便寻求对中国问题的思考与应对。举例来说,一个国内的研究者观察到当前我国幼儿园中普遍存在学前教育小学化以及其他超前教育现象,由此引发其对国外学前教育历史与现实的关注,并进而从事有关西方主要国家学前教育目标、课程或其他相关问题的历史研究。当然,一项研究的现实关怀并不是决定其质量的关键因素,真正上乘的研究应当用其自身所具备的学术水准来衡量。而且,过分凸显一项外国教育史研究的现实关怀,不仅容易在分析与逻辑方面落入牵强附会的窠臼,还容易陷入向国外发达国家教育"取经"的模式,进而缺乏学术研究的原创性和批判性价值。总之,研究者的现实关怀可以是选题的一个重要来源,在研究过程中需要注意将其与学术研究本身的标准恰如其分地融合起来。

二、提炼外国教育史研究问题的标准

好的选题并不是一蹴而就的,需要经过不断的打磨和提炼才能趋于完善。通常情况下,研究者最初的选题都会存在一些问题,在研究过程中需要不断地进行调整。提炼问题的过程甚至贯穿了整个研究程序。有很多研究者最初设置了问题,但是到最后研究报告撰写完成时,一开始设置的问题很可能已经发生了较大的改变。提炼问题需要根据研究者自身的条件、资料的获取情况、研究的可行性与操作性等因素进行适时的调整。具体就外国教育史研究而言,在提炼问题的过程中有一些基本的标准可以参考。

第一,研究问题需具有学术价值。由于外国教育史研究的对象是国外教育的历史发展,因此研究的问题与成果的学术水准往往难以与对象国学者所从事的本国史研究相比。若将中国的外国教育史研究者的一些选题置于国外学界做横向比较,恐怕一些题目已经显得陈旧过时,或者说是已经被研究得相当彻底了,很难有突破与创新的可能性。这就要求国内的研究者需要在选题过程中做好有关研究问题的学术史梳理,尤其要关注国外学界就该问题已有哪些研究的路径、方法、理论和认知。换言之,研究者需要绘制一张与自己的研究问题有关的"学术谱系图"。这样才能够为自己的研究问题找准定位和突破口,才有持续推进学术积累与创新的可能性。不过,就目前我国外国教育史学科的实际情况来看,国内的研究者很难跟得上国外同行的研究前沿与趋势,更不用说引领学术潮流。在这种情况下,比较现实的策略是同时着眼国际与国内学界的研究状况,尽量能够做到在国内学界具有引领性,同时也不至于与国际研究水平存在过大差距。

第二,研究问题需具体,不宜过大。历史学研究有宏观与微观之分。所谓宏观的研究一般具有通论性质,时间的跨度和空间的范围都比较大,主题也多半是与重大政治或教育变革有关联。从事宏观研究的学者最好能够有充足的进行微观研究的基础,只有这样才能将研究建立在一些细节的基础上,不至于在基本事实上有所错漏,并且也能够经由微观研究训练出驾驭宏观题目的能力。否则,一开始就着手做宏大的研究,往往造成空疏浮浅、以偏概全的后果。在外国教育史学科发展的初期,由于需要梳理国外教育发展的一些基本史实,因此研究的选题一般都比较宏大。近年来,随着学科的积累与发展,越来越多的外国教育史学者倡导从事"以小见大"的研究。所谓以小见大的研究要求研究者从小处着手,选一个具体的问题,全面搜集有关该问题的一手和二手资料,在研究的深度上有所用力和突破。具体来说,要想让一个外国教育史研究的大问题变得小一些,通常可以考虑缩减时间段,选择具体的研究对象,或者也可以选取一些理论视角。例如,如果一位研究者最初的选题是"美国建国初期的教育思想",让这个题目变得更加具体的策略包括选取诸如托马斯·杰斐逊(Thomas Jefferson)、本杰明·富兰克林、本杰明·拉什(Benjamin Rush)等某一个具体的思想家;或者也可以集中于研究诸如公共教育思想、女性教育思想、公民教育思想等具体的主题。

第三,研究问题需要具有可操作性。任何一项学术研究都会面临许多方面的限制,并导致研究目标不是那么轻而易举就能够实现。具体而言,对于外国教育史的课题来说,研究者需要考虑核心的基本资料是否能够顺利获得。毕竟外国教育史研究需要搜集一些外文的一手资料,这些资料在对象国搜集起来一般要比在中国搜集更加容易。例如,一项有关美国大学生校园生活的历史研究,可以搜集的一手资料包括学生主办的校园报刊;学生的日记、回忆录;校园小说等。学生报刊一般发行量比较小,如果没有电子化,研究者就需要到美国大学的图书馆才能找到,相对来说难度较大,研究课题的可操作性也就相应地降低了。此外,研究课题开展的时间也往往影响其实施。例如,一些学位论文从选题到完成毕业论文差不多有一年多的时间,但实际用于课题研究的时间会更少一些,因此即便研究者选了一个很不错的题目,也很有可能因为无法保证充足的时间而无法确保研究质量。以上只是列举了限制研究的两种常见因素,除此之外还有不少原因会造成研究的操作性较低,研究者需要根据自身以及课题本身的实际情况对选题进行提炼和调整,以便能够完成预期的研究目标。

第四,研究问题最好能够具备一定的发展性和可持续性。每一项研究都可以说是一项系统工程。研究者在设计一项课题时,一般都会对其有一个整体的考虑,同时还会对与之有关联的其他问题有所注意。而且,有时候研究者也可能会因为时间或资料的限制,策略性地将一个比较大的问题拆解为多个更小更具体的问题。此外,研究者可能也会因为个人职业发展、研究题目的公众关注度等现实因素的考虑,在选题过程中对问题做相应的调整。上述这些情况都要求研究者需要在提炼问题的过程中注意问题的发展性和可持续性。如果能够持之以恒地在某个学术"富矿"中用力,虽然具体从事的研究都是一个一个的小题目,但是将其综合起来却能够呈现出整体和宏大的图景。这也就是有的学者提倡的"大处着眼,小处着手",即需要将课题研究的整体规划与具体策略结合起来。

三、外国教育史研究的文献综述

文献综述(literature review)是围绕自己选定的研究问题,对前人已有的研究成果所做的批判性分析。因研究类型的不同,文献综述的形式也可能会有比较大的差异,例如学位论文或专著一般要求有比较详细和完备的文献综述,期刊学术论文或课程论文则要求对相关的核心文献作简要回顾与评价即可。文献综述的目的在于理清相关学术史脉络,了解自己关心的研究课题在学术界的开展情况和基本结论,以便进一步调整自己的选题和研究计划。在学术研究空前发达的今天,几乎没有哪一项课题可以说自己关心的问题没有前人研究过。而且,从学术规范的角度来说,文献综述已经成为当前学术研究中一个必不可少的环节。但是即便如此,在外国教育史研究领域,乃至整个学术界,依然存在不重视文献综述或学术史回顾的倾向,一些研究者简单罗列几项已有的研究成果,过分凸显自己研究的创新性,营造所谓的重大学术价值。

具体就外国教育史研究的文献综述来说,不妨从"综"和"述"两个字入手把握写就合格文献综述的要点。首先,"综"意味着"综合"与"全面"。这就要求研究者在全面搜集相关研究成果的基础上,对文献做批判性的阅读和分析。外国教育史研究中搜集二手资料的途径和方法已在前文介绍,此处不再赘述。需要说明的是,对于大多数的研究来说,已有的相关文献在数量上一般都比较多。就一些比较具体和专门的研究题目而言,可能与其直接相关的文献较少,但若将研究问题适度扩大,或者考察与其上位概念相关的研究主题,则可以搜集到相当多的间接文献。在面对许多文献资料的时候,研究者不妨先快速浏览所有搜集到手的文献,然后确定与自己研究主题密切关联的一些核心文献,梳理出一些重要的研究者,再对这些核心文献和研究者做深入的阅读。此外,对于外国教育史研究来说,通常情况下需要研究者对中文和外文文献都要做全面的梳理。相较而言,中文的文献要比外文文献容易获取得多,这也就导致部分研究者忽视外文文献,在外文文献的搜集与阅读方面用力不够。从这个角度来说,外国教育史的研究者尤其需要加强外文文献的搜集、获取和阅读的能力,尽量让自己的研究过程建立在完备的文献资料基础上。

其次,"述"意味着"叙述"与"评论"。文献综述不是文献目录(bibliography),要注意避免铺陈、罗列已有研究成果,而是要根据一定的指标对前人的研究做归类和评析。在构思和写作文献综述的过程中,最好按照研究问题的层次来进行分类。如果研究问题分为几个子问题,则可以考虑以这几个子问题为线索分别梳理文献。举例来说,一项有关美国教育思想家杜威民主教育思想的研究课题,可能会包含以下几个方面的子问题:杜威民主教育思想形成的社会与思想渊源如何?杜威所理解的民主概念是什么,是始终如一,还是因时而变?杜威所认识的民主与教育的关系是如何建构起来的,二者存在何种关系?那么在对各种相关文献进行述评的过程中,研究者就可以考虑以上述几个子问题为核心组织评述。这样既可以在逻辑上做到全面与连贯,又可以避免空洞教条地撰写文献综述。此外,在叙述其他学者研究成果的同时,应当将自己的评论糅合其中,评论应当做到公允客观,不能故意夸大或者贬低。

再者,在外国教育史研究中,一些研究者习惯按照研究文献的语种作为一级分类标准写作文献综述。通常情况下是将文献区分为中文文献和外文文献,实际上也就是在区分国内学界与国外学界的学术研究成果。这种方式固然也行得通,但是与以问题为线索梳理文献的方式相比却存在诸多不足,建议外国教育史的研究者可以考虑以问题为中心的方式。

文献综述是学术研究的一项基本规范,也是训练研究能力的必要途径之一。我国学界在过去一度不重视文献综述和学术史回顾,近年来学界在这个问题上已经有越来越多的共识。一些研究生导师会指导学生进行文献综述的训练,一些学术期刊也明确要求投稿的文章需要做严格的学术史回顾。这些措施在一定程度上既有利于国内学术界研究规范的确立,也能够实实在在地促进研究者尽可能地将自己的课题建立在前人已有研究的基础之上,促进学术发展与更新。

第三节　外国教育史研究方法与研究报告的撰写

一般而言,在资料搜集和明确选题之后,外国教育史的研究就可以进入到资料分析与研究报告撰写的阶段。在实际的研究过程中,具体的程序也可能会由于研究者个人的习惯和风格有所差异。比如有的人习惯先阅读和思考,等思路比较明确了,再下笔写作;有的人则习惯将读书、写作与思考同时进行。对于历史学研究来说,资料的搜集是研究的基础,对资料的处理和分析则是体现一个研究者学术能力,实现研究目标最关键的环节。而且,经过多年的学术积累,历史学研究也已经形成了比较通行的一些研究方法,以下就这些方法在外国教育史研究中的具体应用做简要的介绍。

一、外国教育史研究的分析方法

历史学研究的分析方法主要指的是处理各种一手和二手资料,建立逻辑与关系的技术手段。学术界对于史学研究分析方法有一些不同的观点,不过一般都会提及比较分析方法、计量分析方法、心理分析方法。另外,在外国教育史研究生的学位论文中,一些研究者会提到运用了文献研究法。但是,对于每一项历史学研究来说,文献都是基础的材料。所谓文献研究法,实际上只是明确了研究所依据的材料为文献而已,但是却并未表明究竟会如何处理文献。因此,若从严格的意义来说,文献研究法并不是外国教育史研究的分析方法之一。另外,由于心理分析方法在外国教育史研究中的应用很少,因此下文将围绕比较分析方法和计量分析方法进行阐述。

1. 比较分析方法

比较分析方法是历史学研究最基本和最常用的方法之一。傅斯年在谈到治史方法时曾说:"假如有人问我们整理史料的方法,我们要回答说:第一是比较不同的史料,第二是比较不同的史料,第三还是比较不同的史料。"① 傅斯年所谓的比较方法是指整理和分析史料的方法,正如他所言:"史料学便是比较方法之应用。"② 这与历史学界常说的"不取孤证"差不多是同一个道理,即在考察历史事实的时候应当多种史料参照比较,并由此确定史料本身的可信性和解释力。举例来说,在一项有关20世纪60年代美国加州大学伯利克校区校园反叛运动的研究中,研究者既需要搜集学生领袖及参与的普通学生的证言与回忆文章,同时也需要搜集校方管理者有关这场学生运动的意见及应对措施的资料,还可以参考电视、报纸等媒体对事件的新闻报道。另外,即便是对同一个对象来说,其产生的不同类型的史料亦可以相互比较。仍以美国大学校园反叛运动为例,学生领袖们留存下来的史料既有文字史料,也有口述史料;有事件发生时的日记,也有后来撰写的回忆录、自传等材料。研究者只有对这些来自不同角度的资料进行比较,才有可能接近历史的真实。

除了对史料运用比较的分析方法以外,从20世纪初开始在西方学术界还兴起了一种专门的比较史学。③ 这种方法重视对两种或两种以上的历史现象进行对比,由此建构一些较为宏大历史主题的规律性认知。在20世纪八九十年代,我国学界曾在中西方文化比较的背景下引入比较史学的研究方法,并由此产生了一些学术成果。在我国的教育史研究领域,运用比较史

---

① 傅斯年. 史学方法导论[M]. 上海:上海古籍出版社,2011:4.
② 同上注,5.
③ 参看:何平. 比较史学的理论方法和实践[J]. 史学理论研究,2004(4):137-143.

学的集大成者当属张瑞璠、王承绪二位先生合编的三卷本《中外教育比较史纲》①。该书编者在前言中直言:"把中外教育史放在世界历史大文化的背景中进行比较研究,就其所涉及的广泛内容,可以说是融比较教育、中外教育史及文化科技交流史于一炉。"由此足可见,该书的构思可谓宏大。然而,从方法论角度来说,编者也意识到需要注意中外教育史的"可比性"和"可比价值"等问题。比较史学方法的运用在一定程度上有利于打破传统以民族国家为单位书写历史的范式,可以在更为宏观的层面审视历史,这是比较史学最为重要的价值与意义之一。然而,诚如有学者指出的:"在治史中运用比较方法,首先要明确可比性,避免使比较沦为比附。"②在教育史研究中不时会看到一些研究将中国古代的教育思想家与国外的某位教育思想家作比较,例如将孔子与苏格拉底进行对比。另外,一些外国教育史的研究为了凸显其现实意义,试图从比较的角度出发,指出国外教育发展对中国教育改革的启示与意义。如此这般比较方法的运用,容易忽视不同文化之间的特殊性,忽视语境与历史事件及人物之间的复杂关系,造成了牵强附会、生拉硬拽的比附。

2. 计量分析方法

在20世纪西方历史学科发展过程中,计量方法的兴起及其影响被视为一种重大的方法论变革。由此所形成的计量史学在20世纪初的法国与美国产生,随后扩展到世界上其他国家。计量史学所研究的领域也从一开始的经济史、人口史等扩展到社会史、政治史等领域。英国历史学家杰弗里·巴勒克拉夫对计量史学在20世纪中后期的迅速发展评论说:"就方法论而言,当代史学的突出特征可以毫不夸张地说是所谓的'计量革命'。"③计量方法的大规模应用显然让历史学家对历史的描述更加准确。过往历史学著作中通常所采用的描述性文字现在被数字、图标等代替。更为重要的是,在经济学、社会学等社会理论的影响下,历史学研究也可以从对一些可量度的历史因素的分析中考察社会结构的变迁。不过,尤其需要指出的一点是,对一般

---

① 张瑞璠,王承绪. 中外教育比较史纲[M]. 济南:山东教育出版社,1997.
② 李剑鸣. 历史学家的修养和技艺[M]. 上海:上海三联书店,2007:332.
③ 〔英〕杰弗里·巴勒克拉夫. 当代史学主要趋势[M]. 杨豫,译. 上海:上海译文出版社,1987:131.

数字的简单描述性使用并非计量方法。前者在传统史学研究中就经常被采用，后者则指的是借助现代统计学与数学方法，尤其是采用计算机对大量数字进行分析。

在教育史研究领域，有关学生人数、教育财政等方面的研究更容易转化为一些数量指标，因此也较早地被历史学家引入计量分析方法。举例来说，美国教育史学家科林·伯克(Colin Burke)在《美国学院人口：对传统观点的检视》[1]一书中系统搜集并分析了有关19世纪上半叶美国学院与大学开办与运作情况的数据，对学院的数量、规模、课程以及学生的入学情况、社会背景、职业发展等进行了详细的考察。正是通过对数据的考察，伯克指出，美国内战以前的学院并不像传统史家所想象的那般保守、封闭和失败，反倒是能够适应和有效应对美国社会的发展。除此之外，迈克尔·卡茨(Michael Katz)和马瑞斯·维诺夫斯基斯(Maris Vinovskis)等教育史家在研究中也注重采用计量方法，并由此角度重新认识和把握美国公共教育史或联邦教育政策等问题。不过，需要注意的是，计量分析方法在历史解释方面固然有其长处，但是并不是所有的历史资料都可以转化为数量。迄今为止，计量分析方法主要还是被用在与经济史或人口史有关联的领域。相较而言，我国的外国教育史学研究主要仍采用定性分析的方法。由于数据搜集困难与分析技术不足等方面的原因，我国的外国教育史研究界仍很少使用大规模数据进行统计分析的计量分析。

二、外国教育史研究报告的撰写

写作一般被认为是一项学术研究的最后步骤。研究报告的撰写就是要将研究者对各种资料与证据的分析以及形成的假设与结论，以文字的形式表达出来。有不少研究者在开始写作之前，实际上并没有掌握全部确定的结论，正是在写作的过程中，通过进一步清晰地梳理各种材料，明确自己的逻辑与思路，才形成了最终的结论。从这个角度来说，写作也是思维的一部分，是整个研究过程中相当重要的一个环节。此外，好的写作往往能够做到

---

[1] Burke, C. American Collegiate Populations: A Test of the Traditional View [M]. New York: New York University Press, 1982.

文字通达简练,陈述与分析恰当合理,让读者在阅读过程中体会到信服与愉悦。另外,随着近些年国内学界对学术规范的强调,研究者在报告撰写过程中需要从一开始就注意一些基本的行文与参注规范。

研究者在报告撰写之初需要根据研究的目标与要求确定文稿的形式。一般来说,外国教育史研究的报告主要有专著、期刊论文、学位论文、报刊文章、咨询报告等形式。不同的形式意味着在写作文体、篇章结构、参考文献标注方式等方面都会有不同,不同的形式还意味着研究报告的阅读对象也会有很大的区别。例如,如果研究者计划撰写一部外国教育史的学术专著,那么他就需要在整体上对全书有所构思,需要围绕某一个核心的主题进行有层次的分析与讨论,章节之间也需要有密切的衔接与自然的过渡。如果研究者是在完成一份学位论文,那么他就需要对研究问题及其思路做出较为详尽的论证和说明,另外还需要按照所在高校或者研究单位的相关规定对论文的格式做相应的调整。一般来说,学术刊物都会有关于文章主题、篇幅、格式等方面的要求,研究者需要对自己计划投稿的刊物的要求有所明了,并根据这些要求写作和修改文稿。

在历史学研究报告中,叙述与分析是两种主要的表述方式。"历史"(history)从其词根上来说就带有故事性和可读性。这也是传统史学以叙述为主要表述方式的根本原因之一。现代史学在一定程度上受到社会科学的影响,强调对历史事件进行诸如因果、关联等关系的分析。不过,叙述与分析并不是区分传统史学与现代史学的标准。实际上,叙述与分析二者是相互关联的一体两面,二者互为支持,很多情况下也是相互融合在一起的。叙述好比是历史的"经",可以在时间的维度上展现人物或事件发展的过程;分析则好比是历史的"纬",能够呈现出不同的结构、层次与关系。好的历史学家在其著作中往往能够很好地兼顾叙述与分析,既能够让读者体会到阅读的趣味,也能够在字里行间进行严密的逻辑建构。相对来说,目前我国的外国教育史学界在研究报告中更倾向于分析,对于文章的故事性和可读性则有些疏忽。在欧美史学界,为了兼顾叙述与分析,历史学研究成果的撰写一般有一些固定的手法和技巧。例如,大多数研究成果在文章开篇会选取一个具体的故事开头,以便唤起读者的兴趣,并能够通过此故事引出文章的主题。另外,学术文章一般也会在导言部分做简要的学术史回顾,并对不同的观点进行评述,以便能够让读者知晓该研究的立论基础和方向。

从写作外国教育史研究报告的程序来说,大致有拟定提纲、撰写初稿、修改和定稿四个步骤。当然,研究者可能会因个人写作风格与习惯的不同而采取不同的步骤。具体就以上四个步骤来说,拟定提纲的过程也就是研究者理清思路、谋篇布局的过程。研究者需要明确一系列的基本问题,譬如研究的核心问题是什么,需要依靠哪些步骤去逐层剖析,每一部分的规划中都有哪些支撑材料可以利用。有的研究者会倾向于将提纲用纸笔形式写出来,有的则只是打一份腹稿即可。不管采取何种形式,在研究报告正式开始撰写之前,如果能够有一个通盘的考虑,一般都会有利于写作的顺利进行。撰写初稿通常是写作一份研究报告最为费时耗力的步骤。研究者需要通读各种资料,并围绕研究问题对其进行分析和论证,提出假设与初步的结论。在初稿写就之后,最好能够对文稿进行几番修改。学界流传一句话:"好的文章不是写出来的,而是改出来的。"由此可见,修改对于一份高质量研究报告的重要作用。在修改文稿的过程中,研究者需要自己通读几遍,一方面需要对一些诸如错别字、句子与段落的通顺性等基本问题进行修改或调整;另一方面也需要对文稿的逻辑与推论进行完善与润色,对一些必要的资料进行补充。很多研究者乐意将自己的修改稿交给其他人阅读,让旁人提出意见和建议,这也是一种很好的提高文稿质量的办法。最后,经过反复的修改,研究报告方可定稿,研究者需要对其做最后的审读与完善。

就外国教育史研究报告的结构而言,一般包括标题、摘要、关键词、正文、参考文献、注释和附录等部分。这个结构实际上与一般的学术研究报告的结构并没有太大的差异。不过,外国教育史研究报告在撰写过程中也有一些特殊之处需要有相应的处理。例如,目前国内学术研究报告的参考文献标注方式一般都是依据《中国学术期刊(光盘版)》规范。有的学术期刊要求采用脚注,有的则规定采用尾注或文中夹注。然而,这套通行的参考文献标注方式却在一定程度上与历史学研究需要将正文的分析与引用文献参照阅读的特点不适应,在外文文献的标注方面也有些不伦不类。近些年,《历史研究》等一些历史学期刊联合起来,制定了适合中国的历史学研究的参考文献标注方式。在外文文献标注方面,美国的历史学界一般采用"芝加哥引文规范"(Chicago Citation Style)。国内的外国教育史研究者不妨在撰写研究报告的过程中参考上述参考文献的标注方式。

  总而言之,要想完成一份上乘的外国教育史研究报告,除了需要在研究本身上下功夫,在撰写的过程中还要掌握与运用一些技巧和途径。尤其对于初学者来说,最为关键的是要博闻、勤思、多练。研究者不妨参阅一些大家之作,体会其运思之缜密与文笔之晓畅。在研究过程中的每一个环节上,研究者都需要倾注力量去思考与琢磨,以钻研求真的态度考证史料,并将各种零散的资料与观点有机地串联起来。最后,还需要研究者多动笔练习写作的技法,以简练通达的形式表达与呈现自己的学术观点。

第七章 外国教育史学科前沿

外国教育史在中国已有百余年历史,历来属教育学专业的必修课。近年来,由于受教育市场化思想的影响,高等学校的课程设置更强调实用性和现实功用性,整个教育学科中与现实密切相关的学科,如教育技术学、教育经济与管理、课程与教学论等得到了一定发展。而教育史学科在许多高校并不受重视,其生存空间不断地被蚕食。一些教育研究者以及教育学专业的学生,也不愿意学习和研究外国教育史。在生活中,如果一个人不懂历史常识会遭到大家的嘲笑,而一些教育工作者甚至研究者,对教育史知之甚少却丝毫不感难为情的现象还具有一定的普遍性。由于外国教育史料难以获得以及研究者对一些国家语言文字的理解存在障碍,外国教育史的发展面临实际困难。外国教育史的研究难以获得政府的立项资助。外国教育史研究水平也有待提高。这些都使外国教育史面临着深层次的学科危机。面对学科危机,一些从事外国教育史学的研究者,在促进学科发展与研究转型方面,进行了不同程度的探索和反思,也取得了一定的成果。但外国教育史学科的自身建设是一项长期而艰巨的任务,需要几代人甚至十几代人的不懈努力。因此,为加强学科建设,研究者在研究过程中应不断反思,并了解学科前沿研究,更好地把握学科发展的趋势,避免盲目和重复。

第一节 外国教育史学科研究热点

近年来,我国学界在外国教育史学科的自身发展与学科的现实观照等方面的研究取得了长足的进步。综合外国教育史的研究不难看出,目前外国教育史的研究热点主要集中在以下两个方面。

一、外国教育史学科传统的研究领域

目前,外国教育史传统研究领域的热点问题,主要集中在高等教育史、教育制度史、欧美教育史和现当代教育史。

(一)研究主题:高等教育史研究独占鳌头

自20世纪90年代以来,我国高等教育得到迅猛发展,逐步由精英化走向大众化。高等教育体制也面临着新的挑战。出于对外国教育史现实功用价值的关注,高等教育史研究一直是学者们关注的热点之一。邓胜柱、洪明教授曾统计了1994—2004年发表在国内非教育史类的11种杂志的文章,其研究结果表明,高等教育在各年的研究中一直没有中断,且发表论文数量最多。李贤智、杨汉麟教授对2008年第十一届教育史年会论文的统计发现,高等教育是当年外国教育史的学术热点之一。王立博士对1991—2010年的博士论文进行了分析,得出"在任何一个时期,研究人员对其他任何领域都没有达到对高等教育史这般高的兴趣"的结论。

高等教育史成为研究热点,主要原因有两个:第一,我国高等教育发展面临着突出问题。高等教育的办学质量、高校的学术自由、师资培养及产学研结合等是研究者所关注的重点。研究者力图从其他国家高等教育发展的长河中,寻找当前高等教育所面临发展难题的应对之策。第二,世界高等教育史发展悠久,资料保存相对较好。随着国际高等教育竞争的日益白热化,在今后很长一段时间,高等教育史的研究仍将呈一枝独秀之势。

(二)研究对象:制度重于思想,研究日益深化

一直以来,无论是中国教育史还是外国教育史,教育思想和教育制度犹如两根最有力的柱石,支撑着教育史的学科体系。近年来,随着人物思想研究的日益成型,研究有所减少。

外国教育史研究者针对当前我国教育改革与教育实践中存在的问题,不仅从宏观的角度,也渐渐从微观的角度进行深入研究。如《日本大学多

样化入学选拔模式的形成及特征》《美国学术协会的功能及其对研究型大学的作用》《耶鲁大学课程选修制的确立历程研究》等论文,分别就入学选拔方式、高校科研管理、课程设置问题进行了研究,力图为我国高等教育发展提供启示。我国教育改革将一直持续下去,吸纳各国教育史上改革的经验教训,可以让我们少走弯路。因而关于外国教育制度史的研究,将一直具有旺盛的生命力。

(三) 研究国别:以西方发达国家为中心,延伸到全球

当前我国外国教育史研究,仍以欧美发达国家为中心。西方发达国家的教育改革经验对发展中国家的教育发展具有一定的借鉴价值,加上研究资料相对容易获得,研究集中在欧美国家就理所当然了。

受全球化思潮的影响,一些研究者开始关注全球及多元文化视野下教育史学的发展,并将研究范围扩展到发展中国家。王保星教授主张,我国外国教育史研究需要积极借鉴全球史观的理论主旨,积极探索,力争在三个层面实现突破:超越"欧洲中心论",彰显不同地域与民族国家教育史的具体价值;强化全球意识,加强教育交流史研究;更新外国教育史学科叙事单位,展示教育史自身发展逻辑。[1] 周采教授呼吁:"教育史学者应密切关注国际史学发展的这种新趋势,并考虑如何加以应对,我们可以从全球史视野推进教育史研究。"[2]在今天这样一个开放和文化融合的时代,对全球其他文化,尤其是对"弱势群体"教育史的研究和考察,将慢慢登上历史舞台。

(四) 研究时段:偏好现当代的外国教育研究

关于现当代的教育史研究,虽然史学意味不是特别浓厚,但作为当前与人类社会形态联系最为紧密的一个阶段,也是研究者最为关注的研究时段。不少侧重于当代的研究,往往也会追溯至近现代的教育状况,为当今

---

[1] 王保星.全球史观视野下的我国外国教育史学科建设断想[J].河北师范大学学报:教育科学版,2011(1):14-16.
[2] 周采.论全球史视野下的教育史研究[J].河北师范大学学报:教育科学版,2012(9):5.

教育改革提供借鉴意义。它通过对教育历史的梳理,使整个教育史研究脉络更为清晰,深化读者对教育史研究成果的理解。

外国教育史论文研究时段主要在现当代,而涉及古代和中世纪的论文较少。在现当代,西方各国教育得到快速发展。尤其是第二次世界大战以后,各国教育处于快速恢复和发展阶段,加之科技进步和互联网的广泛使用,教育呈现前所未有的开放和多元。各国教育制度和思想之间相互影响。作为教育学和历史学的交叉学科,教育史在一定程度上也必须担负起呈现教育发展的历史规律和丰富教育经验的使命。我国教育自近代西学东渐以来受西方影响巨大。改革开放以来,教育改革一直在持续进行之中。为更好地理解我国自近代以来教育的发展历程,并增强对当前教育改革的批判意识,研究外国教育史时关注近时段的教育史研究,也在情理之中。

二、外国教育史学科建设

我国外国教育史学科约始于19世纪末的"西学东渐",20世纪二三十年代开始得到一定程度的发展。抗日战争至"文化大革命"结束前,外国教育史的研究出现停滞或发展缓慢的状况。改革开放后,在文化科学得以恢复和重建的背景下,外国教育史逐渐形成自己的学科体系,其研究再度得到一些教育学者的关注。但自20世纪90年代以来,关于外国教育史学科"陷入危机"的呼声就一直不断,学者们开始深深反思外国教育史学科建设问题。外国教育史学的研究受到关注,元研究成为当前研究的热点之一。

(一)教育史学研究加强

教育史学研究是近年来新兴的研究方向,属于教育史学的元研究。布雷岑卡(Brezinka, W.)曾对教育史学有过一个定义性的解释:"教育史学探讨的是教育史家所进行的教育历史研究,包括这种研究成果的陈述体系。"[①]教

---

① 杜成宪,邓明言.教育史学[M].北京:人民教育出版社,2004:300.

育史学的研究阵地主要集中在北京师范大学、华东师范大学、华中师范大学、南京师范大学、浙江大学、福建师范大学等。研究者对我国教育史学作了较为深刻的思考,对我国教育史学科的未来发展提出了不少建设性的设想。

教育史学也是20世纪以来西方教育史学界研究的热点问题。近年来,在新教育史强调加强与不同学科的融汇互动,以及后现代主义反对宏大理论研究思潮的影响下,西方教育史学从学校教育领域逐步扩展到种族、家庭、文化、性别、群众文化、问题史等领域,从宏大叙事转向微观视野,从中心视角转向多元理解。例如,美国教育史学发展呈现多元化,体现在:一方面,对学校教育感兴趣的人们继续从事制度化教育发展的历史研究,而这一派中既有保守传统流派也有激进的各种派别。另一方面,研究"大教育"史学的流派、多元文化主义教育史学流派、少数民族教育(尤其是研究黑人教育)史学流派、女性主义教育史学流派和多元主义教育史学流派等等,都站在各自不同的立场、选取不同的史料并运用不同的研究方法对美国教育史学提出自己的解读或阐释。①

文化是多元的,教育史学的研究领域和成果也将是多元的。正如周洪宇教授所说,未来的教育史学"不仅要形成教育通史、教育断代史、教育专题史、教育国别史并存的格局,而且要出现教育内部史与教育外部史、教育具体史与教育抽象史、教育专题史与教育问题史并举的新局面。还要学习与借鉴国外的教育史学表达形式,以求实现线性教育史学与多维教育史学、叙事教育史学与功能教育史学、现象教育史学与展望教育史学并存并重的局面"②。

(二)功用价值更受青睐

教育史的功用价值,"取决于历史研究者对教育的过去与现在之间的关系持何种态度"③。近年来,针对教育史学科出现"全面危机",有学者认为是

---

① 周采.当代西方教育史学的发展[J].南京师范大学学报:社会科学版,2009(6):71-72.
② 周洪宇.对教育史学若干基本问题的看法[J].河北师范大学学报:教育科学版,2009(1):5.
③ 杜成宪,邓明言.教育史学[M].北京:人民教育出版社,2004:306.

由于师范院校的改革和其职能发生转变,"教育史学科的授课时数在师范院校的教学计划中不断减少,它的生存空间不断缩小,面临着'全面的'危机"①。有的学者认为教育史偏"古"不偏"今",缺乏现实感,"缺乏强烈的现实感和对现实感的片面理解,不能不说是极为重要的原因"②。还有的学者认为是没有处理好理论与实践的关系。这几种原因归根到底就是外国教育史学科存在的功用价值问题,即"教育史能否,以何种方式,在多大程度上实质性地介入现实的活动"③。

英国教育史学家理查德·奥尔德里奇在《教育史之我见》中指出:教育史的专业性不应排斥普及工作。④ 目前,在实用价值观的指引下,教育史学科的发展有相应的两种尝试。第一种尝试是从理论方面加强外国教育史学科建设。王保星教授通过分析美国及其他国家的教育史学科功用的追求历程,从四个方面探讨了我国外国教育史的学科功用定位:第一,探索教育规律;第二,促进教师职业发展;第三,支撑教育学学科发展;第四,为人们理解当前教育问题提供教育历史洞察力和综合认识能力。外国教育史还具有学科文化传播功能。有论者认为,应"重新捡拾起外国教育史长期被遗忘的大众文化传播的使命,在学科知识的通俗化、普及化方面下更大功夫"⑤。第二种尝试是不少研究者从外国教育史的角度为现实的改革实践献言献策。近年来,中国教育进入转型期,学校教育面临着许多挑战和机遇,教育研究者也面临着诸多研究课题。一些期刊纷纷开辟"外国教育史"专栏。一些外国教育史研究者,通过自己的研究去实现外国教育史学科的功用价值。

美国资深教育史家巴茨则表明了自己不同的观点:研究教育史,就其本身而言,是不能解决目前的实际问题的,但却能够使我们更为明智地对待目前的实际问题。⑥ 外国教育史研究应"立足于现实,并与现实保持一定的距

---

① 邓胜柱,洪明.1994—2004年间我国外国教育史研究状况——基于对国内非教育史类11种主要教育期刊的分析[J].新余高专学报,2006(4):78.
② 张斌贤.再谈外国教育史研究中的一些问题[J].教育研究,1987(8):61.
③ 杜成宪,邓明言.教育史学[M].北京:人民教育出版社,2004:306.
④ 转引自:杜成宪,邓明言.教育史学[M].北京:人民教育出版社,2004:308.
⑤ 荣艳红.从"小众化"到兼顾"大众化"[J].河北大学学报:哲学社会科学版,2013(1):69.
⑥ 杜成宪,邓明言.教育史学[M].北京:人民教育出版社,2004:308.

离,冷眼旁观,鉴古知今,为现实提供历史的经验和教训"①。外国教育史研究,应结合新问题,采取新方法、新视角来更加全面地理解前人智慧,寻找功用价值和学术价值之间的平衡点,以更好地适应时代及社会的需要。

(三) 史料、语言、思维方法的丰富创新

目前,外国教育史研究面临的主要困难在于,史料建设的薄弱、研究者掌握的外语语种单一和思维方法的固化。这也是外国教育史学科危机的内部原因。因此,很多学者从加强史料建设、拓宽语种、创新思维方法等方面提出了学科建设的设想。有学者认为,"解决了史料问题,外国教育史研究才可能生存发展",并指出"由于外国教育史学科的特殊性,需要直接引入国外已有的研究成果,必要的拿来主义是不可避免的"②。除了直接拿来,史料运用还需要创新思维方法。针对历史学研究史料缺乏的问题,问题史模式的教育史研究或许对我们有很大的启发。问题史最早是法国年鉴学派提出的一个重要主张,他们认为,史料的不足并不能构成研究的障碍。史料是要靠历史学家去发掘的,重要的是要能提出正确的问题来帮助历史学家搜寻史料。布洛克也强调:"除非被提问史料自己是不会说话的……一旦有了新的眼光、新的观察角度,史料的范围和数量就会突然丰富起来,这时候需要的是付出大量的艰辛劳动去发掘和整理新的史料。"③因此,改变以往固化的历史观,采取新的研究方法和新的研究视角,对现有史料进行重新整理和组合,才能深化现有研究,开辟外国教育史研究的新天地。

新的视角和新方法的引入,需要外国教育史研究者拥有开阔的视野和主动学习的心态。外国教育史学科的研究处于一种封闭的状态,"不仅表现在它很少自觉地吸取人文社会科学的研究成果(在过去,它曾经非常注重从世界通史和政治史吸取营养,而近来连这一点也做得很少),而且表现在它甚至基本忽略与教育学科其他分支学科的交流。这样做的唯一结果就是,

---

① 王立.重点与趋势:外国教育史研究二十年(1991—2010)——基于博士学位论文的分析[J].高教探索,2011(5):85.
② 贺国庆.外国教育史学科发展的世纪回顾与断想[J].河北师范大学学报:教育科学版,2001(3):23.
③ 刘昶.人心中的历史[M].成都:四川人民出版社,1987:325.

学科研究故步自封、墨守成规",并且"长期忽视学科研究方法和学科基本理论问题的探索。从某种意义上讲,外国教育史学科的基本体系和基本研究方法,多年来始终没有根本性的变化,更不存在实质性的突破"。① 当前,许多学者业已注意与包括历史学家在内的其他领域学者的交流合作,并积极吸收其他学科的新方法、新理论。这拓宽了外国教育史的研究视野,促使更多具有学术价值的成果出现。

最后,小语种国家教育史研究的重要性,也是不言而喻的。滕大春先生指出,"外国教育史并不是西洋教育史,也不是欧美教育史,乃是世界范围内的教育发展史","众多声名不太显赫的国家的教育也有其强点和特点"。② 近年来,随着人们研究范围的扩大,对非英语国家的研究成为一种趋势。外国教育史研究者必须重视非英语国家的研究,应吸纳一些掌握小语种的学生加入到外国教育史的研究队伍中来。

第二节 外国教育史学科未来发展趋势及展望

随着研究者研究水平的不断提升,一些新技术、新方法、新思维也被用于外国教育史学科研究。科学技术的发展使得一些稀缺、不易发掘和使用的史料重新为更多人所掌握。进入新世纪以来,外国教育史研究的多元化、学科建设和反思意识的强化以及合作研究等的趋势日益明显。把握外国教育史未来发展趋势,进一步加强外国教育史的学科建设,是当前我国外国教育史研究者所面临的一项重大课题。

一、研究视角的多元化

当今社会已进入一个多元化的时代。教育史研究将随着新时代的脉搏,呈现出前所未有的多元化。无论是在价值多元、文化多元还是研究方法多元的背景下,外国教育史学科的成果和研究都将呈现出"百花齐放"的

---

① 张斌贤.全面危机中的外国教育史学科研究[J].高等师范教育研究,2000(4):43.
② 滕大春,王桂.外国教育通史(第六卷)[M].济南:山东教育出版社,1994:前言.

局面。

（一）对非英语国家或发展中国家的教育史予以更多关注

世界的教育发展是多样性的，仅研究西方国家的教育思想和制度，不符合全球教育的研究趋势。近年来，越来越多的学者将研究重心由西方欧美发达国家的教育史，转向第三世界国家的教育史。这些国家占世界国家总数的一半以上，了解这些国家的教育传统以及教育发展历程，能够开阔人们的学术视野，为教育史的发展提供更大空间。我国老一辈外国教育史研究者，如任钟印、滕大春、赵祥麟等先生都反对教育史研究中的"西方中心论"。如任钟印先生认为，"西方的文化教育起步较晚，并且是在东方文化的影响下发展起来的"[1]。滕大春先生也曾指出："过去的外国教育史大都陷于欧洲中心论，把重点放在希腊、罗马以及欧美少量文教兴盛的国家。实际上，根据各地的发掘和调查，古代东方文明古国的教育发达不但早于西方，其教育内容和方式、方法也和西方国家是同样丰富而优美的。忽视古代东方诸国的教育演变而仅事西方教育的陈述，是不能窥及古代教育的全貌的。"[2]赵祥麟先生在《关于外国教育史学科体系的几个问题》中指出："人类的历史从一开始直到整个发展的过程中，如果有什么中心的话，从来是多中心的，而且是不平衡的，先进变落后，落后变先进，呈现一幅曲折前进的画面。那种认为在历史上只有西方是'先进'的，东方是'落后'的观点，只能说是帝国主义殖民主义时期的产物……对于我们外国教育史学科体系来说，必须放眼全世界，打破欧洲中心论，在古代部分关于埃及、巴比伦、希伯来、印度的教育，以及中世纪部分关于阿拉伯的文化和教育，要大幅度地予以加强。在近现代部分，除了日本、瑞典、加拿大等国，对第三世界国家，特别是埃及、印度以及东南亚国家的教育应给予一定的地位。"

西方国家只是在近代以来获得了暂时优势。这是"西方中心论"产生的根本原因。然而，世界从来就是多中心的，发展中国家不应该成为研究者的弃儿。并且发展中国家以及处于研究边缘中的国家，将越来越被研究者偏

---

[1] 喻本伐,熊贤君.中国教育发展史[M].武汉:华中师范大学出版社,2011:序3.
[2] 滕大春.外国教育史和外国教育[M].保定:河北大学出版社,1998:前言.

爱。外国教育研究者不能只专注于"欧美"国家的教育史,应放眼世界,树立全球意识。研究者除了熟练掌握英语外,还需要拓宽语种,突破狭隘的文化观念,这样才能在教育史的研究道路上走得更远。

(二) 关注普通民众的具体教育实践

20世纪70年代末起,西方史学界研究对象和方式发生了变化,"新史学"得到进一步发展。由以往注重精英的思想和宏观国家制度的研究,转向研究普通民众的日常生活,由宏大叙事转向具体细微的微观叙事。西方史学界出现了以意大利史学家卡洛·金兹伯格(Carlo Ginzberg)等人为代表所倡导的微观史学,以及受其影响而兴起和发展的德国的"日常史"、法国的"日常生活史"和英国的"个案史"研究热潮。它们的研究方法虽不一致,但表现出共同的特点,即多是以研究日常生活为重点,通过对历史资料的重新挖掘和整理,采取细节描述的方式,深入分析重建一个微观化的个人、家族或社区,这些都深化了史学研究。这种研究方式也影响到教育史学界。一些学者纷纷著书立作,如1983年雷翁撰写的《法国民众教育史》就是将研究中心由精英下移到民众的典型。这种研究方式仍然影响着国际教育史学界。我国学者周洪宇教授主持的中国教育活动史的研究,就是力图将中国教育史研究由以往只关注制度史和思想史的研究,转向具体的、个人的、微观的活动的研究。他指出:"教育活动史主要以历史上感性的、实在的、具体的教育活动的发展及演变历史为研究对象,重点研究人类历史上各种直接以促进人的有价值发展为目的的具体活动以及教育者与受教育者参与教育过程,进行互动的各种方式的发展、演变的历史。"[①]毫无疑问的是,普通民众的教育史研究将吸引更多外国教育史研究者的目光,成为新的学科生长点。

二、学科建设与反思意识的强化

学科建设是外国教育史的生命力所在。新时期外国教育史研究将注重

---

① 周洪宇.加强教育活动史研究 构筑教育史学新框架[J].湖北大学学报:哲学社会科学版,2012(3):98.

加强学科之间的对话,借鉴其他学科研究方法和研究成果,解决跨学科的问题。此举目的在于拓宽研究领域,产生新的学术视角和观点,促进外国教育史研究的繁荣和活跃,也促进新的交叉学科的出现;还在一定程度上以新视角挖掘相关方向的史料,加深和丰富对某一时段历史甚至是通史的研究。我国学者为化解教育史学科危机,借鉴西方新史学的观点和方法,并展开了"国际化"与"本土化"的思考。同时,多元化的研究虽有利于外国教育史研究的深入,但易形成"碎片化"的现象。这需要研究者提升对研究方法反思的自觉意识。因此,学科反思和建设也将始终伴随。

(一)对现实问题的关照与学术研究并行不悖

功用价值和学术价值是外国教育史研究的主要功能。因而在研究中,二者应并行不悖。正如意大利历史哲学家贝奈戴托·克罗齐所说,"一切真历史都是当代史"。研究历史,以史为鉴,可以知兴替。未来外国教育史的发展将更多偏重于对现实问题的某种关切。关注功用价值既要结合当前国内热点问题,深入开展对其他国家自古至今的教育研究者的活动、教育决策及其实施情况、教育管理等实践活动的纵向考察,总结教育思想、理论和规律,描画人类的整体教育史画卷;又要积极探索和发现国外先进的教育研究成果,结合我国当前教育情况寻求适合借鉴的宝贵经验,更好地发展我国教育事业。但需要注意,教育史不是实用性或技术性的学科,其功效往往并不是立竿见影的。[①]

然而,学术研究是教育史学科发展的生命力所在。研究者更应关注学科发展的研究。学科反思和建设是学科研究者必须常常思考的问题。学者应深入学科内部,思考整个学科体系和框架的发展走向,避免功亏一篑。张斌贤教授在《全面危机中的外国教育史学科研究》一文中深刻分析了制约学科发展的根本原因,他认为,"学科研究范围的扩展,固然是衡量一个学科发展的重要标志。但从本质上讲,一个学科发展的根本却在于对学科研究对象认识的不断更新和为此而进行的研究方法与'范式'的不断变革"[②]。外国

---

① 滕大春,王桂.外国教育通史(第六卷)[M].济南:山东教育出版社,1994:前言.
② 张斌贤.全面危机中的外国教育史学科研究[J].高等师范教育研究,2000(4):42.

教育史学科作为教育史的分支,当前在面临诸如课时减少、课题难以申报、经费难以获取、成果难以发表、研究工作开展困难、学科建设问题重重等全面的学科危机时,必须反思自身学科体系、学科理论、学科价值及内容等。周洪宇教授指出,教育史学研究者由于过度依赖和盲目照搬历史学和教育学的现成理论方法,导致缺乏建设学科理论的理性反思和总结,这就制约了研究者的思维和理论水平,因而在理论方面显得有些先天不足。站在学科发展的十字路口,在当前价值多元的环境下,新研究方法的使用以及功用价值的发掘,都为学科发展指明了前进的方向。或是"求真",或是"致用",都必须时时注重反思和建设,保持学科本色。这是一个学科在改革的浪潮下求生存的方式,也是学科成熟的表现。

教育史作为一个人类的知识领域,首先做到的就是要求真,丰富教育史的研究理论。这就需要做好一些基础研究,进行教育历史知识的探索。教育史学科性质决定了教育史的研究方法论必须借鉴历史学的研究成果。要广泛深入地研究历史学理论,包括历史哲学和史学史理论。因为教育史是人类历史发展的某一个侧面,外国教育史研究者应从历史发展的规律中理解教育现象的发生发展。此外,还要增加对其他领域理论的研究,用其他学科的视角研究外国教育史,以期得到对教育现象和规律的不同解释。研究要改变以往仅注重宏大叙事和精英人物研究的做法,以及教科书式的研究呈现方式,要关注普通民众丰富的教育实践、具体的史实和教育问题的研究,呈现出丰富多彩的教育历史风貌。

(二)教育史观的反思与重构

目前教育史学界开始了对教育史观的反思与重构。在张斌贤教授等人看来,支配当前教育史研究的传统教育史观有:"早期唯物主义教育史观""唯心主义教育史观""现代化教育史观"等。这些教育史观存在着意识形态化、思维固化等弊端,导致了研究成果的"千人一面"和"千篇一律"、对"宏大叙事"的偏好、对史料的忽视、对史实解释的乏力、简单化的教育史人物评价以及对教育史功能的片面理解等,影响了教育史研究的进一步深入。① 因而应借鉴新史学的观点,采取全球史观、整体史观指导教育史的研究。目前,在全球史观指导下研究外国教育史,有一定的必要性。随着全球一体化的进程加快,这种趋势也影响到了教育史领域,使得教育史研究的范围和内容不断地拓展和深化。早在1936年,荷兰的历史学家赫伊津加就明确指出:"我们的文明首先是以全世界的过去作为它自己的过去的文明,我们的历史首先是世界史。"②这种观点被东、西方史学家所接受。20世纪30年代以来,世界各国的历史学家开始不断地用跨国和全球的视角来研究历史,逐渐促生了"全球史"。1955年,英国历史学家杰弗里·巴勒克拉夫在其《变动世界中的历史学》一书中首倡全球史观,并指出它是不同于旧世界史观的理论。他在《当代史学主要趋势》中指出:"认识到需要建立全球的历史观——即超越民族和地区的界限,理解整个世界的历史观——是当前的主要特征之一。"③1981年米亚拉雷、维亚尔主编的《世界教育史》,是这一趋势尝试的成果。该书由40名学者合作编纂,上至有文字记载前的教育,下至现代教育。既是贯穿古今的通史,也是一部突破"欧洲中心论",面向全球的著作,其地域从中国经伊斯兰国家,直至南美洲,是一部真正意义上的"全球教育调查"。

在"全球史"或"世界史"的视野下研究教育史,主要需要解决两个问题:一是改变传统世界史以民族国家为研究标准,不包括中国历史的传统模式;二是突破"三分法"的历史分期。对此,周采教授认为:第一,应该尝试编写一本包括中国在内的《世界教育史》,概述全部世界教育发展的历史进程,并且按照全球史或新世界史的思路,关注在不同的历史时期,不同地域、不同民族、不同文化的人群通过接触在文化教育等多重领域的"大范围的互动研究"。第二,很多全球史学者试图按照整体史和互动史的理念,从根本上打破传统上古代、近代、现代的历史分期,讲述一个没有中心的"大范围的互动"的故事,即不同地域、不同民族和不同文化的人群通过接触在经济、政治

---

① 张斌贤. 教育史观:批判与重构[J]. 教育学报,2012(6):4.
② 张斌贤,王晨. 整体史观:重构教育史的可能性[J]. 清华大学教育研究,2010(2):9.
③ [英]杰弗里·巴勒克拉夫. 当代史学主要趋势[M]. 杨豫,译. 北京:北京大学出版社,2006:193.

和文化等多重领域实现的互动。这种思路是否可以为教育史研究所借鉴值得思考。①

无论是世界史还是全球史都强调了世界的一体性,强调突破本国文化和区域的界限,用整体的、共通的角度来研究世界历史的发展进程。"从一定意义上可以说,一部世界教育史,就是一部各民族教育相互交流、碰撞、融合和不断创新的历史。"②因此,教育史研究者"应将全球教育史作为一个研究与认识的整体,注重把握国外教育史研究理论、方法的新进展与新探索,将发达国家与发展中国家的教育史、大国与小国的教育史、西方国家与东方国家的教育史、文明古国与新兴国家的教育史,同等地作为展示全球教育史的有机组成部分,加以横向研究和分析"③。将世界教育史分为中外研究,主要是考虑到研究者认识的局限性以及研究的偏重和方便。随着现在国际的交流与合作日益频繁,这种分开的研究方式终究会交叉,并逐渐汇合,学科终以教育史或世界教育史、全球教育史命名。而且全球史不仅仅是地域上的,更为重要的是文化上的,应珍视各民族文化因素在世界文明发展过程中的价值和意义。

三、合作研究的开展

人类的知识和经验是一个相互联系的整体,并没有明显的界限。德国物理学家普朗克指出:"科学是内在的整体。它被分为单独的部分不取决于事物的本质,而是取决于人的认识能力的局限性。实际上存在着由物理学到化学,通过生物学和人类学到社会科学继续的链条,这是一个任何一处都不能被打断的链条。"④只是由于我们精力和时间有限,才人为地划分了各种不同的学科。"一些人声言自己只有问题,没有学科或专业,就在于他们意识到了人类知识是一个不可分割的整体。"⑤人类的知识是相互渗透和融合

---

① 周采.论全球史视野下的教育史研究[J].河北师范大学学报:教育科学版,2012(9):9.
② 田正平.中外教育交流史[M].广州:广东教育出版社,2004:1.
③ 申国昌,周洪宇.全球化视野下的教育史学新走向[J].教育研究,2009(3):72.
④ 南京师范大学教育系.教育学[M].北京:人民教育出版社,1984:118.
⑤ 徐梓,王炳照.当代中国教育史研究的特点及发展趋势[EB/OL].http://www.sne.snnu.edu.cn/xsjt/jsjy/jxhd/lunwen/se05/0505.htm.

的,现代科学发展的一个重要趋势就是打破学科的界限,相互借鉴,以促进本学科的发展。教育史研究者应通力合作,吸纳各学科的研究成果;积极参与国际合作,在国际上发出中国教育史研究的声音,促进我国教育史研究的繁荣。

(一)教育史研究者之间的合作

新史学的首倡者雅克·勒高夫(Jacques Le Goff,1924—2014)指出:"我们的学派性越来越弱。我们是一个群体,有着共同的观念基础;我们又是一个运动,希望它继续存在与发展。"[1]新世纪,为解决教育史学科所面临的危机,一些合作成果开始出现。各国教育史协会、国际教育史协会及学术刊物的创办,为教育史学科摆脱困境,与时俱进开辟了思想阵地。1948年,美国教育史协会成立。翌年,《教育史杂志》创刊,1961年更名为《教育史季刊》,主要反映美国教育史领域的改革动向,也刊登反映欧洲和发展中国家教育史研究的成果。之后英国教育史协会、德国教育史协会相继成立,相应刊物也相继创办。1979年,国际教育史常设会议在比利时鲁汶成立。其宗旨是促进国际教育史研究人员的交流和合作。而其他领域专家的加盟和合作,也为教育史学科的发展提供了新的出路。

在我国,学者之间的合作通常是本领域内大型课题的合作。外国教育史学界也有很多成功合作的经验,如《外国教育通史》《外国教育家评传》《外国教育思想通史》等的编纂,都是教育史学界合作研究的成果。这种合作研究能弥补单个外国教育史学术阵地学科力量的不足,通过共同交流共同提高学术水平。但这种合作目前越来越少。外国教育史学科的研究范围非常广泛,涉及几千年,几十个甚至一百多个国家的教育历史,以及经济史、政治史、哲学史、心理学史等领域,因此,"以一人之力难以对所有国家、所有时代、所有方面教育进行深刻的研究"[2]。当前研究者应增加申报一些综合性的课题,以期综合各个学科的专家学者来共同完成。随着学科的互相融

---

[1] 何兆武,陈启能.当代西方史学理论[M].上海:上海社会科学院出版社,2003:427.
[2] 刘新科.外国教育史学科在中国的发展历史回溯与新世纪瞻望[J].大学教育科学,2005(2):58.

合,这种研究的群体化和合作化倾向也将越来越明显。同时,外国教育史学科也将有更多领域和学派共存,在与本学科同仁的交流中,在与国际同行的合作和研讨中得到长远的发展。

(二) 吸纳多学科的最新成果

当前的社会是开放的社会,人们不再一味地囿于自己的专业领域,而是积极地借鉴、引入其他学科的最新成果、研究方法、思想框架和基本原理。在辛勤耕作"自家庭院"的同时,也关注到了"邻居的工作"。在新时期外国教育史的研究中,这种趋势渐渐明朗。一方面,教育史经历了20世纪以来对思想和制度进行梳理思考的研究范式,开始逐渐回归和注重历史叙事和传承文化的本色。另一方面,从目前的研究成果看,管理学、心理学、历史学、政治学、生物学理论已开始为研究者所运用,大大拓展了研究的领域。尤其是教育史研究开始积极借鉴其他社会科学和自然科学领域的方法,在学术上形成了开放的格局,"20世纪60—70年代,以史学方法论为突破口的新教育史的崛起是一个国际性现象"[1]。新教育史以其研究方法的创新,大大拓展了教育史研究的广度和深度,也加强了与其他学科的联系。例如计量史学法即是从宏观经济史和宏观社会史借用过来的,从这个意义上说,新教育史运动是教育史学家和社会科学家之间的协作。[2] 除此之外,在其他领域兴起的系统论、统计、影视、结构方法、口述、计算机网络等方法也已进入外国教育史的研究之中。

回首90多年前,《经济与社会史年鉴》创刊时,法国历史学家吕西安·费弗尔和马克·布洛克曾指出:目前的状况是,一方面,历史学家在研究过去的文献史料时,使用着陈旧的方法;另一方面,从事社会、近代经济研究的人,正在日渐增加。这两个方面的研究者,互不理解,互不通气。现在,在历史学家之间,在从事其他研究的专家之间,存在一种不相往来的闭塞状况。他们针对这种状况,呼吁"各行的研究者,在致力于自己的专业,在自己的庭院

---

[1] 杜成宪,邓明言.教育史学[M].北京:人民教育出版社,2004:331.
[2] 同上注.

中辛勤劳动,如果他们都关心一下邻居的工作,就十全十美了"。① 这种评论,对于教育史研究者具有启示意义。如今各种理论的互相借鉴,各种交叉学科的出现,是学者们长期努力的成果,也是当前学术界所推崇的研究方式。

打破学科藩篱,借鉴其他学科人物的教育思想和学科理论,成为近年来的潮流趋势,是学术发展的一大进步。21世纪的教育史研究将不再是枯燥地考证史料和史实,将有更多的学科理论被运用到外国教育史的领域中,为学科发展注入新鲜血液。"随着教育历史叙事、教育人物生活史、心态史等研究的逐渐展开,以及教育学术史或学术教育史和教育史学史的研究,教育史学科的自我更新、理论转型、研究视角和方法实验的重新审视和探究,已经揭开教育史学科前沿发展的序幕。"②

此外,外国教育史还应注重从与其他国家、其他领域广泛的交流中,互惠成果及方法;从现实生活中寻求研究课题,挖掘学科的优势,扩大学科的领域;突破学科危机,不能故步自封,必须改变传统的思维方式,与时俱进。作为历史学科的一部分,教育史"是一门正在发展而不是已经完成的研究领域"③。未来的学科发展反思与建设必然是学者们热衷的课题之一。

(三) 国际合作的积极开展

近年来,我国学者开始密切关注教育史研究的国际动态,并重视与其他国家的交流。进入新世纪以来,研究者开始重视西方教育史学科发展状况的研究。正如前文分析,西方教育史学是我国教育史学界目前研究的热点问题,如美国教育史学、法国教育史学、英国教育史学等。但大部分研究,只是较为粗线条的研究,而且为长时段、整体史、总体史的研究;对各国教育史学在不同时期的发展过程,以及它们在发展过程中所面临的具体问题,还有待进一步地深入研究。同时,外国相关研究成果的翻译和介绍也受到关注。

---

① 〔日〕井上幸治,何培忠.年鉴学派成立的基础——昂利·贝尔在法国史学史中的地位[J].国外社会科学,1980(6):65.
② 丁钢.叙事范式与历史感知:教育史研究的一种方法维度[J].教育研究,2009(5):40.
③ 贺国庆.外国教育史学科发展的世纪回顾与断想[J].河北师范大学学报:教育科学版,2001(3):27.

如,张斌贤教授主持翻译了一套美国高等教育史的丛书,有利于我国读者深入了解美国高等教育的全貌。由方晓东等翻译的《当代教育史研究与教学的主要趋势》一书,主要就国外教育史工作者对当代教育史的主题、内容和教学目标等有关研究成果进行介绍。

我国教育史学界也开始积极参与国际教育史学术会议。2013 年 8 月,我国教育史学界赴拉脱维亚大学参加了第 35 届 International Standing Conference for the History of Education(ISCHE)年会,大会的主题是"教育与权力"。我国学界的与会人员除了参加大会论文演讲、小组论文宣读,还参加了国际教育史大会两名执委的选举(共八名执委,每年改选两人,三选二的差额选举)、新的章程的讨论修订以及由埃克哈特·福克斯(Eckhard Fuchs)主席主持召开的国际教育史大会执委和各国教育史学会的联席会议。这次会议,使我国教育史学界开始与国际教育史学界重新建立紧密联系,为增进国外教育史学界对中国教育史学的了解,以及我国教育史学界今后更广泛地参与国际交流打下了基础。我国外国教育史研究者终将更多地在世界教育史学界发出自己的声音,并将一些优秀成果积极外译,力争建立外国教育史研究的中国学派。

此外,进入新世纪以来,我国外国教育史的人才培养也受到重视。外国教育史工作者在教学网站建设、双语教学、教学研讨会等方面加强了人才培养的力度,以提高人才培养的质量。如杨捷教授团队在中国大学 MOOC(慕课)网上开设了外国教育史在线课程,有利于学生的在线学习。2012 年 5 月,北京师范大学教育学部举办了"教育史教学研讨会",与会者针对教育史教学所面临的实际问题展开讨论,主要探讨了教育史专业研究生和本科生教学改革发展方向。大家就教学内容与课程设置、教学与科研的关系、教育史的通识教育性质等问题交换了意见。与会者指出,教育史教学要加强学术引领,处理好学术性与职业性、趣味性的关系等议题,是当前教育史教学应注意的问题。采取措施吸纳历史专业和小语种专业的学生参与外国教育史的研究,成为当前外国教育史人才培养的一个重点。

第八章　外国教育史学术组织、必读文献

在世界范围内教育史学科发展的过程中,一些专门的教育史学术组织的成立及其相关专业活动的开展,为国际教育史研究及学术交流活动提供了重要的平台。教育史学术组织也以学术年会的召开、专题研讨、发行出版物等方式,积极推动教育史的学术研究,促进了教育史领域的国际交流与合作。

第一节　学术组织

在国际教育史学术交流活动中发挥积极作用的国际性学术组织主要有:教育史国际常设会议、美国教育史学会、英国教育史学会、加拿大教育史学会、澳大利亚和新西兰教育史学会等。

一、教育史国际常设会议

教育史国际常设会议(International Standing Conference for the History of Education,简称 ISCHE)成立于 1978 年,是世界范围内教育史领域的国际交流与合作机构,由各国教育史学会或协会志愿加入组成。其宗旨是:第一,推动教育史的学术研究;第二,促进教育史领域的国际交流与合作;第三,增进人们对教育史学科的理解与重视;第四,促使教育史成为高校课程的重要组成部分;第五,为了达到上述目标开展一系列活动,包括召集会议、组织研讨、发行出版物等等。为加强与历史专业学术机构的联系,该机构于 2000 年成为"国际历史学委员会"(the International Committee of Historical Sciences,简称 ICHS)的正式成员。

教育史国际常设会议办有自己的期刊——《教育史:国际教育史期刊》

(*Paedagogica Historica：International Journal of the History of Education*），设有下属研究团体，举办各类学术活动。其中，年会举办是最核心的学术活动，截至2019年，已举办了41届。

2013年，教育史国际常设会议拥有32个来自世界各大洲的成员国家，我国教育史学会也于2013年首次派出代表参加了教育史国际常设会议的大会和执委会，并拟定了合作事项。同年，教育史国际常设会议时任主席埃克哈特·福克斯应邀参加了我国教育史学会在深圳大学召开的第十四届教育史年会。我国教育史学会与教育史国际常设会议的联系已开始建立并不断加强。

鉴于成员国较多，教育史国际常设会议将英语、法语、德语和西班牙语列为其正式语言。自1999年起，教育史国际常设会议年会开始在欧洲之外举办。第36届年会于2014年7月23日至26日在英国伦敦大学教育学院举行，会议主题为"教育、战争与和平"；第37届年会于2015年6月24日至27日在土耳其的伊斯坦布尔大学举行，会议主题为"教育与文化"；第38届年会于2016年8月17日至20日在美国芝加哥举行，会议主题为"教育与身体"；第39届年会于2017年7月18日至21日在阿根廷布宜诺斯艾利斯举行，会议主题为"教育与解放"；第40届年会于2018年8月29日—9月1日在德国柏林举行，会议主题为"教育与自然"；第41届年会于2019年7月16日至20日在葡萄牙波尔图举行，会议主题为"空间与教育场所"。教育史国际常设会议2005年以来的主题分别见表8-1。

表8-1 教育史国际常设会议2005年以来的年会主题一览表

年份	主题	年份	主题
2019年	空间与教育场所	2012年	教育国际化
2018年	教育与自然	2011年	国家、教育与社会：旧争论，新观点
2017年	教育与解放	2010年	历史中的儿童发现
2016年	教育与身体	2009年	大众教育史
2015年	教育与文化	2008年	教育与不平等：学校教育和社会分层的历史考察
2014年	教育、战争与和平	2007年	处于危险中的儿童和青少年
2013年	教育与权力	2006年	教育史上的读与写
		2005年	教育史的边界与界限

二、美国教育史学会

美国教育史学会(History of Education Society,简称 HES-US)是美国教育史学界的重要学术组织。其宗旨是:第一,加强并改进大学和学院中教育史学科的教学;第二,鼓励教育史学术研究,促成研究成果的出版和发行,激发教育专业人士和社会公众对教育史学科的兴趣,提升教育决策中历史视角的价值;第三,敦促图书馆、博物馆等机构妥善保存教育史资料;第四,与其他学科领域的专家学者合作,在深厚的历史背景下理解和诠释教育的发展;第五,鼓励世界各地教育史专家相互合作,分享史料,共同开展研究;第六,与世界各地的历史专业机构和教育专业机构开展合作交流。

作为教育史国际常设会议的一个分支机构,美国教育史学会规定凡加入该组织的成员同时也自动成为"教育史国际常设会议"的会员。美国教育史学会每年秋季召开一次为期三天的年会。为促进学者们的探索与研究,美国教育史学会还设立了各类奖项,对激励学者们潜心开展学术研究发挥了积极的作用。

三、英国教育史学会

英国教育史学会(History of Education Society,简称 HES-UK)成立于1967年。该学会的宗旨是:第一,促进教育史的学习与教学;第二,鼓励并支持教育史研究;第三,维护教育史学界的权益;第四,增进社会对教育史的理解;第五,鼓励并支持新的研究者加入教育史研究;第六,加强国内外教育史学界的合作与交流;第七,促进各种层次的有关历史教学和研究间的相互联系;第八,促进对教育史基本资源和传统特色的保护及获取。

学会成员包括作家、档案保管员、研究生代表和大学教师,其中大学教师在组委会中占据绝对多数位置。英国教育史学会的主要宗旨在于加强教育史领域的研究,为投身于教育史研究和教学的学者们提供一个交流和讨论的平台。英国教育史学会注重对优秀科研成果的奖励,设有专著和论文类奖项。

英国教育史学会每年召开一次年会,2006年年会的议题为"教育、健康和社会福利";2013年的年会主题为"政治、专业人员与实践者"。

英国教育史学会办有自己的刊物,包括《教育史》(History of Education)和《教育史研究者》(History of Education Researchers)两份期刊。

四、加拿大教育史学会

加拿大教育史学会(Canadian History of Education Association,简称CHEA)是加拿大教育研究学会(Canadian Society for the Study of Education,简称CSSE)的分支机构,成立于1980年。学会成员具有各种不同的学术背景,包括自由学者、研究生、各种教育机构的工作人员、大学的历史系或者其他系别的教师等。每两年举行一次学术会议。2006年加拿大教育史学会和美国教育史学会共同举办了年会。加拿大教育史学会主办的刊物是《教育史研究》(Historical Studies of Education),出版英语和法语两种版本。该期刊也欢迎来自各个国家、各种职业的学者来稿。加拿大教育史学会为年会优秀论文设立了奖项,获奖名单在《教育史研究》上公布。

五、澳大利亚和新西兰教育史学会

由于文化和地域相近,澳大利亚与新西兰共同组建了一个教育史学会。澳大利亚和新西兰教育史学会(Australian and New Zealand History of Education Society)成立于1971年。其成员主要来自澳大利亚和新西兰,也有一部分成员来自其他国家。其宗旨在于收集和发布关于教育史研究和教学的信息,鼓励、支持和资助教育史学界的研究和交流活动。《教育史评论家》(History of Education Reviewer)是澳大利亚和新西兰教育史学会创办的刊物。澳大利亚和新西兰教育史学会每年召开一次年会。值得一提的是,澳大利亚和新西兰教育史学会十分注重教育史研究领域新人的培养,制定了鼓励研究生参加年会的规章制度,为研究生参加年会设立了资助项目,吸引了不少年轻人参加到会议中来。

六、国际组织开展教育史学术活动的特点

通过对美国、英国、加拿大、澳大利亚、新西兰等国教育史学会以及教育史国际常设会议的组织机构和学术活动的整理分析,我们可以从中看出以

上英语国家和国际专业团体的教育史学术活动具有如下几个特点。

（一）机构组织和研讨主题的生成具有开放性

无论是各国的教育史学会还是教育史国际常设会议，在机构设置和活动组织方面，都具有开放的特点，并在多个层面和多个方面表现出来。教育史国际常设会议面向世界各国，使用多种语言。没有成为教育史国际常设会议成员的国家，其学者也可以以个人身份参加教育史国际常设会议的学术会议；各个国家的教育史学会也积极吸纳来自其他国家的学者作为会员。澳大利亚和新西兰干脆就合办一个教育史学会。美国教育史学会也与加拿大教育史学会联合举办学术年会。上述国家，不仅学术会议向世界开放，而且其所办的期刊，也在世界范围内广泛征稿。年会主题或议题的形成和确定，较为注重"自下而上"的生成渠道，注重面向基层的专家学者，广纳个人研究兴趣，在此基础上，集思广益，生成研讨主题。平日讨论的学术主题也常常是以这种方式形成的。如在教育史国际常设会议，10人以上的成员就可以联名申请一个常务工作组，对所提主题进行持续深入的讨论。从近年来各教育史学会年会的主题或议题的选择看，跨国界的研究也受到了相当的重视。2005年教育史国际常设会议的年会主题是"教育史的边界与界限"；2006年美国与加拿大共同举办的教育史学年会的主要议题也有教育史的跨境研究、教育史国际研究等等。

（二）注重教育史学科与相邻学科或母学科的联系

由于教育史学科是教育学和历史学的交叉学科，各国及国际教育史学会十分注重教育史学科和相邻学科或母学科之间的联系，在组织机构上也试图体现这一特点，表现为各教育史学会都积极寻求加入其他相邻学科或母学科的学术组织，成为相邻学科或母学科学术组织中的正式一员。比如说教育史国际常设会议加入了国际历史学委员会；加拿大教育史学会是加拿大教育研究学会的分支机构。美国教育史学会也与美国历史学会具有密切的关系，其创办的《教育史季刊》，在网站上与历史期刊归于同类，我们能够在历史期刊的网站上检索到这份期刊，这充分说明教育史和历史学科联系的紧密性。各学会近年年会所选定的讨论主题也体现了教育史研究注重学科融合的趋势。如 2004 年加拿大教育史学会年会的主题是"教育史的跨学科理论和实践"；英国教育史学会 2006 年"教育、健康和社会福利"及 2013 年"政治、专业人员与实践者"的年会主题也都较具综合性。2010 年教育史国际常设会议以"儿童的发现"为主题的年会就是并入国际历史学委员会的大会一起召开的。

（三）注重历史研究与关照现实教育问题的联系

纵观教育史国际常设会议近十多年的年会主题，可以发现，其主题并不是狭隘地局限在某个历史进程的局部，而是注重历史研究与现实关怀的结合，注重从历史的视角来看待和解决当代问题。如 2003 年的主题——"教育和现代性"，2004 年的主题——"新教育：开端和嬗变"都体现了教育史问题与当代问题研究的关联性。2007 年的年会主题——"处于危险中的儿童和青少年"更是充满了现实关怀的时代气息。从年会采用的学者的论文选题看，教育史国际常设会议和各国教育史学会并没有在教育史学科领域严格划分出时间上的界限，很多当代问题也是教育史研究的范围，在研究对象所涉的时间上已经延伸到当今，教育史的研究更多地强调历史的逻辑和视角。

（四）各学会间注重交流与合作

这一特点实际上是开放性特点的具体表现。以上所提及的几个国家都是教育史国际常设会议的成员。各国的专家学者不仅可以参加本国教育史学会举办的学术会议，也可以参加教育史国际常设会议举办的年会以及其他国家的教育史学术会议。各个国家教育史学会的网站不仅发布自己国家年会动态和信息，还发布其他英语国家有关教育史研究的相关信息，或与其他国家教育史学会进行链接，让学者们在第一时间掌握最新的信息。由于各个国家教育史学会之间是相互开放的，因此学者们可以自由地参加其他国家的学术会议，这为各个国家教育史的研究、交流和合作提供了重要的机会和平台。

（五）优秀学术成果得以扶持和奖掖

促进教育史研究不断走向深入并为社会所接纳是各国教育史学会孜孜

以求的重要目标之一。为激励研究者深入扎实地做好教育史的研究工作，以更多的优秀成果回馈社会，不少国家的教育史学会都设有专门的奖项，对学者的优秀研究成果予以奖励。美国教育史学会不仅设置了杰出专著奖和最佳论文奖，还利用各种基金设立了其他各类奖项。加拿大教育史学会根据专著或论文的语言类别授奖，并在专业杂志上公布获奖名单。这些举措强化了教育史学会在学术研究中的激励和引领的作用，对激发学者们的学术志趣和专业热情，尤其对年轻人投入教育史的研究领域起到了很好的推动作用。

七、活跃我国教育史学术活动的建议

他山之石，可以攻玉。中华人民共和国成立70多年来，特别是20世纪80年代以来，我国教育史的研究工作已经取得了丰硕的成果。但毋庸讳言，我国教育史研究领域仍然存在种种问题，这些问题的解决离不开多视角和全方位的思考。上述国家和国际教育史组织表现出来的学术趋势和动向，能为我国开展教育史学术活动提供有益启示。

（一）加强与国外同行之间的学术交流与合作

学术研究应当具有国际视野，"闭关锁国"是行不通的。尤其是在当前科技高速发展、整个世界都已成为"地球村"的背景下，学术研究更应打开大门，放眼全球，了解国外的同行们正在做什么，把国外先进的经验、优秀的传统引进来。同时，作为一个有悠久教育历史的大国，我们也不应当在自己的研究成果面前孤芳自赏，而应当千方百计地把我们的文明特色和研究成果介绍出去，唯有交流才能取得更大的进步。

中国教育的历史源远流长，博大精深，目前的研究成果也十分丰富，对世界教育具有巨大的潜在价值。可是，长期以来，由于缺少与外界的交流，我们对国外教育史研究的状况不甚了解，我国教育史的研究成果也很少能够跻身国际社会。这一局面直到2013年才有了新的突破，教育史国际常设会议大会和执委会上首次出现了代表我国教育史学会的学者，我国教育史界与国外教育史同行的交流有了一个崭新的开端。

下一步我们希望的是：随着我国教育史领域研究的不断深入和与国际

对话的不断增多,汉语也能够成为教育史国际常设会议的正式语言;我国教育史学者的学术论文能够越来越多地出现在国际专业学术刊物上。当然,我们也希望看到越来越多的国外教育史学者的论文刊发在我国的杂志上,真正实现世界范围内的教育史学术研究的双向和多向交流,使我国的教育史研究也能在不远的将来跻身于国际学术的主流。

(二)打破学科之间的界限,关注教育现实问题

理论上虽然我们也承认教育史学科与教育学和历史学的密切联系,但在实际的研究中以及在学术组织的建构中,我们常常忽略了这种联系。与上述国家相比,我国教育史的研究视野相对比较狭隘,研究队伍的构成也较为单一,教育学研究者和历史学研究者之间也缺少交流。很少有教育学和历史学的学者参加教育史年会,参加教育学或历史学学会的教育史学者也是凤毛麟角,更不用说像上述几个国家或国际性专业组织那样建立机构与机构间相互联系的制度性沟通渠道了。在研究的选题上,我们的范围也显得较为局限,纯粹历史研究的较多,结合现实的较少,以历史的视角或方法关注现实教育问题,远不如国外,这在我国与国外教育史学术年会的主题选择中体现得较为明显。实际上,当代的教育实践和教育思想不是孤立的,都存在着一个历史传承的问题。教育现实问题的解决需要来自教育史的智慧和方法,而教育史的研究也只有注入现实关怀因素才会富有生命力。为此,我们应当开拓教育史研究的时间视界,注重历史观、历史意识和研究方法在教育实践特别是教育决策中的作用,而不应当作茧自缚地限制教育史研究的时间范围。在我国,外国教育史和比较教育学研究,常常在研究对象所涉时间的界定问题上,争论不休,从前述几个国家的相关情况看,这似乎不应该是我们过于焦心的问题。教育史研究可以是一种方法和视角,比较教育的研究亦然,二者是可以并存的,而不必在时间上划界。教育史国际常设会议 1995 年和 1997 年年会的主题——"信仰与教育:历史和比较视角下的研究""处于变化社会中的学校:历史和比较视角下的研究"就充分体现了这两者的结合。这对我们有启示作用。

(三)强化并扩大教育史学会的功能与作用

很长一段时间以来,我国教育史学会每两年才举办一次教育史年会,学

术活动的频度较低,近年来才改为一年一次,这一变革是有利于教育史研究的学术繁荣的。实际上,不少国家教育史学会都是每年召开一次年会。即便是美国这样只有二百余年历史的国家,其教育史学术研究气氛也非常活跃。除美国教育史学会每年举办一次年会,另一个在美国颇富影响的大型教育史学术团体——美国中西部教育史协会,在美国教育史研究领域也十分活跃。有些国家,如加拿大虽然每两年举办一次年会,但由于这些国家都加入了教育史国际常设会议,且各国之间教育史学会交往频繁,学者们在国内没有机会参加学术活动时,也可以有很多机会参加其他国家的年会。要活跃我国教育史学术研究的气氛,提高研究水平,可采取多种途径。除了将全国教育史年会由两年一次改为一年一次,还可根据各地的特点和条件,加强区域性的合作与研究活动,适当鼓励学者们参加国外举办的教育史学术活动,加强与国外各类教育史研究机构和学术团体的交流与合作。同时,我们应充分利用现代信息和网络技术,建设好自己的教育史网站,并尽可能地提供英文或其他语言版本的信息,让国外学者能更及时地了解我国教育史研究的动态,使我们的教育史学会也成为一个在国际学术界富有影响的学术组织。此外,我国教育学会教育史分会可在奖励优秀学术成果、形成年会主题和议题、扩大教育史研究的学术和社会认同方面采取适当的改革措施。

(四) 广泛吸收研究成员,壮大教育史研究力量

前述各国和国际教育史学会在吸收成员的要求中,都明确指出,只要是对教育史感兴趣的人士,不限专业、国籍、地域都可以参加。因此,前述各国和国际教育史学会在成员来源方面可谓多种多样。如英国教育史学会的理事会成员,既有大学的教师和学生,也有博物馆的档案管理员和作家,研究者的知识背景和知识结构也呈多样化的态势,研究人员多样化的知识背景和结构有助于他们形成自己独特的研究视角,这对教育史研究工作的创新大有裨益。鉴于我国教育学会教育史分会理事会的成员背景构成较为单一,绝大部分为高校教师,且是教育学院教育系的教师,我们主张我国教育史学会也应当广泛地吸纳成员,让一切有志于教育史研究的人士都有机会加入学会,并尽可能地为他们提供便利,开辟教育史研究队伍人员构成的新局面。我们注意到,前述国家都较为注重吸引青年人加入到教育史的学术

研究队伍中来,尤其是在大洋洲,澳大利亚和新西兰教育史学会为在校研究生参加年会提供专门的资助,为年轻的学子们进入教育史研究的学术前沿开辟了绿色通道。我国作为发展中国家,为学子们提供直接的经济资助可能还有一定的困难,但可以采取一些鼓励性的措施,鼓励青年学子们以各种方式参与到教育史的研究队伍中来。

第二节 我国外国教育史重要文献举要

我国外国教育史学科的复兴肇始于1978年对"左倾"路线的拨乱反正。1979年"全国教育史研究会"的成立以及次年"中国教育史学科体系"研讨会的举办,标志着外国教育史学科的全面复苏,从此进入了一个恢复和重建时期。有关20世纪80年代以来我国外国教育史的文献情况可分述如下。

一、外国教育通史

除了20世纪70年代末和80年代初再版的曹孚和罗炳之的《外国教育史》,还有王天一(1984)、戴本博(1989—1994)、袁桂林(1995)、袁锐锷(2002)等不同版本;2006年以来,张斌贤(2008)、王保星(2008)、周采(2008)、贺国庆(2009)、杨捷(2010)、刘新科(2012)、陈锋(2012)等均撰写或主编过《外国教育史》。

其他还有为数不少的以"发展史""史纲""新编""教程"命名的著作或教材,如吴式颖先生的《外国教育史教程》、刘新科的《国外教育发展史纲》、袁锐锷《新编外国教育史纲》《外国教育史新编》等。以上充分反映了我国外国教育史学科注重教材编写和建设的研究取向。

20世纪80年代以来,外国教育史著述的编写也出现了压缩内容篇幅的趋势,表现为"简编""简明""史略"等一类著述的大量出版。仅《简明外国教育史》和《外国教育史话》就各出现了3个不同版本;《外国教育简史》《外国教育史简编》和《外国教育史略》各出现了2个版本;《西方教育简史》和缩编的《外国教育史教程》各1个版本。

尤其是在我国部分重点师范院校取消了本科层次的教育学专业以及教育史学科在不少师范院校的培养课程中不断被压缩的背景下,以简史、简编、史话等形式表现出来的外国教育史著作和教材出现了明显的增多趋势。同时,外国教育史著述和教材也开始出现中外内容合编的局面,2000年到2005年《中外教育史》一类著作至少有5部。2006年以来出版的这类著作或教材包括:单中惠的《中外教育史》(2009)、金忠明的《中外教育史汇通》(2006)、胡金平的《中外教育史纲》(2010)、杜成宪和王保星的《中外教育简史》(2015)等。

20世纪90年代以来,中外教育史比较研究方面曾出现过2本力作,一是许美德等著的《中外比较教育史》(1990),二是张瑞璠等主编的3卷本《中外教育比较史纲》(1997)。这两本著作不是为授课而准备的教材,一定程度上突破了教材体系,具有较高的学术价值,代表了我国在中外教育比较史方面的成就。

有些学者还就我国与其他国家或地区在某一历史时期的教育或某一历史阶段的具体教育现象进行了比较,如具滋亿的《中韩近代教育思想比较研究》(1998)、李甦平的《中国·日本·朝鲜实学比较》(1995)、卫道治的《中外教育交流史》(1998)、田正平的《中外教育交流史》(2004)。

直接以"通史"命名的外国教育史著作较少。最为系统的通史类著作当推滕大春先生主编的《外国教育通史》(1989—1994),这套6卷本著作将通史类外国教育史著述推向了高峰。

对国别教育通史的研究,主要集中在对美、英、德、日和苏联教育史的研究,已出版了相关论著,其中英国教育史还有两个版本。2003年上海古籍出版社出版的《东亚教育圈形成史论》(高明士)打破了欧美中心的研究取向,标志着外国教育史研究领域在著作层面上进一步拓宽。

二、外国教育断代史

有关外国教育断代史研究的著述日益增多,较有代表性的是人民教育出版社陆续出齐的一个系列:曹孚、滕大春等先生的《外国古代教育史》(1981)、滕大春先生主编的《外国近代教育史》(1989)以及吴式颖先生主编的《外国现代教育史》(1997);华东师范大学出版社也于1987年出版了赵祥麟先生主编的《外国现代教育史》单行本。断代史的研究以当代史的研究为最多,如季苹的《西方现代教育流派史论》(1995)、张耀源的《世界当代文化教育史》(1996)、陆有铨的《躁动的百年:20世纪的教育历程》(1997)。在译作方面,有张人杰等译的《世界教育史(1945年至今)》(米亚拉雷等著,1991);樊慧英、张斌贤译的《当代教育史》(安多旺·莱昂著,1989)。澳大利亚学者康内尔著的《20世纪世界教育史》还出现了两个不同的翻译版本。

对近代、中世纪、文艺复兴时期和古代教育史的专门研究较为匮缺,褚宏启的《走出中世纪:文艺复兴时代的教育情怀》(2000)是较早的一本。值得指出的是,中国国际广播出版社在20世纪90年代中期着手进行了一项世界文化教育史著述的系统编撰工作,于1996年出版了世界教育文化史系列。各册内容和体系相对独立,对文化教育史的时代划分也很细,将古代和近代分别分为三个阶段,现代分为两个阶段,另加一个当代,由此编出《世界古代前期文化教育史》《世界古代中期文化教育史》《世界古代后期文化教育史》直至《当代世界文化教育史》共10卷本。

三、外国教育专题史

早在20世纪90年代初,布鲁巴克著的《教育问题史》就被译为中文,这标志着我国外国教育史学界对教育问题史或专题史初步关注。随后的研究出现了不断分化的趋势,形成了不同的专题史研究领域。研究最为密集的是高等教育史领域,既有专题史内的通史,如《外国高等教育史》,就有贺国庆(2003)、黄福涛(2003)等撰写的两个版本,也有将中外高等教育史一并加以研究的,如《中外高等教育史研究》(张慧明,1998);更多的则是对欧美各主要国家的高等教育历史的研究,如陈学飞的《美国高等教育发展史》(1989)、王英杰的《美国高等教育的发展与改革》(1993)、许明的《英国高等教育发展研究》(1998)、张泰金的《英国的高等教育:历史·现状》(1995)、贺国庆的《德国和美国大学发达史》(1998)、王保星的《美国现代高等教育制度的确立》(2005)等。

2008年是有关美国高等教育史研究成果出版极为丰富的一年。这一年,张斌贤主编的有关美国高等教育发展史研究的系列成果出版,如《文化战争中的美国大学》《知识演化进程中的美国大学》《战后美国联邦政府大学生资助政策研究》《美国大学自治制度的形成与发展》《冷战中的美国大学学术研究》《保守主义的大学理想》《学术自由在美国的变迁与发展》等;同年出版的相关论著还有：张斌贤等翻译的《美国研究型大学的兴起》《研究与相关知识——第二次世界大战以来的美国研究型大学》《欧洲大学史（第一卷）：中世纪大学》，贺国庆等翻译的《欧洲大学史（第二卷）：近代早期的欧洲大学（1500—1800）》。上述成果在2008年密集发表，把对国外高等教育史的研究推向了新高潮。

张斌贤、杨克瑞等翻译的《欧洲大学史（第三卷）：19世纪和20世纪早期的大学（1800—1945）》（2014），贺国庆、王保星等翻译的《欧洲大学史（第四卷）：1945年以来的大学》（2019），进一步为国内学者开展外国高等教育史的研究提供了颇有价值的文献史料。

随着高等教育史研究的不断深入，高等教育的研究领域也不断细化，出现了注重研究某一种类型的大学或某一所大学发展史的趋势，如沈红的《美国研究型大学形成与发展》（1999）、续润华的《美国社区学院发展研究》（2000）、郭健的《哈佛大学发展史研究》（2000）。单中惠、顾建民主编的"世界一流大学史丛书"——《牛津大学史》《剑桥大学史》《哈佛大学史》《耶鲁大学史》也于2012年出版。

2005年之前，有关外国教育专题史的研究，较多地集中在外国教育管理史、学前或幼儿教育史、外国职业教育史等方面。对国外德育思想史、外国美育发展史、女子教育史、美国的进步教育等专题史的研究都出版了专著。2005年后，有关国外学前或幼儿教育史的研究热点继续维持，出版或再版的著述或教材包括：杜成宪等主编的《幼儿教育思想史》（2008）；杨汉麟撰写的《外国幼儿教育史》（2011）；胡金平撰写的《中外学前教育史》（2011）；周采、杨汉麟主编的《外国学前教育史》（2012）；贺国庆、朱文富等著《外国职业教育史》（上下，2014）；郭法奇撰写的《外国学前教育史》（2015）；等等。

2005年后，教师教育问题成为热点，相关研究成果骤然增多，出现了金忠明的《教师教育的历史、理论与实践》（2008）、周钧的《美国教师教育认可标准的变革与发展——全美教师教育认可委员会案例研究》（2009）、刘静的《20世纪美国教师教育思想的历史分析》（2009）、洪明的《美国教师质量保障体系历史演进研究》（2010）、单中惠等的《西方师范教育机构转型——以美国、英国、日本为例》（2012）等著述。

此外，2005年之后，有关国外教育实验、教育领导、儿童研究、课程等领域的历史研究也开始涌现。如杨汉麟主编的《外国教育实验史》(2005)、单中惠主编的《西方领导教育史》(2008)、郭法奇撰写的《欧美儿童研究运动：历史、比较及影响》(2012)、崔允漷翻译的《学校课程史》(2006)等。

值得关注的是,2005年之后,除单一专题性教育史问题研究外,我国还出现以"问题史"命名的外国教育史著述。单中惠主编《外国中小学教育问题史》(2005)、《外国大学教育问题史》(2006)、《西方教育问题史》(2011)；组织翻译了约翰·S.布鲁巴克的《教育问题史》(2012)。

四、外国教育人物与思想史

人物和思想史研究可分为两类：一类是对多个人物或历史上的多种教育思想进行研究；另一类是只对某个人物或某种教育思想进行专门的研究。其中,赵祥麟先生主编的《外国教育家评传》(1—4卷)(1992和2003)是这类著作中最为系统,也是最具学术水准的一部。有些人物评传的著述为适合读者一般了解的需要,在内容上进行了精选压缩,并注重内容的可读性和生动性。

外国教育思想通史的研究成果也较为丰富。最富影响力的成果当推吴式颖先生主编的10卷本的《外国教育思想通史》,这部卷帙浩繁的著述,集全国外教史研究者之智慧共同编撰而成,是外国教育思想史方面的标志性著作。此外,还有一些著作注重从微观的角度研究教育家对某一论域的研究,如《当代国外著名教育家的教学论思想》《外国教育家论德育》。

2005年之后,在外国教育思想史方面,张斌贤、单中惠分别主编或再版了《外国教育思想史》；李明德撰写了《西方教育思想史——人文主义教育之演进》(2008)；金传宝撰写了《西方先贤对教育的沉思》(2008)；赵卫平撰写了《欧美高等教育思想史论稿》(2010)；杨汉麟主编了《外国教育名家思想》(2010)；朱镜人主编了《外国教育思想简史》(2011)。

对历史上某一教育家的思想(当代之前,即第二次世界大战前)进行专门研究的论著包括：洛克(译作)、卢梭、裴斯泰洛齐、乌申斯基、蒙台梭利、马卡连柯、苏霍姆林斯基等。其中,研究杜威的论著最多。《德国教育思想概论》(范捷平,2003)从国别的角度对近现代的教育思想进行了研究。

2005年之后新增的有关教育思想家的著述包括：《杜威学校》(2007)、

《杜威在华教育讲演》(2007)、《交流与融合——杜威与日本教育》(2008)、《走向对话——杜威与中国教育》(2008)、《杜威教育思想在中国：纪念杜威来华讲学100周年》(2019);《蒙台梭利幼儿家庭教育法》(2006)、《蒙台梭利小学教育理论与实践》(2006);《走进教育家苏霍姆林斯基:妙语箴言、教育佳篇、系列教诲》(2007);《大教学论·教学法解析》(2006);《从乡村教师到教育领袖——巴格莱教育思想研究》(2009);《教育即解放——弗莱雷教育思想研究》(2008)。此外,也出现了精选外国教育家生平与思想的著作,如刘传德的《外国教育家评传精选》(2006)。

五、外国教育译著

20世纪80年代以来,大量外国著名教育家的著作被国内翻译出版,翻译自西方国家的主要著作有:洛克的《教育漫话》、卢梭的《爱弥儿》、夸美纽斯的《大教学论》、裴斯泰洛齐的《林哈德与葛笃德》、福禄培尔的《人的教育》、第斯多惠的《德国教师培养指南》、乌申斯基的《人是教育的对象》、赫尔巴特的《普通教育学·教育学讲授纲要》、斯宾塞的《教育论》、赫胥黎的《科学与教育》、拉伊的《实验教育学》、沛西·能的《教育原理》、罗素的《教育论》、克伯屈的《教学方法原理——教育漫谈》、蒙台梭利的《童年的秘密》、克雷明的《学校的变革》、雅斯贝尔斯的《什么是教育》、博尔诺夫的《教育人类学》、巴格莱的《教育与新人》、皮亚杰的《教育科学与儿童心理学》等。西方教育家作品被翻译得最多的依然是杜威。苏联教育家,如阿莫纳什维利、苏霍姆林斯基、赞科夫、巴班斯基、马卡连柯等人的主要教育著作也被翻译出版。

除上述原著翻译外,20世纪80年代以来,还出版了大量的历史上教育家的教育论著选,包括昆体良、夸美纽斯、赫尔巴特、裴斯泰洛齐、乌申斯基、斯宾塞、凯兴斯泰纳、杜威、蒙台梭利等。在这类著作中,古代人物偏少,只有《昆体良教育论著选》,主要以近现代为主;在人物国别上,以西方国家为主,其次是苏联(马卡连柯、苏霍姆林斯基、克鲁普斯卡雅等)和日本(小原国芳、福泽谕吉)。2000年以来翻译的著作主要有:夸美纽斯的《图画中见到的世界》(杨晓芬译,2001)、杜威的《道德教育原理》(王承绪等译,2003)、杜威的《天才儿童的思维训练》(张万新译,2001)等。

2005年之后，有关杜威教育著述的翻译得到了强化，先后出版了《杜威教育名篇》（2006）,《杜威教育文集》（第1至5卷,2008）,《我的教育信条——杜威论教育》（2013）等。

从已出版译著的数量看，近年来外国教育史的热点人物除杜威和苏霍姆林斯基外，蒙台梭利的教育思想受到了国人的极大关注。

六、外国教育史料建设和学科反思著述

外国教育史的史料建设工作总的来说发展缓慢。20世纪70年代中后期，华东师范大学曾出版过《外国教育发展史资料》（1976）和《外国教育资料选译》（1979）。20世纪80年代史料方面的著述只有三部,《外国教育史教学参考资料》（华东师范大学教育系,1985）、《外国教育史简明教程：教学资料》（北京教育行政学院等,1987）、《中世纪教育文选》（吴元训主编,1989），只比20世纪70年代多一部。20世纪90年代仍只有四部,《外国教育史料》（1991）、《外国教育史教学参考资料》（赵荣昌等,1991）、《外国教育史资料》（徐汝玲,1995）、《外国教育发展史料选粹》（夏之莲,1999），而且,20世纪90年代的史料挖掘、拓新不够，相当程度上是对20世纪80年代的重复或重组。21世纪以来，我国外国教育史史料建设工作虽然进展缓慢，但也小有成就。应当说，前文所述的译著情况一定程度上代表着外国教育史史料的建设状况。在此基础上，我国外国教育史和比较教育学者新近收集和翻译有关教育史文献也为数不少，如赵中建主译的《全球教育发展的历史轨迹：联合国教科文组织国际教育大会建议书专集》（2005），肖甦、王义高编译的《俄罗斯转型时期重要教育法规文献汇编》（2009），这一类研究成果也都可算作史料积累和建设成果的一部分。

对外国教育史学科或研究方法本身进行反思的论著最早当属方晓东等翻译的由俄罗斯学者卡特林娅·萨里莫娃与美国学者欧文·V.约翰宁迈耶主编的《当代教育史研究与教学的主要趋势》（2001）一书。2005年以来，随着师范教育改革的深入和教育史学科"危机"的出现和加深，我国密集出现了探讨这一领域问题的相关著述，如周采的《美国教育史学：嬗变与超越》（2006）；余中根的《外国教育史研究》（2008）；张斌贤、孙益主编的《探索外国教育史研究的新领域与新方法》（2009）；贺国庆主编的《教育史研究：观

念、视野与方法》(2009)。

七、外国教育文献选辑

随着我国师范教育的改革和基础教育改革的深入,外国教育史不再被仅仅理解为一门需要进行知识系统授受的学科,人们越来越倾向于从外国教育丰富的历史资源中寻找提升自己教育专业素质的养分,而不过于注重其学科体系。阅读教育思想家经典之作的重要意义,无论是在校的师范生,还是一线的中小学教师都越来越深切地体会到了。近些年来,我国教育史工作者在这方面也做了大量的工作,筛选、编辑了大量的外国教育史名著名篇,提供了一批有关教育名著的"选读""研读""导读"书籍,以满足广大教师和学生的学习需要,也大大扩展了教育史学科的使用价值和社会影响。

2005年以来,这方面的著述种类较多,如诸惠芳、邹海燕编著的《外国教育名著导读》(2005);张斌贤、刘冬青主编的《历史上最具影响力的教育学名著19种》(2007);杨汉麟主编的《外国幼儿教育名著选读》(2008);刘新科、栗洪武主编的《中外教育名著选读》(2008);李明德、金锵主编的《教育名著评介(外国卷)》(2008);李家成主编的《当代教育名著选读》(2009);张斌贤主编的《外国高等教育名著研读》(2010);张斌贤、孙益主编的《20世纪教育学名著导读》(2012)等。

就内容的丰富性而言,文献选读最有分量的当数任钟印主编的《世界教育名著通览》(1994),有89个国外教育家和120余种教育著作入选,全书1700多页,共390余万字。

第三节 国际刊物

一些专业的外国教育史学术刊物也在外国教育史学科发展和学术交流中,发挥着越来越重要的作用。

一、《教育史:国际教育史期刊》

《教育史:国际教育史期刊》(*Paedagogica Historica*: *International Journal of the History of Education*）是教育史国际常设会议出版发行的学术期刊,创刊于 1995 年,季刊,每年二、六、十月出刊,以法语、英语和德国三种不同的语言发行,该刊注重从历史的角度,探讨教育的社会、文化和哲学等问题;探索教育史的前沿,尤其是具有国际性质的教育问题;关注教育史研究理论和方法论发展状况;侧重发表世界范围内一流学者的论文;注重推动诸如道德恐慌、后现代主义与教育史、视觉教育史、教材与教育等一类主题的研讨活动。该刊也时常发表各个国家教育史问题的案例研究,但要求在内容或方法上具有范例性质,具有推广和仿效的价值。历史比较研究、社会与跨文化研究也是该刊所推崇的。该刊也时常举办一些论坛,为研究古代、中世纪和现代教育的专家提供学术成果发表的平台。

为使大家对该刊有更为直观的了解,现将《教育史:国际教育史期刊》2020 年第 6 期(第 56 卷)的目录展示于下。

论文

突破界限:高等教育中的女性,Simonetta Polenghi & Tanya Fitzgerald,第 724-728 页

留学促进女性学术视野发展?——女大学生国际联合会,在和平与征服男性职业"堡垒"之间(1918—1970),Marie-Elise Hunyadi,第 729-747 页

争取认可:意大利最早的五位女教授,Simonetta Polenghi,第 748-768 页

西班牙大学第一批女讲师,Consuelo Flecha García,第 769-786 页

质子性别化:雅典大学物理与数学学院的女性(1922—1967),Panagiotis Kimourtzis & Vicky Sigountou,第 787-806 页

教授的史学:玛丽海登教授角色和遗产的反思,Judith Harford,第 807-818 页

宣告自己的知识空间:1909—1941 年新西兰大学的学术女性,Tanya Fitzgerald,第 819-830 页

为美国妇女提供经济公民权咨询:女性院长和职业指导的开端,Kelly C. Sartorius,第 831-846 页

后记:女子高等教育的历史、时间和时态性,Joyce Goodman,第 847-856 页

二、《教育史季刊》

《教育史季刊》(History of Education Quarterly)是由美国教育史学会创办的学术期刊,创刊于1961年,属季刊。这也是一份蜚声全球的教育史类专业杂志,面向全世界的读者与作者征集论文稿件,主题不限时间和国界。

该期刊注重从历史的角度研究教育实践问题,其办刊宗旨在于通过对历史上曾经发生过的教育思想和实践的探索,帮助人们更好地理解当前的教育问题。该期刊刊登的论文一般都篇幅较长,注重研究深度。该期刊栏目形式较为多样,除了论文,也刊登文献记录、有关教育史重要问题的讨论、回忆录、研究笔记、书评、影评等。内容涉及面广,既有正史,也有非正史,还包括对儿童、青少年和家庭教育史的研究。

现将《教育史季刊》2021年第1期(第61卷)的目录展示于下。

决心与坚持:1860—1890年代通过夏季间断性教学建设非裔美国教师团队,Michael Fultz,第4-34页

"地狱正从南卡罗来纳州冒出来":后布朗时代的奥兰治堡县黑人教师和他们的社区,Candace Cunningham,第35-62页

不仅仅是筹集资金:汉普顿研究所和关系筹款,Troy A. Smith,1893—1917,第63-93页

政策对话:黑人教师的过去、当下和未来,Gloria Ladson-Billings & James D. Anderson,第94-102页

三、《教育史》

《教育史》(History of Education)由英国教育史学会创办,创刊于1972年,属于该学会会刊,最初是半年刊,后发展至每年三期,再到季刊,2000年调整为双月刊,现每年出版六期,主要刊登教育史领域的学术文章和书评,作者和研究主题不限于英国本土。

近年来,在社会史、文化史和新史学思潮的影响下,该期刊的关注领域不断扩大,除了关注一些传统的主题,如学校教育史、教育思想史和教育政策史等,一些此前得不到重视的领域也日益成为关注的焦点,比如女性教育史、儿童史、劳工教育史、二战期间教育史、非正式教育形式、教育与国家特

性、教育与经济发展、教育和学校史料编撰新方法、教育改革思潮、威尔士教育等。该期刊可以说是英国教育史研究领域中最为系统和完整的记录载体,从创办之日起就一直奉行高标准的原则,刊登的文章侧重对短期历史细节的梳理、深度剖析以及研究方法论的更新和视野的转换。该期刊目前已经发展为一份具有广泛国际影响力的学术刊物,在"欧洲人文文献索引"(European Reference Index for the Humanities,ERIH)中被列为 A 级。

现将该期刊 2021 年第 2 期(第 50 卷)的目录展示于下。

国家的儿童:卢梭的共和制教育理论与儿童放任观,Graeme Garrard,第 147-160 页

俄罗斯移民类侦察兵及其建立民族身份的活动,Ivan Bulatov,第 161-181 页

"对我来说,圣保罗将永远是伯克郡的青松":英国公立学校与战时疏散(1939—1945),ClémencePillot,第 182-198 页

在科索沃普里斯蒂纳高等教育机构和大学的政治性质与国家性质(1958—1980),Atdhe Hetemi,第 199-219 页

个人主义的转变:1970—2017 年瑞典历史和社会学课程大纲中的公民身份,Henrik Aström Elmersjö,第 220-239 页

牛津大学考试结果中长达一百年的性别差距,Dennis A. Ahlburg & Brian P. McCall,第 240-256 页

成人教育经验:基于职工教育协会课程辅导日志的分析,Pushpa Kumbhat,第 257-278 页

评《1848—1918 年奥地利帝国的大学》一书,Lukas Boser,第 279-281 页

评《进行教育:学校各类物质的设计与教育治理》一书,Suzanne Flannery Quinn,第 282-284 页

评《汉弗莱·沃德夫人与格林哲学》一书,John Howlett,第 284-286 页

评《20 世纪末工人阶级参与写作和出版的情形:文学、文化与社区》一书,T. G. Ashplant,第 286-288 页

评《目标课程:19 世纪的美国人是如何学会理解物质世界的》一书,Melanie Keene,第 288-290 页

四、《教育史研究者》

《教育史研究者》(History of Education Researchers)由英国教育史学会主办,原名为《教育史学会公告》(History of Education Society Bulletin),2003年起更改为现用名,每年出版两期,于5月和11月各出版一期,主要发布学会的简讯和动态,刊登教育史方面的简短论文,并为书评、档案文献分析设有专栏,作者主要面向英国教育史学会会员。

北京大学出版社教育出版中心

部分重点图书

一、北大高等教育文库·大学之道丛书

大学的理念
德国古典大学观及其对中国的影响（第三版）
哈佛通识教育红皮书
什么是博雅教育
美国文理学院的兴衰——凯尼恩学院纪实
营利性大学的崛起
学术部落及其领地
美国现代大学的崛起
大学的逻辑（第三版）
教育的终结
　　——大学何以放弃了对人生意义的追求
知识社会中的大学
美国大学时代的学术自由
美国高等教育通史
印度理工学院的精英们
后现代大学来临
21世纪的大学
理性捍卫大学
大学之用（第五版）
高等教育市场化的底线
世界一流大学的管理之道
　　——大学管理决策与高等教育研究
大学与市场的悖论
美国如何培养研究生
公司文化中的大学：大学如何应对市场化压力
哈佛，谁说了算
大学理念重审
美国大学之魂（第二版）
高等教育何以为"高"

二、21世纪高校教师职业发展读本

教授是怎样炼成的
给大学新教员的建议（第二版）
学术界的生存智慧（第二版）
如何成为卓越的大学教师（第二版）
给研究生导师的建议

三、学术规范与研究方法丛书

如何成为优秀的研究生（影印版）
给研究生的学术建议
社会科学研究的基本规则（第四版）
如何查找文献（第二版）
如何写好科研项目申请书
高等教育研究：进展与方法
教育研究方法（第六版）
如何进行跨学科研究
社会科学研究方法100问
如何利用互联网做研究
如何成为学术论文写作高手
　　——针对华人作者的18周技能强化训练
参加国际学术会议必须要做的那些事
　　——给华人作者的特别忠告
做好社会研究的10个关键
法律实证研究方法（第二版）
传播学定性研究方法（第二版）
生命科学论文写作指南
学位论文写作与学术规范（第二版）
如何为学术刊物撰稿（第三版）（影印版）
结构方程模型及其应用

四、大学学科地图丛书

管理学学科地图
战略管理学科地图
旅游管理学学科地图
行为金融学学科地图
国际政治学学科地图
中国哲学史学科地图
文学理论学科地图
德育原理学科地图
外国教育史学科地图
教育技术学学科地图
特殊教育学学科地图

五、北大开放教育文丛

西方的四种文化
人文主义教育经典文选
教育究竟是什么？——100位思想家论教育
教育：让人成为人
　　——西方大思想家论人文和科学教育
透视澳大利亚教育
道尔顿教育计划（修订本）